Deepen Your Mind

序言 *Preface*

統計學可真是一個尷尬的存在，常常處在各種鄙視鏈的低端。從數學的角度看，統計學中的數學原理太膚淺，撐死也就一個大數法則，一個中央極限定理，這也能算數學？從應用學科的角度看（例如，電腦、管理學），統計學太數學，一點也不應用。分析資料就好好分析資料，還要證什麼大數法則，什麼中央極限定理，這也能算應用？作為一名統計學的工作者，對這樣的觀點雖然並不苟同，但確實很慚愧。常常為此，反省自問：問題到底出在哪裡？我輩應該如何作為？

我有一個樸素的信念，任何東西只要是美的，就一定會被大家接受甚至追捧。但是，這裡有兩個非常具有挑戰性的問題。第一、統計學的美到底是什麼？第二、她那獨特的美如何被大眾感知？這是兩個非常樸素的問題，作為一名統計學教師，我常常用這兩個問題來檢討自己。統計學作為一個歷史非常短的學科，在它的發展歷史中，有不少傑出的學者做出了卓著的貢獻。是他們的卓著努力為統計學建立了扎實的理論基礎，為統計學的應用開疆拓土。在這個過程中，產生了很多有用的統計學思想，閃爍著統計學智慧的光芒，解決了太多的實際問題。因此，統計學的美是毋庸置疑的，但為什麼大家感受不到？對此，作為一名統計學教師，我沒有理由去埋怨大眾，而應該做自我批評，自我檢討。如果，我們有能力把統計學中最閃光的智慧，用最樸素而有趣的語言，結合生動而有趣的故事表述出來，那世界又會怎樣？如果能夠做到，統計學的美就可以被大家感受到。屆時，統計學是不是數學重要嗎？統計學是不是應用重要嗎？統計學就是統計學，她既有理論，又有應用。關鍵是，她很美，她真的很美，美得令人窒息，美得令人流連忘返，而我們都陶醉於她那獨特的美。請問，到哪裡去找這樣一本書，專攻統計學之美？

要寫這樣一本書的難度可想而知。首先，你要對統計學的宏觀理論框架，從歷史到最新前沿，非常熟悉。說來慚愧，我做不到。其次，你要

對推動統計學理論發展的重要故事、案例，甚至歷史性事件如數家珍。太慚愧，我也做不到。還有，你需要很強的語言文字能力。讓文字和數學公式自由穿插，流暢而優美地交織在一起。這對我來說也很難。這樣一本書一定是跨學科的。與資料科學相關的領域可不僅僅是統計學，還有電腦科學、經濟學、管理學等。不同學科的交叉融合，也極大地促進了統計學的發展。要對這麼多學科有所研究，也不是一件簡單的事情。

正當我一籌莫展的時候，突然老天眷顧，統計之都大俠艦哥送給我他的新書《統計之美》。首先，我一下子就被目錄吸引了。從統計學科學入手，談到資料與數學，討論了資料視覺化，當然也有模型與方法，還有大數據技術，以及資料的陷阱。每一章的立意都是如此獨特，跟任何現有專著或者教材完全不同。這些章節的框架設計恢宏壯美，討論的問題深刻而樸素，覆蓋的內容從過去到未來。這樣的框架設計，散發著強烈的艦哥獨有的大俠風範。從微觀處看，每個章節下面都是一個又一個短小、精煉、經典而深刻的小故事或者案例。這些小故事（或案例）有：上帝擲骰子、女士喝茶、尋找失蹤的核潛艇等。每個小故事都突出講述了一個統計學的智慧，一個知識點。透過這樣精煉而經典的小故事，讓人們感受到統計學之美，她美在哪裡？她美就美在統計學的智慧上，這些智慧變成了統計學思想，統計學思想變成了統計學理論，統計學理論變成了統計學的模型演算法。噢，這個路途太長了，難怪當人們看到模型演算法的時候，實在是想不起她原來的美了。

不過，別著急，沒關係。艦哥的《統計之美》為你揭開這層面紗，讓你重新領略統計學的獨特之美！為艦哥鼓掌，為《統計之美》按讚，我輩加油！

王漢生

北京大學光華管理學院教授

前言 *Foreword*

英國學者李約瑟研究中國科技史時提出了一個問題：「儘管中國古代對人類科技發展做出了很多重要貢獻，但為什麼科學和工業革命沒有在近代的中國發生？」這就是著名的李約瑟難題（Needham's Grand Question）。具體地説，是問「為什麼近代科學沒有產生在中國，而是在 17 世紀的西方，特別是文藝復興之後的歐洲？」李約瑟透過對中國科學技術史的研究 [1]，在社會制度和地理環境中尋找答案。但這個問題一直被國人拿來反思自己的文化和傳統，很多人都分析出了各種原因，大多數人認為中國的傳統文化中缺少科學精神、甚至沒有能夠產生現代科學的基因，再結合現實生活中的各種亂象，無不痛心疾首，都想治病救人。

讓我們把時間拉回到百年前的中國，轟轟烈烈的新文化運動已經開始，「德先生」和「賽先生」進了中國。國人深切地認識到了科學的威力，無數仁人志士立志向學，1923 年的「科玄之爭」更是加速了科學在全民中的普及。當時「科學派」的觀點不僅僅是科學在實業中的價值，更是要全面介入人們的生活。當然，當時的「玄學」也不是指魏晉那套老莊玄學和今天人們認為的舊中國玄學，而是指「在歐洲鬼混了二千多年的無賴鬼」[2]，也就是形而上學。這次科玄之爭可以説力度非常大，當時國人對科學的信仰程度超乎今天人們的想像。中國大陸對全民進行科學教育的成就有目共睹，中國的科技水準發展神速，但是如今國民科學素質的情況似乎仍然不容樂觀，很多科普作者越科普越心焦，質疑中國科學精神的言論也仍然甚囂塵上。

國民的科學素養真的這麼差嗎？科學素養的缺失真的是傳統文化帶來的嗎？我看都不見得。梁啟超在東南大學時，學生羅時實認為國粹將亡，因為讀經的人太少了，梁啟超聞聲大怒，拍案道：「從古就是這麼少」[3]。當然，科學相比于經學更值得普及，但是對普通民眾缺乏專業的科學知識不應苛責，這是正常現象，不同科學領域、不同知識內容的科普是一

項漫長而有意義的事業，更需要普及的可能是科學思維。科學思維雖然與任何形式的玄學都水火不容，但也並不等於「死理性派」，也不是「死的機械論」，不能說演繹法是科學而歸納法就不是科學，也不能說理性主義是科學而經驗主義就不是科學。不同的歷史文化可能側重不同，我們不能因為中國歷史上三百年的特殊時期就質疑整個歷史的科技成就，也不能因為中國傳統公理體系的缺失就否認整個文化的科學精神，這是不科學的做法，也屬於沒有文化自信的表現。

盧瑟福曾說過「如果你的實驗需要統計學，那麼你應該再做一個更好的實驗」，波普爾強烈排斥歸納邏輯 [4] 並力求以可證偽性為劃界的標準，喬姆斯基高舉理性主義的大旗並自創「笛卡爾語言學」[5]，這些觀點曾經都是主流並且影響了很多人。但是需要指出的是，如今大數據時代下已經充分證明了經驗主義、歸納推理的強大之處，即使是如日中天的人工智慧實際上也是大數據加上深度學習的歸納方法的成功。我們無意對大師們進行臧否，也不參與具體路線的爭論。實際上，無論是傾向於經驗主義還是理性主義、歸納主義還是演繹主義，都不會動搖科學的根基。庫恩認為，科學很重要的特點在於其獨特的範式，在科學領域裡大部分時間並沒有競爭學派在質問彼此的目的和標準，因此相比其他領域能夠取得明顯的進步 [6]。在不同的領域，大家遵循公認的科學範式進行研究，不管認識論和推理邏輯方面有何不同的傾向，都是科學的。但是由於歐幾里得、笛卡兒那一類的完美體系實在太迷人，容易導致很多人忽視了一種重要的科學思維方式，也就是統計思維。

巧合的是，當年科玄論戰中「科學派」的主要理論基礎就是統計學大宗師卡爾・皮爾遜早期的代表作《科學的規範》[7]。當年的皮爾遜還沒有發展出後來的很多統計學經典理論，該書是一本科學哲學著作，堅定地表達了對科學的信仰，他認為科學的領域是無限的，科學方法是通向整

個知識區域的唯一門徑。但是他也認為無論在哪種情況下科學都不能證明任何固有的必然性，也不能以絕對的確定性證明它必須重複，科學對過去是描述，對未來是信仰。有些精密科學靠明晰的定義和邏輯可以發展，有些問題要靠近似的測量來解決，需要測量理論、誤差理論、概率論、統計理論來實現。後來隨著統計學的發展成熟，直到今天大數據和人工智慧成為顯學，都驗證了皮爾遜當年的觀點。

也許是因為科學這個詞聽起來太高端，也可能是科學比較接近真理，現在很多科普過於強調精確科學或者「硬」科學，有時候站在了普通人直覺或者經驗的對立面，更側重理性主義和演繹推理。這種精神放在一百年前的蒙昧期是合適的，放在今天全民教育水準不低的情形下可能有些矯枉過正，我覺得還是允執厥中比較好。能夠在概念世界和知覺世界[7]中達到和諧、能夠在演繹法與歸納法中達到平衡，統計學可能是一個很好的橋樑。如今無論是自然科學還是社會科學都離不開統計學，尤其在應用領域，直接掀起了大數據的熱潮，技術層面的威力已經深入人心，但是思維方面的普及還有所不足。實際上，對中國人來說，理解統計思維似乎是一件非常輕鬆的事，無論是上古伏羲觀天法地的歸納精神，或者神農嘗百草的試驗精神，還是後世天人合一的整體思維、觀過知仁的結果導向、未戰而廟算的預測習慣，都是深合統計之道的。

很多人受到各種原因的誤導之後對中國的文化不自信，易於走向崇洋媚外的極端，這是不對的。即使是作為很多科學基礎的數學，也不止一種思維方式。數學家吳文俊院士說過「我國古代數學並沒有發展出一套演繹推理的形式系統，但卻另有一套更有生命力的系統」，這個生命力就是「從實際中發現問題，提煉問題，進而分析問題和解決問題」[8]，完全不同於希臘幾何學純邏輯推理的形式主義道路，中國數學的經典著作大都是以問題集的形式出現的，對結果不是用定理來表達的，而是用「術」

來表達的，用現代的話來講就是程式，與近代電腦的使用融合無間 [9]。可見中國傳統的數學思維是非常適合現在這個演算法時代的。演算法與統計的結合造就了機器學習、人工智慧的大爆發，甚至可以説是主導了這個時代的科技應用方向。統計學家約翰·圖基 1962 年的文章 [10] 中指出，任何數理統計學工作都應該在純數學或者資料分析的實踐中二選一，兩個標準都不符合的工作必然只是一時的過客。陳希孺院士也曾預測「新一輪的突破性進展正在孕育中，它也許就是資料分析？」[11] 如今大師們的論斷都已言中，統計學與演算法結合解決實際問題，已經漸成主流，甚至發展出了一門新的學科——資料科學。

卡瓦列里原理在西方數學史中被認為是微積分發明前的重要基礎，而中國的祖晅原理與之等價 [12]。萊布尼茨在提出二進位的那篇著名文章 [13] 裡直接引用了伏羲八卦，他還認為「如果説我們（歐洲人）在手工技能上與他們（中國）不分上下、在理論科學方面超過他們的話，那麼，在實踐哲學方面……我不得不汗顏地承認他們遠勝於我們」[14]。在這裡我們無意比較中西的優劣，也並不是為了説明中國有多厲害（如果是這個目的的話，可以舉更多例子或者寫另一本書），僅僅只是為了澄清一些誤解，這些誤解既是對中國傳統的某種誤讀，同時也是科學思維上的某類誤區。我們追求理性和完美的體系，也希望能止於至善，但我們也不應忽視經驗主義和觀察、試驗、歸納、計算的力量，這些都是科學，不應偏頗。尤其對於一般人來說，多從觀察身邊的小事、解決實際問題的角度訓練科學思維，可能效果更好，畢竟「刻鵠不成尚類鶩，畫虎不成反類狗」。

在如今這個理性與經驗、理論與實踐、演繹與歸納、公理體系與演算法程式和諧統一的大好時代裡，我們多瞭解一些統計學，關注一下資料科學在新時代的發展，類比一下我們祖先的思維方式，是很有必要的。作

者不敢妄圖進行全面的科普，只能摘錄一些平時讀書、工作、看新聞時注意到的例子，嘗試介紹統計學的發展歷程、理論方法和應用實務。受本人的經驗和學識所限，很多例子並不是最好的，也肯定存在各種疏漏，但是希望能做一些嘗試，和更多的人一起探索統計中的美，分享科學思維中比較人性化的一面。

本書假設讀者具有中學的數學基礎，如果從書中介紹的機率與隨機的角度去理解統計的基本方法，可以作為統計學的入門參考。另外，結合作者的行業經驗，比較偏重統計思維方式和大數據應用實務的介紹，如果完全避開書中的所有公式，也不大影響閱讀，可以作為這個大數據或者人工智慧時代下的統計學科普資料。本書對於基礎的數學儘量用最簡單的公式來描述，對於更深入的知識提供了參考資料。

這本書計畫了很久，也拖延了很久，感謝本書的策劃人成都道然科技有限責任公司的姚新軍先生，幫助我們謀篇佈局、規劃時間以及處理各種雜事。也感謝「統計之都」和「狗熊會」的各位朋友，本書中的很多案例都來自社區中的各種線上線下的交流與討論。還要感謝我的寶貝女兒從動筆之初就開始的陪伴。當然，最需要的是提前感謝讀者的寬宏大量，本人才疏學淺，難免或有所遺漏或偏頗，希望能多多海涵和多多指正。

李艦

[1] Needham. 李約瑟中國科學技術史第一卷：導論 [M]. 袁翰青，譯. 北京：科學出版社 , 2018.

[2] 劉義林 , 羅慶豐 . 張君勱評傳 [M]. 南昌：百花洲文藝出版社 , 2015.

[3] 民國文林 . 細説民國大文人 : 那些國學大師們 [M]. 北京：現代出版社 , 2014.

[4] Popper K. 科學發現的邏輯 [M]. 查汝強，譯，邱仁宗，譯，萬木春，譯 . 杭州：中國美術學院出版社 , 2008.

[5] 宗成慶 . 統計自然語言處理 [M]. 北京：清華大學出版社 , 2013.

[6] Kuhn T S. 科學革命的結構 [M]. 金吾倫，譯，胡新和，譯 . 北京：北京大學出版社 , 2012.

[7] Pearson K. 科學的規範 [M]. 李醒民，譯 . 北京：商務印書館 , 2012.

[8] 顧今用 . 中國古代數學對世界文化的偉大貢獻 [J]. 數學學報 , 1975, 18(1)：18–23.

[9] 吳文俊 . 走自己的路：吳文俊口述自傳 [M]. 長沙：湖南教育出版社 , 2015.

[10] Tukey J W. The future of data analysis[J]. The annals of mathematical statistics, JSTOR, 1962, 33(1)：1–67.

[11] 陳希孺 . 數理統計學簡史 [M]. 長沙：湖南教育出版社 , 2002.

[12] 姜伯駒 , 李邦河 , 高小山 , 等 . 吳文俊與中國數學 [M]. 上海：上海交通大學出版社 , 2016.

[13] 萊布尼茨 , 李文潮 . 論單純使用 0 與 1 的二進位算術兼論二進位用途以及伏羲所使用的古代中國符號的意義 [J]. 中國科技史雜誌 , 2002, 23(1)：54–58.

[14] G. 萊布尼茨 G. 中國近事：為了照亮我們這個時代的歷史 [M]. 鄭州：大象出版社 , 2005.

目錄 *Contents*

03 ▶ 資料視覺化

04 ▶ 模型與方法

05 ▶ 大數據時代

06 ▸ 數據的陷阱

07 ▸ 統計在人工智慧上之應用

統計與科學

大英百科全書給統計學的定義是：「一門收集資料、分析資料，並根據資料進行推論的藝術和科學」。關於統計的科學性，各種各樣介紹方法和理論的書籍簡直汗牛充棟。關於統計的藝術性，一聽就是陽春白雪的「高大上」，讓人覺得高不可攀。實際上，無論是科學還是藝術，共同點都是源於生活，很多身邊的小事、長輩的經驗、處事的直覺，都蘊含了豐富的統計學原理。

統計學是一門應用的科學，枯燥的定理和嚇人的公式是其科學性的基礎，但是很多應用的原理和思路並沒有那麼複雜。在本章中，我們將會透過很多身邊的小例子來介紹統計學中的一些基礎概念，無論是否具有數學和統計學的基礎，都可以透過具體的例子來類比，從而理解這些關鍵的概念。

第 1 節「隨機的世界」討論了自然界中的不確定性與隨機性的問題，這是統計學在很多自然科學和社會科學領域能夠有廣泛應用的關鍵。在物理黃金時代及之前，科學家大多相信世界具有確定性，但是最近 100 年

來,隨著人們對隨機性的深入認識,很多應用領域和哲學認識論方面都受到了衝擊,瞭解其中的背景和變遷能夠幫助我們更好地把握這個時代的技術脈絡。

第 2 節「認識機率」介紹了基礎的機率論知識,主要基於排列組合和古典機率論來認識機率、解決一些生活中的問題。這部分內容只需要有中學的數學基礎即可,讀者可以透過其中的內容來瞭解機率論的發展過程和熟悉機率的思維方式。

第 3 節「統計思想和模型」介紹了一些常見的統計思想,這些思想其實已經滲透到了普通人的日常生活中,但是有些人不一定深入地瞭解其中的科學內涵。本節將透過具體的例子來探討這些統計思想中的科學道理和數學原理,不需要太多數學知識,關鍵在於理解。

第 4 節「統計與科學」探討了一些科學中的常識與誤區。在當今的時代下,科學是一種政治正確,甚至不少人認為是唯一的真理,但是科學的邊界並沒有那麼容易把握,一不小心就容易陷入機械論或者玄學,如何更好地理解和應用科學,可以透過統計學來澄清很多問題。

1.1 隨機的世界

1.1.1 打撞球的物理學家

《三體》[1] 是劉慈欣的雨果獎作品,是一部家喻戶曉的科幻小說。男主角(或者說線索人物)應用物理學家汪淼在開篇就捲入了一起頂尖科學家自殺的事件,他在追尋線索的過程中遇到了理論物理學家丁儀。丁儀約他打撞球,把黑球放在洞口,汪淼每次都可以打進。即使丁儀把撞球桌挪動

了位置，也不影響進球。對兩位物理學家來說，其中的物理學原理再簡單不過了（參見圖 1.1）。但是丁儀讓汪淼想像幾種其他的情況：「第一次，白球將黑球撞入洞內；第二次，黑球走偏了；第三次，黑球飛上了天花板；第四次，黑球像一隻受驚的麻雀在房間裡亂飛；第五次，黑球以接近光速的速度飛出太陽系」。很顯然，第一次是正常的情況，第二次也不是不可能發生，擊球的過程中手抖或者沒瞄準也不一定進得了必進球。但後三種情況就匪夷所思了。對於科幻小說來說，這段描述引出了後續的情節。但是在日常生活中，後三種情況基本上是不可能發生的。

圖 1.1　撞球運動

在這個撞球的例子中，瞄準、擊球、進洞是這個世界裡再正常不過的事情。讓我們回顧一下中學的物理知識，牛頓第二定律非常清晰地描述了力與加速度的關係：$F=ma$，其中 F 是對物體沿某方向施加的力，m 是該物體的重量，a 是該方向上的加速度。力和加速度之間存在因果關係，撞球受力後將會產生一個瞄準方向上的加速度，於是白球運動起來撞擊到黑球。然後在運動方向上給黑球一個力，使得黑球也運動起來，最終進洞。

所以，撞球高手會計算好擊球的力度和角度，從而控制白球的速度與線路，這樣可確保撞擊黑球後能使黑球按照預期的速度與軌道前行。整個過程都是牛頓力學定律的完美實現。如果沒有如預期般擊球入洞，人們也不會懷疑，因為一定是力度或者角度沒有控制好，有經驗的人從擊球的瞬間就能感覺到。繼續訓練一下手的穩定性或者大腦的計算能力就能提高準確性。大千世界正如撞球世界一般，被很多簡單的、強大的物理規律所支配，有因必有果，結果是確定的。

人們都知道，再厲害的撞球高手也沒辦法對自己的手部肌肉和目測角度實現百分之百的控制，所以撞球這項運動才有懸念。那麼假設人能百分之百地控制出桿擊球（或者用機器來擊球），那麼是否一定可以確保球按照既定的路線運動呢？答案顯然也是否定的。因為球檯具有摩擦力，球和球檯的材料表面都有可能不均勻，空氣中會有阻力，可能還有風，這些都是非常現實的可能會對球的運動軌跡產生影響的因素，而且我們並沒有窮舉出所有的可能影響因素，甚至連目前物理世界中已知存在的力都沒有窮舉完。

我們能夠窮舉所有可能的影響因素嗎？答案是肯定的，至少在目前的物理體系下可以。我們能夠計算出所有可能的影響因素嗎？至少在球進洞這個宏觀層面上是可以的。那麼我們需要去計算這些所有的因素嗎？統計學告訴我們沒有必要，因為在球和球檯標準的前提下，其他的影響因素要麼小得可以忽略不計（譬如空氣阻力），要麼發生的可能性極低（譬如極端大風或者地震），如果我們把除力度和角度外的所有影響因素當成一個整體，對它進行大量的測量，會發現這些數值很小，且存在一個波動的範圍，很多時候還能相互抵消，我們先不用專業的數學工具來描述它，至少從直觀上來看這些因素是有辦法處理的，通常我們稱之為隨機的方法。

當然，在這個例子中，我們所說的隨機不一定是真正的隨機，很可能只是綜合了大量難以測量的確定性因素後的一種處理方式，這樣並沒有打破有確定性規律的物理世界。此外，在一些複雜系統中，初始條件的微小改變也會造成結果的巨大差異，從而很難預測，這也被稱為混沌系統[2]，前文故事中涉及的「三體問題」其實就是一個這樣的系統。那麼什麼才是真正的不確定性呢？像《三體》中丁儀描述的情況就是，黑球突然像麻雀般亂飛，甚至飛出太陽系，完全毫無規律可循、混亂不堪。還好我們真實的世界不是這樣的，如果哪天突然變成這樣了，說明可能也是三體人在使壞，不僅物理學家會崩潰，統計學家也要崩潰。

無論世界是一套難以預測的確定性系統，還是具備真正的不確定性，或者具有完全的隨機規律，我們都可以借助「隨機」這個工具來更好地研究世界和解決問題。隨機雖然隱含了不確定性，但實際上只是結果的不明確，其可能性還是存在統計規律的，所以並不是真正的不確定，當然也更不是確定性。隨著機率論和統計學的發展，隨機方法成了科學家手中越來越強大的武器，可以用來描述更加複雜的世界現象。尤其是社會科學，任何一個問題的影響因素都是錯綜複雜的，所以需要統計工具來處理。從這個意義上來說，隨機的世界已經廣泛地被人類所接受，我們理解世界的方式也經歷了從確定性到隨機性的轉變。

在我們現在的世界裡，雖然不一定都是嚴格意義上的隨機，但大多數的不確定性用隨機性來描述是有道理的。雖然不同地方、不同領域時不時會冒出一些「黑天鵝」事件，但是畢竟不常發生而且也沒有超出人類的常識。所以即使真實的世界是不確定的，我們用隨機性來描述這種不確定性，用科學的方法、用統計學來解決問題是行之有效的，這也是今天我們能享受光輝燦爛的人類文明的原因之一吧。

確定性：對誤差有著完全瞭解的認知情況，或沒有疑惑的精神狀態。
（維基百科）

不確定性：缺乏知識來描述當前情況或估計將來的結果。（維基百科）

隨機性：事物固有模式和可預測性的缺失，但通常遵循某種機率分佈。（維基百科）

1.1.2 上帝擲骰子嗎

　　1927 年 10 月在比利時布魯塞爾召開的第五次索爾維會議在人類歷史上留下了重要的一頁。圖 1.2 可能比這次會議更出名，時常以「世界上最智慧的大腦」為名在網路上被轉載。這次會議通常被認為是愛因斯坦與玻爾在量子論觀點上的決戰[3]，「上帝不會擲骰子」的觀點也從此流傳開來。實際上這並不是愛因斯坦第一次說這句話，1926 年他寫給玻恩的信裡就提到了這個觀點。「上帝不會擲骰子」可以說是愛因斯坦的信仰，也是很多持有決定論觀點的物理學家的信仰。但這並不意味著他們是經典物理時代的守舊者，即使是今天，上帝究竟擲不擲骰子也沒有定論。只是在那場大會上，愛因斯坦不斷地挑戰玻爾的觀點都沒有成功，在爭論上以失敗告終，讓人感覺上帝開始擲骰子了而已。

關於上帝擲骰子的討論背景源自量子力學的發展初期，1925 年，海森堡基於玻爾的模型針對微觀粒子提出了矩陣力學的表述形式，在玻恩和約爾當等人的貢獻下逐漸完善。而同一年，薛定諤在德布羅意靈感的啟發下提出了經典的波動方程。雖然後來泡利和約爾當都證明了兩種方式在數學上是等價的，但兩派對於物理學上的表述和理解產生了嚴重分歧。

圖 1.2　第五次索爾維會議

尤其是關於薛定諤方程中關鍵的波函數 ψ，薛定諤的理解是波的空間分佈，而玻恩於 1926 年 7 月的解釋打開了一個潘朵拉的魔盒，他認為 ψ 代表了一種隨機性，ψ^2 表示電子在某個位置出現的機率。這種解讀是對決定論的顛覆。

後來海森堡基於他的矩陣論於 1927 年 3 月提出了著名的「測不準原理」（又譯為不確定性原理），認為電子的位置與動量沒辦法同時精確觀測，其中一個量測得越精確，另一個量的不確定程度就越大。而從隨機的可能到觀測出精確的結果，用「坍縮」來解釋，「觀測者」的意識居然參與到了物理過程中，更是驚世駭俗。

海森堡和玻爾以及玻恩、泡利、約爾當這批人大多數曾在哥本哈根工作過，他們也被稱為「哥本哈根學派」，而他們的這套解釋也被稱為量子論的「哥本哈根」解釋，至今仍是主流的觀點。雖然很多地方讓人難以理解，但是結合實驗的結果和微觀量子世界裡的各種奇怪現象，不得不承

認該理論能做出很好的解釋。即使針對一些「思維實驗」的質疑（比如薛定諤的貓）也能很好地自圓其說。

關於量子論和真實的物理世界到底如何，超出了本書的討論範圍，也超出了本書作者的學識範圍。總之，在 1927 年的這次索爾維會議之後，「上帝擲骰子」的比喻越來越流行於各個領域。雖然直到今天，人類也不敢說研究清楚了量子的世界，也不敢確定上帝一定擲了骰子，但很多領域的決定論都被打破了，比如力學家賴特希爾爵士於 1986 年紀念牛頓《自然哲學的數學原理》[4] 發表 300 周年的集會上發表了著名的道歉：

> 「現在我們都深深意識到，我們的前輩對牛頓力學的驚人成就是那樣崇拜，這使他們把它總結成一種可預言的系統。而且說實話，我們在 1960 年以前也大都傾向於相信這個說法，但現在我們知道這是錯誤的。我們以前曾經誤導了公眾，向他們宣傳說滿足牛頓運動定律的系統是決定論的，但是這在 1960 年後已被證明不是真的。我們都願意在此向公眾表示道歉。」

上一節我們提到過，很多事情處理成隨機的方式只是為了操作的簡便，並不意味著其中的物理規律是完全隨機的，比如空氣對撞球運動軌跡的影響。像量子力學這樣直接在物理規律的層面上出現隨機性，還是非常少見的，尤其是在我們可以直接感受到的宏觀世界裡，物理規律仍然可以認為是確定的。可是對於很多我們身處其中的社會規律，越來越多地接受了隨機性的假設，這也是很多社會科學的基石。雖然主流的社會科學和物理學完全是兩套體系，但是我們也可以看到統計學研究隨機性的方法在兩個領域中都可以應用得很好。

在玻爾和愛因斯坦這一代科學家打破舊的體系之前，不要說相信物理規律中的隨機性，就連使用統計方法的時候都很少。玻爾的老師盧瑟福就曾說過：「如果你的實驗需要統計學，那麼你應該再做個更好的實驗」。但是這 100 年來，隨著現代統計學的發展，不僅是物理領域，各行各業

都慢慢接受了隨機性的觀點，用統計學這個強大的武器也解決了越來越多的問題，無論這個世界的本質是什麼，「上帝擲骰子嗎」這個問題已經不再困擾大家了。讓我們引用被譽為「活著的傳奇」的統計學家 C.R. 勞[5] 的名言作為本節的結尾：

「在終極的分析中，一切知識都是歷史；在抽象的意義下，一切科學都是數學；在理性的基礎上，所有的判斷都是統計學。」

 決定論：又稱拉普拉斯信條，是一種哲學立場，認為每個事件的發生，包括人類的認知、舉止、決定和行動，都有條件決定它的發生，而不是另外事件的發生。(維基百科)

量子力學：是物理學的分支，主要描述微觀的事物，與相對論一起被認為是現代物理學的兩大基本支柱。(維基百科)

1.1.3 連環殺手的歸案

美劇《數字追凶》(Numb3rs) 第 1 季的第 1 集講述了一個連環殺手歸案的故事，主角之一 Don 是 FBI 的探員，對於一個毫無線索的連環殺人案一籌莫展。他的數學天才弟弟 Charlie 透過犯罪地點推測出了一幅熱區圖，交給他的哥哥重點設網。第一次並沒有抓到罪犯，但是 Charlie 很快考慮到忽略了工作地點，於是繪製了第二幅熱區圖，尤其重點關注兩個熱區重合的地方，終於抓到了罪犯。很多觀眾都是因為這部劇開始迷戀統計學的，雖然這一集的故事中並沒有詳細介紹推測出熱區的具體演算法，但是其中有一個場景令人印象深刻，Charlie 為了給探員解釋隨機性，請求 5 位探員站出來，要求隨便站，結果 5 位探員都不自覺地分散開來，每個人的距離也差不多。Charlie 指出真正的隨機會有一些人聚在一起，而普通人很難直觀選擇隨機的順序。所以罪犯也會刻意避開平常活動的模式給人以一種「隨機」的感覺，實際上恰好掉入了隨機性的陷阱。

雖然武俠小說常說「最危險的地方就是最安全的地方」，但大部分人沒有這個膽子和運氣，人總是容易陷入思維的誤區。兇手總覺得在自己的住宅和工作地點附近犯罪很危險，因為容易被盤查或者留下蛛絲馬跡，潛意識裡想離遠一點。另外，連環犯罪時也怕兩次地點太近後被發現有什麼規律，想人為地製造隨機，結果反而不自覺地把「均勻」當成了隨機。比如圖 1.3 所示的是隨機模擬的點，其中左圖用了**常態分佈**[1]，右圖用了**均勻分佈**。這兩種分佈都是**隨機分佈**，但是自然界中的常態分佈明顯更常見，所以稱為「常態」（normal），本意是「正常」。我們可以看到，常態分佈的圖中出現了一些點聚集在一起的現象，而均勻分佈圖中的點散得比較開，比較接近人們心中對「隨機性」的直覺。類似的例子在買彩券時也經常出現，很多人會關注彩券的號碼，認為如果某些數字在一段時間內出現的頻率比較低，那麼很快就該出現了，實際上這也是一種把均勻當作隨機的思維。

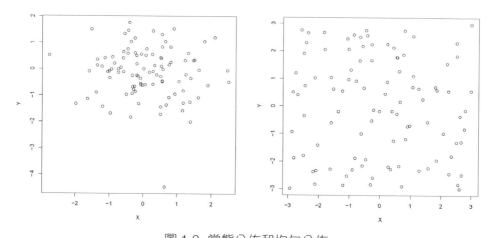

圖 1.3 常態分佈和均勻分佈

---

1 關於分佈的詳細介紹在「2.2.3 小節」中。

遺傳學家霍爾丹曾說過「人類是一種常規動物，並不能模仿自然界的無序」，說的就是這個道理。像《數字追兇》中這樣的實驗做起來不是很容易，而且不好量化。我們可以看一下 C.R. 勞在其著作《統計與真理：怎樣運用偶然性》[5] 中舉了一個例子，他讓學生做了三個實驗：

■ 到醫院去搜集 1000 例出生數據，記錄性別。

■ 投擲 1000 次硬幣，記錄每次是正面朝上還是反面朝上。

■ 想像投擲 1000 次硬幣，記錄想像中每次是正面朝上還是反面朝上。

對於每個實驗的 1000 個資料，我們按照順序將 5 個分為 1 組，那麼各有 200 組數據。對於每個實驗，我們統計每一組中包含「正面朝上」或者「男孩」的次數。因為每組包含 5 個資料，所以每組正面朝上（男孩）的次數可能是 0 到 5 之間的 6 個整數。然後我們分別統計每個實驗中次數為 0 到 5 的組數，如表 1.1 所示。

表 1.1　C.R. 勞的實驗

正面朝上（男孩）次數	醫院資料	實際投擲硬幣	想像投擲硬幣
0	2	5	2
1	26	27	20
2	65	64	78
3	64	68	80
4	31	32	17
5	9	4	3
總數：	200	200	200

以表 1.1 的第一列為例，200 組醫院資料中男孩數目為 0 的組數為 2，200 組實際投擲硬幣的資料中未出現正面朝上的組數為 5，200 組想像投擲硬幣的資料中未出現正面朝上的組數為 2。

我們比較 3 個實驗的結果，可以直觀地感覺到實際投擲硬幣的結果和醫院資料比較相似，而想像中投擲硬幣的結果與前兩個實驗差別比較大，

比如次數為 2、3、4 的情況中，差距比較大。對於這個資料，我們還能用嚴格的統計方法來檢定其中的差別，比如卡方檢定，我們在「1.3.1 小節」中將會對假設檢定進行詳細介紹。此處我們直觀地比較這 3 組資料就能看出差異，不影響理解。

關於這個實驗，很明顯，醫院出生的小孩性別是一種自然界的隨機，我們都知道男女出生比例接近 1:1，但無法判斷下一個出生的孩子是男是女。同樣地，我們在真實的場景下投擲一枚硬幣，也知道正反面出現的比例應該差不多，只是不知道下一次是正還是反。但是，當我們在想像中投擲一枚硬幣的時候，總是沒辦法抹去隨機的執念，怕正反比例失衡，所以當我們想像了很多次正面之後，會不自覺地多想像一些反面的情況。關於這個實驗，大家可以自己嘗試一下，看看自己想像中的隨機和實際的隨機是否一致，可能可以加深對隨機性的理解。

 正常：符合一般規律和情況。(《現代漢語大詞典》)
均勻：分佈或分配在各部分的數量相同。(《現代漢語大詞典》)

1.1.4 扔硬幣的數學家們

蒲豐（Buffon）1707 年出生於法國，是博物學家、數學家、生物學家、啟蒙時代著名作家，機率論中著名的「蒲豐投針」就是以他的名字命名的。德摩根（De Morgan）1806 年出生於印度，7 個月時全家遷回英國，是著名的數學家、邏輯學家，他提出了德摩根定律，將數學歸納法的概念嚴格化。卡爾‧皮爾遜（Karl Pearson）1857 年出生於英國，是現代數學統計學的開創者，生物統計學的奠基人。羅曼諾夫斯基（Romanovsky）是蘇聯數學家，1906 年畢業於彼得堡大學，提出了著名的羅曼諾夫斯基準則。這幾位數學家要說有什麼共同點，就是他們都做過一種很「無聊」的事情：扔硬幣。表 1.2 列出了他們扔硬幣的次數和正面朝上的結果。

表 1.2 投擲硬幣的實驗

試驗者	試驗次數	正面次數	正面占比
德摩根	2048	1061	0.5181
蒲豐	4040	2048	0.5069
皮爾遜	12000	6019	0.5016
皮爾遜	24000	12012	0.5005
羅曼諾夫斯基	80640	39699	0.4932

很久以前，人類就具備了隨機性的思想，《易經》算卦甚至需要設置亂數種子。就算從科學性的角度來看，也能追溯到古時候人們對賭博的研究。一般來說，學術界公認開始有機率這個概念是在 1654 年[6]，通常認為這一年帕斯卡[2]創立了機率論，主要的資料源自於他和費馬[3]的通信，所以費馬也被認為是機率論的創始人之一。在當時，還沒有「機率」（Probability）這個術語，人們常用「機會」（Chance）之類的詞表達機率的含義。一般認為安東莞·阿爾諾（Antoine Arnauld）與皮埃爾·尼古拉（Pierre Nicole）在 1662 年出版的《波爾·羅亞爾邏輯》中，第一次對「機率」一詞賦予了數學的含義。

機率論嚴格的數學體系直到 20 世紀才得以完善，通常我們理解的定義方式是由拉普拉斯[4]在 1774 年正式提出的：

機率，指的是合適情況的個數占所有可能發生情況個數的比例。

---

2 Blaise Pascal（1623 年 6 月 19 日－ 1662 年 8 月 19 日），法國神學家、哲學家、數學家、物理學家、化學家、音樂家、教育家、氣象學家，壓強的單位也是以他的名字命名的。

3 Pierre de Fermat（1601 年 8 月 17 日－ 1665 年 1 月 12 日），法國律師和業餘數學家，著名的「費馬大定理」就是以他的名字命名的。

4 Laplace（1749 年 3 月 23 日－ 1827 年 3 月 5 日），法國著名的天文學家和數學家，其編著的《天體力學》是經典天體力學的代表著作。

但這並不妨礙學者們在之前就開始研究機率問題，本節開頭提到的扔硬幣實驗其實起了很重要的作用。關於這個扔硬幣的實驗，有一個更為正式的名字叫作**伯努利實驗**，這是雅各·伯努利[5]提出來的，包含在他的著作《猜度術》[7]中。如果一個隨機的實驗只包含兩種可能結果，第一種可能結果出現的機率為 P，另一種可能結果出現的機率為 $1-P$，則該實驗稱為伯努利實驗[6]。基於這個實驗，伯努利還進行了很多數學上的研究，推導出了一些很有用的定理，為機率論的發展做出了重要的貢獻。

很顯然，我們這個扔硬幣的實驗就是一個伯努利實驗，正常情況下硬幣扔出去只會有兩種結果（我們稱為**事件**[7]）：正面朝上或者反面朝上。根據經驗，如果硬幣是均勻的，正面朝上的可能性和反面朝上的可能性相同，也就是說機率都為 0.5。但畢竟機率描述的是一種可能性，結果如何，我們實際扔過硬幣才知道。有些事情可能無聊到普通人也不想做，但數學家去做了，比如本節開頭那個扔硬幣的實驗。幾位數學家都扔了成千上萬次的硬幣，記錄了正面朝上的次數，並計算出比例。我們從中可以發現，都比較接近於 0.5，有時候比 0.5 大，有時候比 0.5 小。

這非常符合我們的直覺，如果我們也親自扔很多次硬幣的話，也會得到類似的結果，但如果只扔兩次呢？會正反面各一次嗎？答案顯然為否，上一節裡我們就說了，自然界的隨機不一定是均勻的。那麼我們似乎可以合理地猜測，是不是扔的次數越多則正面朝上的機率越接近於 0.5 呢？這似乎是一個規律，從表 1.2 來看還真是符合這個猜測的。實際上，很早

5　Jakob I. Bernoulli（1654 年 12 月 27 日 — 1705 年 8 月 16 日），瑞士數學家，伯努利家族代表人物之一。其著作《猜度術》在他去世後第 8 年（1713 年）才出版。

6　關於伯努利實驗的詳情請參看「2.2.1 小節」。

7　事件可以認為是具有一定機率出現的結果，關於隨機實驗和事件的詳細介紹，參看「2.2.1 小節」。

以前就有人這麼想，這就是著名的**大數法則**。一般法則指的是可以用實驗來驗證的規律，而不是用數學證明的定理。最早的大數法則也是由伯努利提出的，而且在其《猜度術》中也給出了證明過程，所以該大數法則也稱為**伯努利定理**，或者**伯努利大數法則**，為了和柯爾莫哥洛夫證明的**強大數法則**相區分，我們也把伯努利大數法則稱為一種**弱大數法則**。此外，**辛欽定理**還有**柴比雪夫定理**的一個特殊情況也被稱為弱大數法則。

伯努利大數法則的數學描述非常簡單，假設做一個伯努利實驗，重複 n 次，每次成功（比如硬幣正面朝上）的機率是 P，總成功次數記為 S_n，則有：

$$\lim_{n \to \infty} P(|\frac{S_n}{n} - p| < \epsilon) = 1 \tag{1.1.1}$$

其中 ϵ 代表一個任意小的正數，該公式用中學數學裡的極限知識即可理解。把 S_n 當作一個隨機變數，也不難證明這個極限方程式，在這裡我們就不深入介紹了。值得一提的是，雖然這是一個可以證明的定理，但是公眾還是習慣稱之為「大數法則」，比如很多人都知道保險公司的經營就是利用了大數法則。因為真實世界中的事件誰也沒辦法確認它一定是個隨機變數，只是從實驗和常識的角度來看符合這種「資料越多越穩定」、「實驗次數越多越接近真實」的樸素理解，雖然不嚴謹，但是也很有道理，哪怕你不是從事專業的統計工作，具有大數法則的思維也能帶來很多益處。

機率：又稱或然率、機會率或幾率、可能性，是數學機率論中的基本概念，是一個在 0 到 1 之間的實數，是對隨機事件發生之可能性的度量。（維基百科）

大數法則：簡稱 LLN（Law of large numbers），樣本數量越多，則其平均就越趨近期望值。（維基百科）

1.2 認識機率

1.2.1 遊戲獎金的分配

被稱為現代會計學之父的盧卡·帕西奧利在其 1494 年出版的著作《算術、幾何、比例總論》中提出了一個關於獎金分配的問題[6]。假設兩個人 A 和 B 在玩一種遊戲，每局只有勝負之分，勝者得 10 分，負者得 0 分，先得到 60 分的人獲勝。如果 A 和 B 在玩的過程中因為某些原因停止了，而此時 A 的得分是 50 分，B 的得分是 30 分，獎金應該如何分配給 A 和 B 才算公平？

這個問題在今天來看可能只是中學生水準的數學題，但是在 500 多年前還沒有機率論，甚至連機率的概念都沒有，所以引起了很多人的興趣。文藝復興時期著名學者卡爾達諾（Cardano）大約在 1539 年的時候對這個問題做了解答，他認為 A 只要再贏 1 局即可獲勝，而 B 還要贏 3 局才能獲勝。卡爾達諾可能意識到了 B 要贏 3 次是建立在前兩次都贏的基礎上，因此他給了一個計算公式：(1+2+3):1=6:1，答案即為 A 和 B 按照 6:1 的比例來分配獎金。這個思路很難理解，卡爾達諾也沒有詳細描述他的思考過程，總之在今天來看這是不對的。

1654 年，32 歲的帕斯卡想挑戰這個問題。他的思路很直觀，從遊戲停止的時刻算起，如果下一局 A 勝，則 A 獲得全部獎金，如果下一局 B 勝，那麼 B 得到 40 分，遊戲繼續進行，這兩種情況的可能性相同。如果這一局是 B 勝的結果，繼續遊戲，同樣有兩種可能，A 贏一局獲勝，或者 B 贏一局後得 50 分。如果是 B 贏，那麼 A 和 B 都得 50 分，下一局誰勝誰就拿走所有獎金。所以分配的金額比例應該根據可能性來計算，A 應該獲得 $\frac{1}{2} \times 1 + \frac{1}{2} \times \frac{1}{2} \times 1 + \frac{1}{2} \times \frac{1}{2} \times \frac{1}{2} \times 1 = \frac{7}{8}$，而 B 應該獲得 $\frac{1}{2} \times \frac{1}{2} \times \frac{1}{2} \times 1 = \frac{1}{8}$，

所以 A 和 B 的獎金分配應該是 7:1，該解題思路可以用圖 1.4 所示的樹狀
結構進行描述。

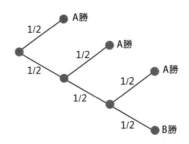

圖 1.4　帕斯卡計算獎金問題的思路

這個思路和我們今天計算機率題用的方法比較接近了。但當時的帕斯卡還
不敢確信自己的計算方法是否是正確的，於是寄信給了他的朋友費馬。
費馬經過思索之後給出了另一個思路。無論如何，最多三輪這個遊戲就
會結束，那麼假設遊戲必須繼續進行 3 輪，一共有 8 種可能：AAA、
AAB、ABA、ABB、BAA、BAB、BBA、BBB。在這 8 種可能中，只有
出現 BBB 的時候 B 才能贏得獎金，另外 7 種可能在這個規則下都應該是
A 贏，因此 A 和 B 的獎金分配應該是 7:1。這和帕斯卡的結果一致，但是
思路更加簡單。這個思路其實就是今天計算機率的思路。

雖然在這個問題的解答上費馬似乎技高一籌，但是在那一年他們的信件
中還討論了很多其他機率問題，帕錫卡都提出了很多清晰而全面的解決
方案，因此後世的人們都認為是帕斯卡在 1654 年的時候正式創立了**機率
論**，而費馬是重要的貢獻者。這個例子雖然簡單，但是在人類科學的發
展史上有著重要的地位，今天的我們憑藉中學的數學知識就可以理解先
賢的成果，可能感覺只是小小的進步，尤其是放在歷史的背景下將要被
其後很多偉大科學家的光芒掩蓋。1654 年，在人類歷史上只是普通的一
年，這一年牛頓 12 歲，一個新的時代等著他來開啟。而在遙遠的東方，

南明喪失了最後的機會，苦苦支撐的永曆帝開始苟延殘喘，一個文明的巔峰即將謝幕，就要陷入近 300 年的黑暗期。不過所有的一切都不一定有這個簡單的例子重要，當時的人們也不一定能想像「機率」這個神奇的東西被人類掌握後將會帶來多大的能量，其實未來改變世界的那道「隨機」的大門從此刻起就已經被打開了。

機率論創立之後一直持續發展，當時雖然還未建立一套數學公式化體系，但是已經有了一套完整的數學基礎和計算方法，尤其是應用到實際領域中以後解決了很多現實的問題，這一時期的機率論也被稱為**古典機率論**。一般認為拉普拉斯於 1812 年出版的《機率的解析理論》是古典機率論完善的標誌，他明確給出了機率的古典定義，並在機率論中引入了更強大的數學分析工具，證明了很多重要的定理，建立了一套較為嚴密的體系。古典機率論也稱為傳統機率論，以機率的計算和大數法則為基礎，偏重於解決實際問題。

1900 年，德國數學家希爾伯特（David Hilbert）在巴黎舉行的第二屆國際數學家大會上做了題為《數學問題》的演講，提出了 23 道最重要的數學問題，為 20 世紀數學的飛速發展拉開了序幕。其中第 6 個問題通常稱為「公理化物理」，實際上完整的表述是「借助於公理去處理數學在其中起重要作用的物理學，首先是機率論和力學」。後來這個問題也被拆分成「物理學公理化」和「機率論公理化」這兩個分支問題。1933 年，在現代測度論的基礎上，蘇聯數學家柯爾莫哥洛夫（Kolmogorov）終於建立了機率論的公理化系統，其著作《機率論基礎》的出版也成為現代機率論誕生的標誌事件。從此，人類進入了現代機率論的時代。不過對於大部分的應用場景來說，古典機率論和現代機率論並沒有本質的區別，所以即使沒有深厚的數學背景，也能使用機率論這一強大的武器，在實際工作中發揮重要的作用。

機率論：舊稱或然論、概率論。研究大量隨機現象的統計規律性的數學學科，其主要對象是隨機實驗、隨機事件及其機率、隨機變數及其機率分佈和數位特徵。（統計大詞典）

1.2.2 6 連號和 14 連號

　　2009 年 6 月 12 日，武漢市 5141 名困難家庭市民參加一個經濟適用房社區的公開抽籤，結果中籤的 124 名市民當中有 6 人的購房資格證明的編號是連續的。經查，6 人申請資料是造假，購房資格被取消。巧合的是，2009 年 7 月 29 日，老河口市第二期經濟適用住房的抽籤結果被登在了網上，很快有線民發現，在 1138 戶具有購房資格的申請者中，抽中了 514 戶購房者，其中有 14 戶資格證編號相連，經過多方調查，未發現該次抽籤中出現黑箱操作。這兩次事件激發了網友計算機率的熱情，新聞也不斷報導，出現了很多不同的結果。一時間，這兩個問題的機率究竟如何計算難倒了很多人，直到新聞熱點冷卻也還沒有一個大範圍流行的正確解法。

6 連號和 14 連號背後的數學問題是一樣的，都可以描述成：從 N 個連續的數（不妨假設編號為 1 到 N）中等機率地抽取[8] m 個數，求出現 k 連號的機率 $P(N,m,k)$，其中 k 連號指不少於 k 個數位相連。

這是一個典型的機率計算問題，也是古典機率中常見的表述方式。我們知道，從 N 個數中抽取 m 個數的可能組數是組合數的問題，共有 C_N^m 種可能的組合方式。我們需要計算出其中包含 k 連號的組數。把兩個數目相除就是這個問題要計算的機率。這個機率計算的關鍵就是求**排列組合**問題，這也是計算古典機率的常用思路。

8　也稱為簡單隨機抽樣：Simple Random Sampling。

不失一般性，我們假設要從 8 個數中抽取 5 個數，計算 3 連號的組數，那麼我們可以先手動把各種可能結果的排列組合列出來，可知共有 C_8^5 種結果，再把其中出現 3 個以上連號的組數挑選出來。結果見表 1.3。

表 1.3　8 選 5 中 3 連號的結果

抽取結果	連號	抽取結果	連號	抽取結果	連號	抽取結果	連號
1 2 3 4 5	是	1 2 3 4 6	是	1 2 3 4 7	是	1 2 3 4 8	是
1 2 3 5 6	是	1 2 3 5 7	是	1 2 3 5 8	是	1 2 3 6 7	是
1 2 3 6 8	是	1 2 3 7 8	是	1 2 4 5 6	是	1 2 4 5 7	否
1 2 4 5 8	否	1 2 4 6 7	否	1 2 4 6 8	否	1 2 4 7 8	否
1 2 5 6 7	是	1 2 5 6 8	否	1 2 5 7 8	否	1 2 6 7 8	是
1 3 4 5 6	是	1 3 4 5 7	是	1 3 4 5 8	是	1 3 4 6 7	否
1 3 4 6 8	否	1 3 4 7 8	否	1 3 5 6 7	是	1 3 5 6 8	否
1 3 5 7 8	否	1 3 6 7 8	是	1 4 5 6 7	是	1 4 5 6 8	是
1 4 5 7 8	否	1 4 6 7 8	是	1 5 6 7 8	是	2 3 4 5 6	是
2 3 4 5 7	是	2 3 4 5 8	是	2 3 4 6 7	是	2 3 4 6 8	是
2 3 4 7 8	是	2 3 5 6 7	是	2 3 5 6 8	否	2 3 5 7 8	否
2 3 6 7 8	是	2 4 5 6 7	是	2 4 5 6 8	是	2 4 5 7 8	否
2 4 6 7 8	是	2 5 6 7 8	是	3 4 5 6 7	是	3 4 5 6 8	是
3 4 5 7 8	是	3 4 6 7 8	是	3 5 6 7 8	是	4 5 6 7 8	是

從表 1.3 可知，56 種抽籤結果中包含了 40 組 3 連號的情況，那麼其機率為 40/56=0.7143。如果資料量比較大，很難像這樣全部列出來然後挑選符合情況的組數，因此需要找到一個計算這類問題的數學公式。可以想像，如果有 8 個箱子，編號從 1 到 8，我們把 5 個球隨機地放到箱子中（每個箱子中最多只能放 1 個球），出現 3 個及以上的球緊挨在一起的情況即可等價於我們的這個問題。例如對於抽中了「1 4 5 6 8」這種組合的結果，可以表示成圖 1.5 所示的結果形式，白色表示空箱子，黑色表示放了球，很顯然其中包含了 3 連號。

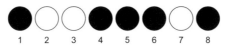

圖 1.5 箱子和球的示例

對於這個問題,我們很難用一個公式表示出包含 3 連號的所有組合,記這個組合數的函數為 $f(N,m,k)$,在本例中其為 $f(8,5,3)$。我們分別計算以下數目:

1. 如果 1 號箱子裡沒有球,那麼在剩下的 7 個箱子中抽取 5 個計算 3 連號,總數為 $f(7,5,3)$。

2. 如果 1 號箱子裡有球,2 號箱子裡沒球,那麼在剩下的 6 個箱子中抽取 4 個計算 3 連號,總數為 $f(6,4,3)$。

3. 如果 1 號和 2 號箱子裡有球,3 號箱子裡沒球,那麼在剩下的 5 個箱子中抽取 3 個計算 3 連號,總數為 $f(5,3,3)$。

4. 如果 1 號、2 號、3 號箱子裡都有球,那麼剩下的 5 個箱子裡無論怎樣排,都會包含 3 連號,所以總數為 C_5^2。

以上 4 種情況包含了所有的可能性,而且是互斥的,所以可得 $f(8,5,3) = f(6,4,3) + f(5,3,3) + f(5,3,3) + C_5^2$。這是一個遞推公式,其中 $f(6,4,3)$ 等項仍然可以用這種思路遞迴地計算。我們將這個方法擴展到任意 N, m, k 的情況,可以得到公式:

$$f(N,m,k) = \sum_{i=1}^{k} f(N-i, m-i+1, k) + C_{N-k}^{m-k}$$

$$f(N,m,k) = 1, \quad 如果 \quad N = m$$

$$f(N,m,k) = 0, \quad 如果 \quad N < k \quad 或 \quad m < k \quad 或 \quad N < m$$

至此,我們得到了解決連號問題的計算公式。但這個公式是遞推公式,不容易直接計算,如果編程式的話需要使用遞迴演算法來計算精確解。

在「4.4.2 小節」中會介紹解這種問題的**蒙地卡羅方法**，能用比較簡單的方式得到近似解。回到開始 6 連號和 14 連號的例子，我們編寫電腦程式計算可得：

$$f(5141, 124, 6) = 0.0000008$$
$$f(1138, 514, 14) = 0.0083026$$

可見，在武漢的 6 連號事件中，出現這種 6 連號的情況的機率低於百萬分之一，而老河口事件的機率接近百分之一，完全不是一個數量級。關於這種透過小機率進行判斷的例子，我們將在「1.3.3 小節」中進行詳細介紹。

排列：從 n 個元素中取出 k 個元素，如果這 k 個元素不重複並且有順序，則稱為排列，計算公式為：　　　　　。（維基百科）

▶ A勝
1/2

組合：從 n 個元素中取出 k 個元素，不考慮順序，則稱為組合，計算公式為：　　　　　。（維基百科）

1.2.3 主持人背後的山羊

三門問題，又稱蒙提霍爾問題，出自美國的電視節目《讓我們做筆交易》（Let's Make a Deal），得名於該節目的主持人蒙提霍爾（Monty Hall）。這個節目大概在 1975 年的時候進入公眾視野，節目的參賽者會看見三扇關閉著的門，其中一扇的後面有一輛汽車，選中後面有車的那扇門就可以贏得該汽車，而另外兩扇門後面則各藏有一隻山羊（參見圖 1.6）。當參賽者選定了一扇門，但未去開啟它的時候，知道門後情形的節目主持人會開啟剩下兩扇門中的其中一扇，露出其中一隻山羊。主持人其後會問參賽者要不要換另一扇仍然關上的門。問題是：換另一扇門是否會增加參賽者贏得汽車的機率？

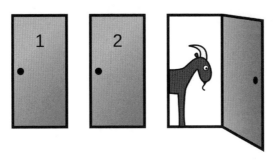

圖 1.6 三門問題

這可能只是一個簡單的機率問題,但自其誕生後帶來了很大的影響。因為 1991 年的時候,瑪麗蓮(Marilyn vos Savant)參與進來了,她是被吉尼斯世界紀錄所認定的擁有最高智商的人類。1956 年 9 月,瑪麗蓮在剛滿 10 歲的時候初次接受史丹福比奈智力量表(Stanford–Binet Intelligence Scale)的測試,測得智商高達 228,隨後進行過多次測試,在 1985 年的時候以 Hoeflin's Mega Test 測試得分 186 的正式成績登上吉尼斯世界紀錄。不過,智商的判定與比較方式後來遭到爭議,吉尼斯世界紀錄在 1990 年移除了「智商最高的人」這個項目。所以瑪麗蓮可能是最後的世界紀錄,雖然後來有韓國人金恩榮在史丹福比奈智力量表中得到 210 的成人最好成績,但已經沒有這個紀錄了。所以從某種意義上來說,這位定格為人類歷史上「官方」記載智商最高的人是一位女性,而且曾經幹過大事。

這件大事就是蒙提霍爾問題,從 20 世紀 80 年代開始,瑪麗蓮在《展示雜誌》(Parade Magazine)上開了專欄「問問瑪麗蓮」,作為人類智商最高者解答各種問題。在 1991 年的時候,有人問了這個蒙提霍爾問題,瑪麗蓮的答案是「該換,換完就有 2/3 的機率贏得汽車」。結果引發了很多專業人士的質疑,其中包括著名的數學家保羅·埃爾德什(Paul Erd s)。人們可能不願意相信這麼不符合常理的結果,也可能對「智商最高」不

爽很久了，終於在這次事件中爆發了，甚至有人說出了心聲「也許女人和男人看待數學問題的角度不一樣吧」[8]。

在機率的直覺中，一共有 3 扇門，既然第一扇門後面是山羊，剩下的兩門中山羊和汽車肯定各一個，無論做任何抉擇，其實就是在兩個結果中選一個。二選一的場景和之前的遊戲沒有任何關係，選對的機率都是 1/2，所以換與不換沒任何區別。更科學地說，這其實是一個**條件機率**，假設之前一系列的陳述代表了事件 A，其機率是 $P(A)$，而面臨二選一時正確的機率是 $P(B)$，我們要計算的機率是 $P(B|A)$，根據條件機率的公式：$P(B|A) = \frac{P(A \cap B)}{P(A)}$。如果事件 A 和 B 是獨立發生的，則有：$P(A \cap B)=P(A)P(B)$。很顯然，當參賽者面臨是否更換選擇的時候，如果他突然忘記了之前的事情，也不會對他的選擇造成任何影響，因為剩下兩個選項中是羊還是車已經確定了。既然如此，先前的選擇和主持人的開門似乎和下一次的選擇之間沒有什麼關係，那麼 A 和 B 可以認為是獨立的，那麼有 $P(B|A) = \frac{P(A)P(B)}{P(A)} = P(B)$，其結果就是隨機二選一的機率：1/2。

不過瑪麗蓮的思路並不是這樣的，讓我們從參賽者最初的選擇開始，一共存在兩種可能，各自的最終結果如下所示。

- 情形 A：參賽者選中了汽車（機率為 1/3），那麼主持人會打開任意一扇有山羊的門，此時換門後獲勝（記為事件 W）的機率 $P(W|A)=0$。
- 情形 B：參賽者選中了山羊（機率為 2/3），那麼主持人會打開另一扇有山羊的門，此時換門後獲勝（記為事件 W）的機率 $P(W|B)=1$。

由於只可能存在情形 A 或者 B，所以換門後最終獲勝的機率 $P(W) = P(W \cap A)+P(W \cap B)$，根據條件機率的公式可得 $P(W) = P(W \cap A) + P(W \cap B) = P(W|A) \times P(A) +P(W|B) \times P(B) = 0 \times 1/3+1 \times 2/3 = 2/3$。所以換門後贏得汽車的機率為 2/3，應該換。

這兩個解法看上去都有道理，所以才會引發激烈的爭吵。其實其中的關鍵在於這個問題的文字表述，在本節開頭的陳述中提到了「知道門後情形的節目主持人會開啟剩下兩扇門中的其中一扇，露出其中一隻山羊」，一個合理的理解是主持人一定會故意打開包含山羊的門，所以瑪麗蓮的計算是正確的，換門後贏得汽車的機率是 2/3。如果理解成主持人並不會故意打開包含山羊的門，而是隨機打開後碰巧看到了山羊，其結果如下所示。

- 情形 A：參賽者選中了汽車（機率為 1/3），那麼主持人會打開任意一扇有山羊的門，此時換門後獲勝（記為事件 W）的機率 $P(W|A)=0$。
- 情形 B：參賽者選中了山羊（機率為 2/3），主持人打開包含了汽車的門（機率為 1/2），該情形不考慮在內，也不可能贏。
- 情形 C：參賽者選中了山羊（機率為 2/3），主持人打開包含了山羊的門（機率為 1/2），此時換門後獲勝（記為事件 W）的機率 $P(W|C)=1$。

可知換門後贏得汽車的機率為：

$$\begin{aligned} P(W|A \cup C) &= \frac{P(W \cap (A \cup C))}{P(A \cup C)} \\ &= \frac{P(W \cap A) + P(W \cap C)}{P(A \cup C)} \\ &= \frac{P(W|A) * P(A) + P(W|C) * P(C)}{P(A) + P(C)} \end{aligned}$$

計算可得 $P=(0 \times 1/3 + 1 \times 2/3 \times 1/2)/(1/3 + 2/3 \times 1/2)=(1/3)/(2/3)=1/2$。直覺中 1/2 的機率就是這麼來的。在這個例子裡，我們透過機率的計算公式可以得到正確的結果，並分析出不同思路造成差異的來源。我們發現根本的原因在於對語言的理解，或者說是問題的假設不同，差之毫釐，失之千里，這在計算機率的時候是尤其要注意的。

對立事件：對於事件 A，「事件 A 不出現」作為一個事件，稱作 A 的對立事件，也稱為互補事件，記為 $\overline{A}$，有 $P(\overline{A})=1-P(A)$。（統計大辭典）

任意事件的加法法則：對任意事件 A 和 B，有 $P(A\cup B)=P(A)+P(B)-P(A\cap B)$。（維基百科）

互斥事件：如果事件 A 和 B 沒有交集，則稱事件 A 和 B 為互斥事件。互斥事件的機率計算滿足加法原則：$P(A\cup B)=P(A)+P(B)$。（維基百科）

條件機率：事件 A 在另外一個事件 B 已經發生的條件下的發生機率。條件機率表示為 $P(A|B)$，讀作「在 B 條件下 A 的機率」。其計算公式為 $P(A\cup B)=\dfrac{P(A\cap B)}{P(B)}$。（維基百科）

1.2.4 尋找失蹤的核潛艇

1968 年 5 月 22 日，美國「天蠍」號核潛艇（參見圖 1.7）在大西洋亞速海海域離奇沉沒，潛水艇上 99 名成員全部遇難。事後的調查報告說是被自己發射的魚雷炸沉的，也有傳聞說是別國或者外星人的襲擊。關於事故的原因我們不去深究，事故之後搜尋潛艇殘骸時使用的方法值得我們關注。當時為了尋找「天蠍」號，美國海軍劃定了一個半徑 32 千米、數千英呎深的圓形海域。如果要搜遍整個區域幾乎是不可能完成的任務。當時，人們想到的最可行方案是聘用三四個潛艇和海洋環流頂級專家來推論「天蠍」號的位置。但是美國海軍特別計畫部的首席科學家約翰·克拉芬（John P. Craven）提出了不同的方案，他把這片海域分成一個一個的小格子，首先請各領域的專家猜測每個格子中可能存在殘骸的機率，然後搜索機率較高的區域，其中的關鍵是使用貝氏機率的方法根據搜索的結果不斷更新每個格子的機率。最終在很短的時間內找到了「天蠍」號的殘骸，完成了幾乎不可能完成的任務。

圖 1.7 「天蠍」號核潛艇

約翰‧克拉芬是貝氏搜索理論領域的專家，之前還成功幫美國空軍找到過丟失的氫彈，這套方法也成了海難空難搜救中的標準方法。其理論背景主要來自**貝氏統計**，在這個例子裡，用簡單的貝氏公式就能很好地理解。貝氏公式也稱為**貝氏定理**，其形式如下所示：

$$P(A|B) = \frac{P(B|A) \cdot P(A)}{P(B)} \tag{1.2.1}$$

在**貝氏定理**中，這些機率通常按如下方式命名：

- $P(A|B)$ 是已知 B 發生後 A 的條件機率，也由於得自 B 的取值而被稱作 A 的後驗機率。
- $P(B|A)$ 是已知 A 發生後 B 的條件機率，也由於得自 A 的取值而被稱作 B 的後驗機率。
- $P(A)$ 是 A 的先驗機率（或邊際機率）。之所以稱為「先驗」，是因為它不用考慮任何 B 方面的因素。
- $P(B)$ 是 B 的先驗機率（或邊際機率）。

在這個搜尋天蠍號的例子中，對於搜尋海域中的某一個格子，我們記「潛艇在格子中」為事件 A，「潛艇被找到」為事件 B，「潛艇在格子中」的機率為 p，「潛艇在該格子中被找到」的機率為 q，那麼有 $p = P(A)$，$q = P(B|A)$。我們最關注的是機率 p，其值越大說明該範圍記憶體在潛艇殘骸的可能性越大，需要認真搜索。在開始搜索之前，透過各種專家經驗對每個格子的機率賦予一個初始值，是為先驗機率 p。通常會從機率最大的地方開始搜索，如果沒有在該格子中找到潛艇，說明這個機率沒有之前想像得那麼高，我們可以利用貝氏公式重新計算這個機率值 $P(A|\bar{B})$，是為後驗機率 p'：

$$p' = P(A|\bar{B}) = \frac{P(\bar{B}|A) \cdot P(A)}{P(\bar{B})} \qquad (1.2.2)$$

根據條件機率和互補事件的定義，可得 $P(\overline{B})=P(\overline{B}|A) \cdot P(A)+P(\overline{B}|\overline{A}) \cdot P(\overline{A})$。如果「潛艇不在格子中」，那麼一定也「找不到」，因此 $P(B|\overline{A})=0$，將以上各機率的值代入公式 (1.2.2) 中可得：

$$p' = P(A|\bar{B}) = \frac{p(1-q)}{p(1-q) + 1 - p} = p\frac{1-q}{1-pq} \qquad (1.2.3)$$

可以發現，該格子的後驗機率減小了。同理，其他格子的先驗機率會上升，我們知道所有打算搜索的格子的機率和為 1，將減小的機率平均分配到其他格子即可。隨著搜索的進行，使用電腦演算法不斷更新每個格子的機率，直到搜索到殘骸為止。這種方法的思路非常簡單，但是在實際的使用中常常有奇效。尤其是其中的先驗機率，可以是主觀的，由此發展出了一套系統的統計推論方法，稱為貝氏方法，甚至形成了一個貝氏學派。隨著電腦能力的不斷提高，貝氏學派的影響也變得越來越大。

貝氏推論：推論統計的一種方法，該方法使用貝氏定理，在有更多證據及資訊時，更新特定假設的機率。貝氏推論是統計學（特別是數理統計學）中很重要的技巧之一。（維基百科）

1.3 統計思想和模型

1.3.1 女士品茶

　　20 世紀 20 年代末一個夏日的午後，在英國劍橋，一群大學教員、他們的妻子以及一些客人圍坐在室外的一張桌子周圍喝下午茶。一位女士堅持認為，將茶倒進牛奶裡和將牛奶倒進茶裡的味道是不同的。在座的科學家都覺得這種觀點很可笑，沒有任何意義。這能有什麼區別呢？他們覺得兩種液體的混合物在化學成分上不可能有任何區別。此時，一位名叫費希爾（RonaldAylmerFisher）的男子陷入了沉思，他考慮了各種實驗設計方法，以確定這位女士是否能判斷出兩種茶的區別。做完費希爾設計的實驗後，人們驚奇地發現，那位女士正確地判斷出了每一杯茶的製作方式[9]（參見圖 1.8）。

圖 1.8 女士品茶

這個故事來自經典的統計歷史讀物《女士品茶》[9]，故事中的費希爾是現代統計學的奠基者之一，當時不到 40 歲。這個實驗的詳情包含在了費希爾 1935 年的著作《實驗設計》中。這位女士是穆里爾·布裡斯托（Muriel Bristol）博士，比費希爾大兩歲，是一位藻類學家，在藻類獲取營養的機制方面頗有建樹，不過在公眾中的名氣似乎主要來自品茶的女士這個身份。

在古老的英國，人們一直都在爭論這個問題，究竟是先加奶後加茶好喝還是先加茶後加奶好喝。據說貴族傾向於先加茶，平民傾向於先加奶，有人分析說有錢人可以用上好的瓷器，比如來自中國的茶杯，所以先加滾燙的茶也不會爆裂，而普通人用的茶杯就只能先加冷的牛奶了。有的人認為兩種製作方式的奶茶在味道上確實存在差別，也有很多人認為並沒有差別。直到費希爾提出了這種實驗方式，對於這一類的問題才有了很好的解決方案。

讓我們言歸正傳，回到這個實驗。費希爾當時一共煮了 8 杯茶，有 4 杯是先加茶，4 杯是先加奶，茶杯完全一樣，以隨機的順序交給女士來品茶。女士嘗完這 8 杯茶之後指出哪些是先加茶的，那麼剩下的就是先加奶的了。對於這個實驗結果來說，我們把該女士能正確分辨的先加茶的奶茶的數目作為研究物件（研究先加奶的也可以），記為 X，那麼實驗結束後 X 的取值有 5 種可能，分別是 0、1、2、3、4。根據直覺判斷我們也知道 X 越大說明女士越厲害。當然，費希爾有除了直覺之外更好的辦法。

讓我們重新拿出機率計算這個實驗，首先假設「該女士完全分不出哪些先加茶哪些先加奶」，那麼她只能隨機地猜測，正確區分每一杯茶的機率只有 1/2。這種情形等價於從 8 個球（4 個黑球 4 個白球）中隨機摸出 4 個的問題，摸出的 4 個球中黑球的數目規律和 X 也是等價的。根據排列組合的公式，從 8 個球中摸出 4 個的組合數為 $C_8^4 = 70$，其中 X 的不同取

值也可以計算出來，如表 1.4 所示。

表 1.4　女士品茶的排列組合

X	組合數公式	組合數結果	概率
0	$C_4^0 * C_4^4$	1	0.0143
1	$C_4^1 * C_4^3$	16	0.2286
2	$C_4^2 * C_4^2$	36	0.5143
3	$C_4^3 * C_4^1$	16	0.2286
4	$C_4^4 * C_4^0$	1	0.0143
總數：		70	1

從結果來看，如果我們之前的假設「該女士完全分不出哪些先加茶哪些
先加奶」是正確的，那麼出現這種結果（$X=4$）的機率只有 0.0143。換
個角度，如果斷定「該女士完全分不出哪些先加茶哪些先加奶」這個假
設是錯誤的，那麼我們的這個判斷犯錯誤的機率是 0.0143。這個機率很
小，比 0.05 還要小，所以我們有充足的理由認為「該女士可以分出哪些
先加茶哪些先加奶」。

以上的說法非常繞口，但代表了統計推論中的一種重要方法和思想——
假設檢定。讓我們用稍微專業一些的方式來描述這個問題。

- H_0：該女士完全分不出哪些先加茶哪些先加奶。
- H_1：該女士可以分出哪些先加茶哪些先加奶。

其中 H_0 稱為虛無假設，H_1 是 H_0 的否命題，稱為對立假設。我們在虛
無假設的基礎上對資料和實驗結果進行深入的研究，可以計算得到一個
「拒絕虛無假設犯錯誤的機率」，這個機率就是大名鼎鼎的「P 值」，雖然
最近很多文章把 P 值批評得很慘，但主要是針對過去一些濫用 P 值的行

為，並沒有否定 P 值在統計推論中極其重要的地位。在本例中，P 值就是 0.0143，我們專門強調了這個值小於 0.05，是因為在計算能力不發達的時代，對於很多複雜的問題很難精確地計算 P 值。所以需要將一個**顯著水準**帶入公式，通常通過查表的方式來判斷是否顯著，由於不同的方法和假設的分佈的具體形式差異很大，我們在這裡就不詳述了。總之，雖然因為歷史原因導致 0.05 這個數值成了判斷顯著性的重要標準，但我們實際使用時也很能說得通，因為它代表了拒絕虛無假設犯錯誤的機率，如果這個機率小於 0.05，當然說明我們有充足的理由可以拒絕虛無假設，換句話說也就是接受對立假設。

需要特別注意的是，最好任何時候也不要說「接受虛無假設」這樣的話語，即使 P 值非常大。因為即使拒絕虛無假設犯錯誤的機率很大，也並不意味著接受虛無假設犯錯誤的機率不大。如果 P 值很大的話，我們應該說「不能拒絕」而不要說「接受」，只有對立假設才能「接受」。

在這個女士品茶的例子裡，費希爾當時使用的方法裡並沒有對立假設（實際上費希爾一直也不支持這種套路），用的是另一種類似的方式，但這並不妨礙我們使用這種經典的**假設檢定**的思路來介紹這個問題的解決方法。假設檢定不僅是一種方法，更是一種重要的統計思想。針對需要研究的問題，把自己期待的結果放在對立假設的位置，然後根據虛無假設在已有理論的框架下進行嚴格的數學推導，計算出 P 值。這個思想的核心在於「拒絕」，而不是「證明」，似乎與常規的思維方式有些不同，但這是一種科學的思維方式，正如科學在不斷否定中進步和發展，假設檢定也能幫助我們掃除疑惑、不斷得到正確的結論。

推論統計學：又稱統計推論（Statistical Inference），與描述統計相對應，研究如何根據樣本資料去推論母體數量特徵的方法。它是在對樣本資料進行描述的基礎上，對統計母體的未知數量特徵做出以機率形式表述的推論。更概括地說，是在一段有限的時間內，通過對一個隨機過程的觀察來進行推論的。（維基百科）

型 I 誤差：在假設檢定中，如果 H_0 是真實的，錯誤地拒絕了 H_0，稱為型 I 誤差，通常用 P 值來描述。（維基百科）

型 II 誤差：在假設檢定中，如果 H_0 是錯誤的（H_1 是正確的），錯誤地接受了 H_0，稱為型 II 誤差。（維基百科）

1.3.2「渣男」去死

關於「渣男」的話題在很多網站或者社交網路上都容易成為熱點，百度「渣男去死」可以搜到各種各樣奇葩的故事和極品的人類，有些是很多姐姐妹妹們的血淚控訴，有些是針對影視書籍人物的憤恨難平，由此引發出來一個重要問題，那就是如何識別「渣男」？關於「渣男」的特徵被總結出了很多，比如花心、家暴、不負責任、自戀、摳門、大男子主義等。但這些特徵通常都很難通過初次見面或者短期相處發現，很多時候都是相處久了才感受越來越深，及時止損都已經太晚。

「渣男」和一般的壞人不一樣，很多所謂很「渣」的事情都不是罪大惡極，如果原則性不太強的話比較容易忽略，再加上「渣男」通常都擅長反省甚至苦苦哀求，所以很多女生一心軟就容易選擇原諒。尤其是在剛開始相處的時候，如果男朋友犯了某個錯誤，原諒還是不原諒？這是個問題。原諒吧，怕真的是「渣男」，以後還會經常犯。不原諒吧，怕錯傷好人，萬一真的只是不小心犯錯以後再也不犯了呢？

當然，具體如何判斷因人而異，自己的情況自己最清楚。我們只研究統計問題，如果一個人在相處的 1 個月裡幹了 1 件很「渣」的事情，那麼他在今後的很多個月裡會幹多少件這樣的事情？有的女生會覺得發現一次就不可原諒，因為這意味著以後是常態。有的女生會覺得這次只是偶爾犯錯，人非聖賢、孰能無過，以後可能就不會犯了。究竟是不是無心之失，需要針對具體的事情來分析，我們這裡只將其類比成一個統計問題。假設箱子裡有 N 個球（N 是一個很大的數），只可能是黑色或者白色。如果我們隨機地取出 1 個球，然後放回去，如此反覆，一共取 10 次，發現其中有 1 次是黑球，請問箱子裡黑球的比例 p 是多少？

在這個問題裡，p 描述了箱子裡黑球的比例大小，是一個固定的值，但是我們不知道具體是多少。通常，我們可以把箱子裡所有球的顏色當成母體，其中黑球的比例 p 稱為一個「參數」，參數通常用來描述母體的一些重要特徵。而隨機摸取出來的球的顏色的結果稱為樣本，樣本的數量雖然不大，但是可以合理地認為其中包含很多母體的特徵。在這個例子裡，每一次取球取到黑球的機率其實就是參數 p。摸取 10 次後得到一個樣本數為 10 的樣本。我們是否可以利用這個樣本來推論出母體中 p 的大小呢？

透過樣本來推測母體是一種非常重要的統計思想，假設透過某種摸取的方式（稱為**抽樣**）後樣本可以代表母體，說明樣本和母體具有一些相同的性質，如果母體中存在某些參數可以描述各種性質，那麼透過樣本來推論母體的參數，就稱為**參數估計**。估計的思想在統計中非常常用，也能解決很多實際的問題。尤其是在大數據時代還沒有到來的時候，人類可以使用的資料很少，經常需要很辛苦地得到樣本資料，然後對母體進行推論。

具體的估計方法有很多種，其實在判斷「渣男」的例子中就提到了一種。有的女生覺得犯一次錯就不可饒恕，因為發生的事件應該是可能性比較

大的而不是可能性小的。這實際上就是**最大概似**（也稱為極大概似）的想法。再舉一個極端的例子，一個普通人和奧運會射擊冠軍一起打靶，一聲槍響後發現十環被打中，那麼人們通常都會猜測這一槍是射擊冠軍打的。本質上都是最大概似法在生活中的應用。

把這種想法應用到參數估計上也是可行的，比如在上面摸球的例子中，我們可以計算得到該結果（摸 10 次有 1 次是黑色）的機率 P：

$$P = p^1 \cdot (1-p)^9 \tag{1.3.1}$$

所謂最大概似，就是尋找一個 p，使得 P 的機率更大，也就是說，認為當前發生的結果正好對應了機率最大的情況。因此問題變成了求 $p^1*(1-p)^9$ 極值的問題，我們對其求一階導數然後解方程即可：

$$P' = 1 \cdot (1-p)^9 - p \cdot 9(1-p)^8 = 0 \tag{1.3.2}$$

解得 $p = 0.1$ 時 P 具有最大值。因此 $\hat{p} = 0.1$ 是參數 p 的一個估計值。這和我們從直覺上猜測 10 個球抽中 1 個所以是 0.1 的結果完全相同。如果模型或者參數的分佈更複雜，就沒辦法靠直覺來求解了，但這種最大概似的想法是一致的，也是我們進行參數估計的最常用方法之一。

透過以上的例子我們可以發現，有些女生不給原諒的機會，可能並不是因為過於挑剔，而是因為最大概似和參數估計的思想掌握得太好。

參數估計：透過測量或經驗資料來估計機率分佈參數的數值。這些參數描述了實質情況或實際物件，它們能夠回答估計函數提出的問題。（維基百科）

估計函數：也稱估計式，是基於觀測資料計算一個已知式的估計值的法則。（維基百科）

1.3.3 六西格瑪的奇蹟

　　六西格瑪（Six Sigma），又稱六標準差，是一種用於流程改善的工具與程式，也是一種管理的戰略和方法。一般認為其核心思想誕生於 20 世紀 70 年代的摩托羅拉公司（Motorola）。1986 年，工程師比爾・史密斯（William B. Smith）制定了管理摩托羅拉的一系列方法，因此他也被稱為「六西格瑪之父」。後來由於通用電氣（GE）第八任 CEO 傑克・韋爾奇（Jack Welch）的推廣，六西格瑪於 1995 年成為通用電氣的核心管理思想，今天廣泛應用於很多行業中。

六西格瑪本質上是一套管理體系，其核心在於改善生產工業流程、消除產品品質瑕疵，也包含了很多品質管制方面的統計方法。在這裡我們不去深究它的應用方式和管理學內涵，主要討論「六西格瑪」中所包含的一種統計思想，也就是小機率的想法。

六西格瑪的標準寫法是 "6σ"，其中的 σ 是標準差的符號。我們知道，在統計中標準差是描述分散程度的值，也是常態分佈中的重要參數。關於常態分佈及其參數，我們將在「2.2.3 小節」進行詳細介紹，在這裡我們只需要瞭解圖 1.9 中的幾個數值即可。

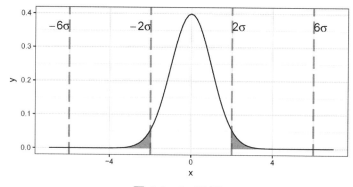

圖 1.9　6σ 示例

該圖描述了一個標準常態分佈（平均值為 0，標準差為 1），所謂 6σ，就是指正負 6 個標準差之外。圖中顯示了 2σ 和 6σ 以外的情形。比如 $x = -2$ 的左邊與 $x = 2$ 右邊的陰影面積，表示 2σ 之外的面積。在常態分佈中這兩塊陰影的面積之和與整個鐘形區域的面積之比即為機率，比如標準常態分佈下 2σ 之外的機率為 $2 \times 0.02275 = 0.0455$。

所謂 6σ 的管理方式，其最早來源是基於當時通用的 3σ 缺陷率，也就是說，在當時的工業領域，普遍認為如果缺陷率在標準常態分佈的 3σ 以外就可以接受，這個數值是 0.0026。所謂 6σ 的管理，簡單理解就是朝著更高的目標「6σ 以外的缺陷率」進擊，從而衍生出了一整套的操作和管理方法。

我們利用標準常態分佈計算可得真實的 6σ 以外的機率應該是 0.00000000197，約等於十億分之二。但是摩托羅拉公司在提出六西格瑪管理方法之前做了大量的實驗，認為在長期的生產過程中，平均值也可能會發生 1.5σ 的偏移。如果放在 6σ 的計算體系中，有一側變成了 4.5σ，另一側變成了 7.5σ（只有 3.2×10^{-14}，小到可以忽略不計），所以我們通常說的 6σ 實際上指的是 4.5σ 的缺陷率，這個數值是 0.0000034，也就是我們熟知的百萬分之三點四。

「六西格瑪」和「百萬分之三點四」在很多製造型企業中都取得了巨大的成功，除了這套精細的管理方式以外，小機率的統計思想也發揮了極大的作用。在很多場景下，都可以通過小機率幫助我們做決策，比如之前提到的假設檢定，如果機率小於 0.05 就可以拒絕虛無假設了。但 0.05 的機率並不意味著不可能發生，甚至並不足夠小。所以如果我們需要一個更小的機率來描述幾乎不可能發生的事情，6σ 理論中的百萬分之三點四就是一個重要的參考值。這個數值是人類對質控追求到極致時得到的，也可以代表消除各種人為因素達到極致後的機率，在現實的生活中有理由認為機率低於百萬分之三點四的事情不會發生。

有趣的是，英國數學家李特爾伍德（John Edensor Littlewood）曾經對「奇蹟」下過定義：

一件具有重大意義的事情發生，且發生的機率只有百萬分之一。

這個數量級和百萬分之三點四差不多，所以完全可以用這個機率來幫助做決策。

回到「1.2.2 小節」中的例子，武漢 6 連號事件中計算的機率是百萬分之 0.8，而老河口 14 連號事件中計算的機率是百分之 0.8。很顯然，前者的機率基本可以認為是奇蹟，一旦發生，必定有問題，結果確實也查出來存在違法行為。而後者的機率雖然很小，但是沒有小到不可能發生的程度，雖然我們可以傾向於不相信，但遠遠沒到可以堅信有問題的程度。類似的例子在生活中還能找到很多，我們把計算機率的方法和這種小機率的想法結合起來，能夠幫助我們進行更好的決策和判斷。

平均值（Mean）：常用於表示統計物件的一般水準，是描述資料集中趨勢的一個統計量，樣本平均值的計算方式為：$\bar{x} = \dfrac{x_1 + x_2 + \ldots + x_n}{n}$ 。（維基百科）

標準差（Standard Deviation）：簡稱為 SD，一般用數學符號 σ 來表示，是數值相對於平均值分散開來的程度的一種測量觀念。一個較大的標準差，代表大部分的數值和其平均值之間差異較大；一個較小的標準差，代表這些數值較接近平均值。

樣本標準差的計算公式為：$SD = \sqrt{\dfrac{(x_1 - \bar{x})^2 + (x_2 - \bar{x})^2 + \ldots + (x_n - \bar{x})^2}{n}}$ 。（維基百科）

1.3.4 牛頓的蘋果

　　約翰‧康杜特曾經記載了牛頓和蘋果的故事:「1666 年,當他在一座花園中沉思散步時,他突然想到重力(它的作用讓一個蘋果從樹上掉到地上)不會僅局限於地球周圍的有限距離裡,而會延伸到比平常認為的更遠的地方」。威廉‧斯蒂克利(William Stukeley)在他的《以撒‧牛頓爵士生平回憶錄》中記錄了 1726 年 4 月 15 日與牛頓的一次談話「從前,引力的概念進入了他的腦海。在他正在沉思時,蘋果的下落引起了他的思考。為什麼蘋果總會垂直地落在地上,他心中想到。」

以上是關於牛頓和蘋果的故事的一些出處的記載,雖然現在有些人質疑牛頓從蘋果落地得到萬有引力的靈感的真實性,但不妨礙牛頓的蘋果成為歷史上最有名的蘋果,甚至比亞當夏娃吃的蘋果還要有名。人們之所以質疑,一方面是因為這個故事太玄了,而牛頓自己並沒有明確的記錄,另一方面主要是萬有引力的規律實在是太鬼斧神工了,讓人很難相信一個蘋果就能啟發如此天才的靈感。不過無論是否質疑這個蘋果的存在,人們都關心的問題是這需要多麼天才的頭腦才能憑空想到萬有引力的公式啊?

萬有引力定律(Newton's law of universal gravitation)是牛頓在 1687 年於《自然哲學的數學原理》[4] 上發表的定律。讓我們先來看看萬有引力的公式:

$$F = G\frac{m_1 m_2}{r^2} \qquad (1.3.3)$$

其中 F 表示萬有引力,G 是一個常數,精確測量後得到其值約為 $6.67 \times 10^{-11}\ Nm^2\ kg^{-2}$,$m_1$ 和 m_2 分別表示兩個物體的物重量,r 是它們之間的距離。這個公式橫空出世後為人類帶來了巨大的改變,大到天體運行,小到一花一葉,都可以精確地計算,人類掌握了以前被認為是神創造的規律。

這個公式為什麼驚世駭俗？關鍵是其中的那個「等號」。等號意味著這是絕對的物理規律，不會有任何偏差，如果有偏差那一定是測量的誤差。100 多年之後，卡文迪許（Cavendish）於 1797 年到 1798 年完成了著名的卡文迪許扭秤實驗，從此人們可以對萬有引力進行精確的測量，後續越來越多的實驗也不斷驗證了萬有引力定律的正確性。

我們回顧這段歷史，會發現這是一個經典的科學發展過程，先是由天才人物通過靈感提出假説（定律），然後有後人通過實驗或者真實的資料不斷驗證。如果這個過程反過來呢？如果先有了卡文迪許扭秤實驗的話又該如何？讓我們來做一個合理的假設，讓歷史的時鐘倒流。人們透過卡文迪許實驗測得了大量物體之間的萬有引力，同時也測量了物體的重量、間距等資料，慢慢發現物體的重量、間距會是關鍵的影響因素，於是會建立一個這樣的模型：

$$F = f(m_1, m_2, r) + \epsilon \tag{1.3.4}$$

如果引力和重量、間距之間真的存在規律，那麼 ϵ 應該是一個隨機的誤差項，在大量資料的基礎上，基於這個隨機誤差的假設，一定可以找到一個顯式的數學公式，而且可以預期這個公式 $f(m_1, m_2, r)$ 一定會等價於牛頓的萬有引力公式。很顯然，我們的這種假設方式和牛頓發現萬有引力的過程是相反的，但是在現實的應用中更加廣泛，這種方法就是擬合。由於 ϵ 的存在，我們無法得到一個完美的等號，但是可以表達足夠強的規律，得到一個統計模型。這就是擬合的想法，也是最常見的統計想法之一。

擬合（Fitting）：一種把現有資料透過數學方法來代入一套公式的表示方式。通常基於資料，用一個連續的函數或者更加密集的離散方程與已知的資料相吻合。（維基百科）

1.4 統計與科學

1.4.1 智多星與神機軍師

《水滸傳》裡有兩個神機妙算的軍師（參見圖 1.10），一個是排在第三位的天機星、智多星吳用，一個是排在第三十七位的地魁星、神機軍師朱武。這兩個軍師都可以料敵機先、料事如神，但從他們的表現來看還是有所不同的。吳用擅長各種詭計，往往在行動之前就把計策想清楚了，尤其是對人性掌握得很透徹，基本上對方的反應都是按照他事先預測的進行。而朱武是另一種風格，最擅長的是堂堂之陣，每逢敵軍佈陣，他只要爬上雲梯仔細觀察，就能發現規律然後有針對性地破解，百戰百勝。

圖 1.10 智多星與神機軍師

朱武雖然排名比較靠後，但也是 72 地煞星的第 1 名，尤其是後期經常有宋江、盧俊義兵分兩路的情況時，吳用和朱武都是各自團隊的軍師，可以分庭抗禮。我們看小說的時候可能會覺得吳用更聰明，因為他的奇謀妙計特別多，總能預料到事情的走勢，但是似乎失誤也不少。朱武看上去好像沒那麼多鬼點子，但是只要鬥陣必勝，讓人感覺很安心。當然，《水滸傳》中還有一個預測能力很強的人，或者說不是人，那就是入雲龍

公孫勝的師傅羅真人，他已經不是料事如神了，他是真正的神仙。任何的預測能力都值得羨慕，也有很多學科都研究預測的問題，統計學顯然是其中最科學的。我們正好可以透過《水滸傳》中的例子來介紹不同的預測方法。

朱武的預測能力最清晰直白，他看一眼敵軍的陣法就能發現其中的關鍵並預測下一步的走勢，然後指揮己方軍隊有針對性地佈陣，對其進行克制。朱武為什麼能這麼厲害？是因為他之前學習過各種各樣的陣法，所以一看到敵陣的某個片段、某些特徵就能**預測**出這是一個什麼陣，用專業的術語說，朱武做了一個正確的分類。我們可以認為朱武胸中蘊藏了一個非常強大的**分類**模型，可以精準地對任何陣法進行分類。而這個模型是朱武經過不斷學習和領悟得來的。這種分類的思路就是典型的統計推論或者機器學習，透過研究事物的特徵、學習規律建立模型，然後用來做預測，這種預測通常稱為 Prediction，詳情可以參見「4.2.4 小節」。

吳用的預測能力感覺存在感更高，因為他經常能未卜先知，針對很多問題都有自己的直覺，而不是像朱武那樣胸中藏有分類模型。我們細看他的一些典型行為，通常都是可以預料人物的反應、事態的變化，然後有針對性地設置計謀，最後的結果經常是按照他的設計而進行的。在這些問題裡，似乎並沒有一些具體的分類器或者其他的預測模型，也沒見吳用之前學習過什麼特徵，但要深究的話，我們可以發現吳用很會利用人心，他可以完全透過對某個人過去行為的瞭解來推論出他未來可能做的決策。這種純粹基於歷史規律預測未來的方式也能對應科學的分析模型，比如**時間序列**，我們通常把這種預測稱為**預報**，對應的英文單詞是 Forecasting，詳情可以參見「4.1.4 小節」。

無論是 Prediction 還是 Forecasting，都有科學的方法進行統計推論。統計學家埃弗龍（Bradley Efron）曾說過「統計是僅有的系統地研究推論的科

學」。我們可以認為科學的預測是統計的**精髓之一**。而《水滸傳》中羅真人的預測方式顯然不是靠科學，而是靠神通，這種預測也對應一個名詞 Prophecy，中文常稱其為**預言**。

統計學經常研究預測的問題，所以很容易和一些不科學的預測方法混在一起。尤其是如今電腦工具特別發達，很多模型和演算法都很容易實現，把資料扔進去就能預測了，如果不明白其中的原理和背景，就很容易誤用工具，從而得到錯誤的結論，這樣就和各種不科學的預測沒有什麼兩樣了。

預測（Prediction）：研究和預估不確定事件的發生及結果，是統計推論的一部分，通常需要基於已有的經驗和知識。（維基百科）

預報（Forecasting）：基於過去的資料對未來進行預測。（維基百科）

預言（Prophecy）：對未來將發生的事情的預報或者斷言。一般來說，預言指的不是通過科學規律對未來所做的計算而得出的結論，而是指某人通過預知超能力出於靈感獲得的預報。這個概念還包括通過神力或者非凡的能力所獲得的對現時的真理和事實的宣佈。（維基百科）

1.4.2 深藍與阿爾法狗

1996 年 2 月 10 日，IBM 公司的超級電腦深藍首次挑戰國際象棋世界冠軍卡斯帕羅夫，但以 2:4 落敗。比賽在 2 月 17 日結束。其後研究小組把深藍加以改良，1997 年 5 月再度挑戰卡斯帕羅夫，比賽在 5 月 11 日結束，最終深藍電腦以 3.5:2.5 擊敗卡斯帕羅夫，成為首個在標準比賽時限內擊敗國際象棋世界冠軍的電腦系統。2016 年 3 月，Google DeepMind 開發的人工智慧圍棋程式 AlphaGo（被戲稱為「阿爾法狗」）挑戰世界冠軍韓國職業棋手李世石九段，分別於 3 月 9 日、10 日、12 日、13 日和 15 日進行

了五番棋，最終 AlphaGo 4:1 戰勝了李世石（參見圖 1.11）。2017 年 5 月 23 日，AlphaGo 在中國烏鎮開始挑戰世界圍棋第一高手中國的柯潔九段，最終以 3:0 獲勝。

圖 1.11　深藍和阿爾法狗挑戰人類

兩個時代裡機器挑戰人類的比賽，雖然過程不同，但最終的結果都是機器獲勝。國際象棋被譽為人類智慧的試金石，結果特級大師敗得毫無懸念，圍棋曾被認為是人工智慧無法攻克的堡壘，結果也出乎所有人意料地獲勝了。

這兩次震驚世界的大賽都引發了新一輪的人工智慧熱潮，尤其是 AlphaGo 獲勝的這一次，對人類帶來的驚天動地的影響還在繼續，而且看不到衰減的趨勢。人類雖然輸了比賽，但是贏了未來。深藍和 AlphaGo 雖然都被稱為**人工智慧**，但是它們實現的原理和思維方式卻完全不同。我們可以做一個有意思的對比。

深藍（Deep Blue）是由 IBM 開發的，專門用以分析國際象棋的超級電腦。當時電腦的計算能力普遍不行，深藍作為超級電腦，主要靠硬體的計算能力取勝。雖然國際象棋比當時被人類攻克的棋類遊戲複雜不少，但在程式的實現上並沒有本質的區別，都是靠著機器強大的計算能力來搜索各種可能。國際象棋的變化相對較少，那時即使無法搜索全部的可能性，也能覆蓋很大一部分，再加上人們專門針對國際象棋的規則進行

開發，甚至請來了特級大師教程式師制定對付卡斯帕羅夫的規則。所以深藍的勝利主要是硬體和優化演算法的勝利。

AlphaGo，直譯是阿爾法圍棋，當 2015 年傳出它戰勝了歐洲冠軍樊麾的消息時，很多人都不相信它的能力。因為圍棋的複雜程度和搜索空間不是當時的計算能力可以染指的，直到阿爾法狗戰勝李世石，同時人們深入研究了 Google 公開的論文之後，才明白其中的道理。

這次的阿爾法狗完全擺脫了之前靠預設規則進行暴力搜索的思路，而是從大量的棋局中進行學習，建立深度學習的模型，從而像人類一樣判斷形勢，全域思考。阿爾法狗遠未能窮盡圍棋的變化，也就是說人類並沒有輸在計算能力上，理論上完全有逆襲的可能，但現實中的阿爾法狗就像一個不眠不休不死不睡的高手，仍然能透過不斷的學習（包括學習自己的棋譜）繼續進步。

關於深藍和阿爾法狗的技術細節我們就不進行詳細的對比了。其中最關鍵的差異在於兩種不同的推理方法：演繹和歸納。**演繹法**最早是古希臘的哲學家提出來的，主要基於一些基本的前提或者公理進行嚴格的邏輯推理，在演繹的推理中不會產生超過公理之外的新知識，但可以得到各種各樣合理的結果。**歸納法**的思維方式正好相反，主要是透過特定的結果來研究前提，是一種由特殊推向一般的推理過程，透過現象去匹配假設，過程中可以產生新的知識，但因為這種推理過程中包含很多不確定性，所以並不能確保得到準確的結果。[5]

回到深藍和阿爾法狗的例子，深藍就是典型的**演繹推理**，透過各種預設規則和最優化演算法，根據場上形勢不斷推演，尋找最優解。阿爾法狗就是典型的**歸納推理**，先從歷史上人類的棋局學起，不預設任何規則，甚至整個阿爾法狗團隊中都沒有職業棋手，由機器自己從棋譜中學習規

則，在深度學習的模型中甚至都不是顯式的規則，也沒辦法教給人類，但用在棋局中能獲勝。

雖然阿爾法狗看上去比深藍要強很多，但這並不意味著歸納戰勝了演繹。這兩種推理方式都是科學研究中用得最多的邏輯思維方式。反而是演繹在科學的研究中用得更多，長期以來歸納推理由於其不精確性經常被忽視。但隨著時代的進步，人類可獲得的資料越來越多，從資料中發現規律變得越來越重要，這也促成了整個現代統計學的發展。

統計學這個學科，雖然需要很多數學基礎，但主要的推理思維在於歸納而不是演繹，包括後續的機器學習和如今如日中天的深度學習人工智慧，也是以歸納推理為主，從資料中得到知識，也可以稱為**資料科學**，在「5.1.4 小節」中有更詳細的討論。

歸納（Induction）：對事物特殊的代表進行有限觀察，把性質或關係歸結到類型，或基於對反覆再現的現象的模式進行有限觀察，總結出公式或規律。（維基百科）

演繹（Deduction）：從前提中必然地得出結論的推理，如果前提為真，則結論必然為真。（維基百科）

1.4.3 中藥與西藥

2015 年 10 月 8 日，中國科學家屠呦呦獲得 2015 年諾貝爾生理學或醫學獎，成為第一個獲得諾貝爾自然學獎的中國人。無論是作為中國人的驕傲還是拯救世界的良藥，屠老的成果都沒有任何爭議。不過在屠老得獎後的一段時間裡網路上出現了一個不和諧的小插曲，那就是關於中藥和西藥的爭論又達到了一個高峰。中醫擁護者當然覺得這是中國傳統醫學的勝利，也是中藥研究方法在世界上揚眉吐氣的關鍵時刻，而中醫反對者很快

樹立一個「人們認為青蒿素是中藥」的靶子，開始大肆攻擊，持續的進攻將中國傳統醫學和中藥貶得一文不值。其實兩派的爭論由來已久，參與網路爭論的這兩撥兒人大多數並不懂中藥也不懂西藥，爭論的源頭很可能純粹是信仰的差異。

對於這個話題，我們不涉及信仰之爭，主要談藥。藥和醫是不同的，中醫和西醫都是太大的領域，說來話長。相對來說，藥學比較偏技術，也依賴資料，統計學可以在其中發揮很重要的作用。一款新藥的研發和上市要經過非常複雜的流程。一般來說，首先是新藥發現和臨床前實驗（Preclinical）的階段，這個階段主要是從實驗室裡篩選化合物並在動物身上進行實驗，掌握初步的藥動學規律並證實無毒，才能進入人體實驗階段。如果按照 FDA（美國食品藥品監督管理局）的標準流程進行實驗的話，需要進行四期的**臨床實驗**，只有通過了層層考驗之後，才能上市賣一個好價錢，把之前的研發費用彌補回來。

在新藥研發的過程中，無論是時間還是資金成本，最大關鍵都在於臨床實驗，這是搞統計的人可以愉快玩耍的領域。而網路上西藥和中藥的爭論顯然不是集中在這個領域。在這個青蒿素的例子中，爭論的關鍵在於「新藥發現」的環節。很顯然，青蒿素是西藥而不是中藥，理性的中藥支持者驕傲的理由是青蒿素「新藥發現」的靈感來自中藥的方子，而後面的動物實驗到人體實驗都和目前主流的新藥研發流程沒什麼區別。中醫反對者認為中醫在其中的作用完全只是巧合。

實際上在製藥界，新藥篩選是永恆的難題，尤其是現在，好的化合物可能被發現得差不多了，篩選新的化合物越來越難，而很多藥物的專利保護期不會等人，藥廠面臨的壓力很大。本來化合物的篩選就像撞大運一般，沒有特別好的方法來找到人們想要的。據媒體報導，當年美國為了越戰抗瘧的需要篩選了 30 萬種化合物也沒有發現好的化合物，而屠呦呦

當時的科研組從中醫藥方入手，很快就找到了青蒿素。如果簡單歸結於巧合，那不是科學的態度。化合物的篩選雖然極不容易，但是並不是新藥研發中最關鍵的部分。那麼中藥和西藥的不同之處究竟在哪裡呢？

仍然拿青蒿素來舉例，西藥的藥理學會研究化合物對人體的作用，通常的表述方式是這樣的：「它們將修飾或抑制瘧原蟲生長所需要的大分子物質或破壞瘧原蟲生物膜結構，最終導致瘧原蟲死亡」。但是光知道某個化合物會導致瘧原蟲死亡還遠遠不夠，還需要利用血藥濃度等資料建立藥物進入血液後的藥動學模型和藥效學模型，這樣才可以量化地研究其規律，用統計模型來描述藥和人體之間的關係，然後通過各項實驗的資料來驗證，並依賴且僅依賴於大規模人體實驗的資料來判斷該藥是有效且輕害的。

而中藥呢，是另一種表述方式，葛洪就說青蒿攪汁服用可以截瘧。這裡面也有模型，是玄學模型，比如經絡和陰陽五行之類，沒辦法解剖看到也沒有數學描述。其實這些模型並不是偽科學，因為根本就不是科學，沒辦法用科學的方式來證明其理論，也沒有辦法來證偽。但這並不是中醫和中藥的全部，從神農嘗百草開始的實驗想法以及以療效為唯一目的的統計想法才是值得稱道的。現在有些人過多地關注數學模型相對於玄學模型的優勢，而忘了模型的本質只是研究真實世界的一種不得已而用之的手段，刻意強調方法的「科學性」而忽視大規模資料的驗證，這樣的危害並不比方法不科學更小。

其實說到模型，解剖看不到不是關鍵，比如說現代藥動學裡面的房室模型解剖後同樣看不到，圖 1.12 描述了西藥中的房室模型和中藥中的經絡模型。但是在科學的體系下，利用數學來描述自然的世界是當前的正道。即使沒有辦法得到確定性的模型，只要有資料，肯定可以造出統計模型，如果能夠在大量資料的條件下檢驗有效，那麼數學和自然就統一

了。這是當今最完美的解決方案，也是科學的力量。我們不強求科學是唯一的真理，但相信科學是目前認識世界的最好工具。

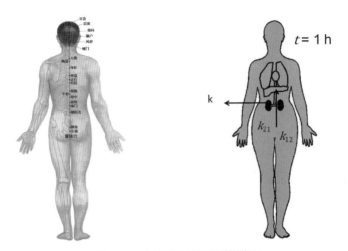

圖 1.12 中藥模型與西藥模型

目前來看，中藥和西藥最大的差異在於藥理，很顯然古代中藥的藥理學很不科學，現代人致力於將中藥理論科學化但是效果並不好。可是現代製藥流程中最接近真理的地方可能並不在於藥理，而是藥效，甚至可以認為現代藥學最核心的部分就是實驗。就拿所有人都不會反對的 FDA（美國藥監局）來說，其權威性就是靠嚴格的實驗控制掙來的，當年拒絕「反應停」的壯舉就是 FDA 的經典之作。現代社會的西藥之所以安全，主要因為大規模實驗後的資料分析，這就是統計學的重要作用。

統計學隸屬於西藥還是中藥？很顯然都不是。但是太多人認為它只屬於西藥的陣營，實際上，相信實驗資料恰好是一種結果導向，用最終的療效說話而不是靠正確的理論。刻意地用「傳統落後醫學」和「現代醫學」來區分中醫與西醫，不是科學的做法。中國文化裡非常注重實驗精神，歷史也證明了中醫對整個民族的貢獻，我們看問題要實事求是，不能用是否具有「科學」的數學模型來一刀切。

那麼統計學是否能支持中藥呢？很顯然，統計不拒絕任何對人類有幫助的東西，我們只相信資料及其結論。但是實際的情況是，中藥基本上不參加隨機雙盲的實驗。這不是因為中藥在逃避，而是因為另一個複雜的問題。目前在我們用的西藥中，絕大部分都是單一化合物的藥，可以很容易地設計臨床實驗和進行統計分析。而中藥在臨床實驗中面臨的最大問題就是混合物的問題。哪怕只包含兩個化合物，光是研究協同效應就要比單一化合物複雜許多，何況傳統的草藥遠遠不止兩個化合物。即使能做出模型，生產的時候要做到兩劑藥中各成分的含量相同也不容易，如果對精度要求不高，也得用最優化的方法來求解，如果要求嚴格的比例控制的話，基本就不可能了。

但這並不意味著中藥沒辦法進行科學的實驗，也不意味著混合物沒辦法做統計模型。隨著技術的進步很多問題都在被慢慢解決，而且無論是中國藥監局還是美國的 FDA，對於這些在人類歷史上被長時間驗證過的草藥藥方的實驗要求都和單一化合物是不同的。畢竟實驗和有效才是新藥被批准的最關鍵因素，這也是科學的真正體現。每個學科都有自己的理論，但善用統計學、相信資料總不會錯，希望無論是中藥還是西藥，都能在統計學的護持下健康地發展。

 藥物代謝動力學（Pharmacokinetics）：簡稱為「藥動學」，主要是定量研究藥物在生物體內的活動過程（吸收、分佈、代謝和排泄），並運用數學原理和方法闡述藥物在機體內的動態規律的一門學科。

雙盲實驗：實驗者和參與者都不知道誰屬於控制組誰屬於實驗組，旨在消除可能出現在實驗者和參與者意識當中的主觀偏差和個人偏好。

1.4.4 所有模型都是錯的

　　2013 年 3 月 28 日，統計學家喬治‧伯克斯（George Box）在美國威斯康辛州麥迪森市的家中平靜辭世，享年 93 歲。他的離去引來社會各界的無限追思。伯克斯教授被公認為 20 世紀後半期最重要的三位統計學家之一（另兩位是約翰‧圖基和 D.R. 考克斯），在工業、經濟、商業、農業、環境等諸多領域都留下了很多以他的名字命名的方法。對公眾來說，印象最深的可能還是那句名言：「所有模型都是錯誤的，但有些是有用的」。

「所有模型都是錯誤的」，聽起來有些極端，有些人會感覺信仰受到了傷害，還有些人會借此來攻擊統計模型。實際上，如果我們足夠瞭解科學的話，會發現這恰恰是非常科學的論述。有些追求科學過於狂熱而又不太懂科學的人反而容易走向極端，認為科學就是真理，不科學就是邪教，以科學的初衷做出很多不科學的事來，可能會帶來比較大的危害。

我們在「1.3.4 小節」中介紹了牛頓發現萬有引力定律的過程，這就是一個典型的科學過程。首先是很多前輩發現了某些規律或者現象（比如第穀的觀測、開普勒的研究），然後一個天才人物站在巨人的肩膀上提出一個假說（牛頓的萬有引力定律），再後來會有很多真實資料或者實驗來支援這個假說（卡文迪許實驗）。一旦發現某個反例，說明該假說被證偽，或者在一定範圍內被證偽，然後就會有新的理論進行彌補或者替代（比如量子力學），然後進入新的發展週期，於是科學在不斷否定中進步。人類社會也跟著科學一起發展進步。

波普爾[9] 曾經提出過一條界定「科學」命題的標準：「一個命題是科學的當且僅當它是可證偽的」。所謂可證偽，是指該命題有辦法透過觀測和實

9　Karl Raimund Popper（1902 年 7 月 28 日 — 1994 年 9 月 17 日），出生於奧地利，逝於英國倫敦，猶太人，被譽為 20 世紀最偉大的哲學家之一。

驗來驗證，如果每次驗證都是對的，不能說命題就是對的，但只要有一次驗證發現錯了，那麼就被證偽了，這個命題也就被推翻了。「可證偽」似乎成了很多人判斷科學的金標準，但放在今天的環境中已經不合時宜了。很明顯，有些命題，比如用機率描述的，就沒辦法精確地證偽，而很多命題被證偽了也不一定是科學命題，比如「處女座的人都有潔癖」顯然不是科學命題。

我們看波普爾的這個觀點不能同歷史背景割裂開來，波普爾推崇的是演繹邏輯，一直反對經典的經驗主義和歸納邏輯。在歸納的思維中，如果越來越多的證據支持某命題，那麼該命題就傾向於被「證實」。波普爾認為這種方式太危險，即使發現反例也可以透過修改原命題輕鬆繞過，不是科學的辦法，所以從證偽的角度入手會更好。這些觀點都有道理，我們不研究科學哲學的話其實沒必要去深究科學的邊界問題。我們在「1.4.2 小節」也介紹了**歸納推理**和**演繹推理**的差異，確實使用歸納邏輯更容易犯錯，但歸納卻能解決更多的問題。歸納和演繹並沒有誰比誰更科學之說。

思考科學的邊界是哲學家的事情，我們只需要在自己的工作和研究中不犯不科學的錯誤即可。這樣的話，當我們使用歸納思維的時候（尤其是對歷史資料進行分析）要注意不能把特殊性當成一般性，盲目相信資料和經驗。使用演繹思維的時候，也不能陷入極端的封閉中越繞越深、越繞越窄。無論是歸納還是演繹、證實還是證偽，只要是搞科學的，都認可的是假說而不是真理。假說能解釋的事物越多，也不能說越接近真理，但通常會更有用。用科學的方式得到有用的假說是大家都認可的，歸納和演繹其實最大的差別是得到「更好的」假說的方式。

無論使用歸納法還是演繹法，我們得到的模型其實都只是假說，蘇格蘭哲學家麥克默里（John Macmurray）曾說過：「對科學來說，並不在乎是

否真的存在電子，只要事物的行為好像有電子存在一樣就夠了」。從這個意義上來說，「所有模型都是錯誤的」。只要當時有用、能解決問題，就是好的模型。當發現不管用的時候，或者出問題的時候，我們需要繼續尋找一個更好的模型，這才是科學的態度，也是解決問題的方式。

 科學（Science）：是通過經驗實證的方法，對現象（原來指自然現象，現泛指包括社會現象等現象）進行歸因的學科。（維基百科）

哲學（Philosophy）：是對普遍的和基本的問題的研究，這些問題通常和存在、知識、價值、理性、心靈、語言等有關。（維基百科）

[1] 劉慈欣．三體 [M]．重慶：重慶出版社，2008．

[2] 蜜雪兒．複雜 [M]．唐璐，譯．長沙：湖南科技出版社，2011．

[3] 曹天元．上帝擲骰子嗎？：量子物理史話 [M]．北京：北京聯合出版公司，2013．

[4] 牛頓．自然哲學的數學原理 [M]．任海洋，譯．重慶：重慶出版集團，2015．

[5] C.R. 勞．統計與真理：怎樣運用偶然性 [M]．李竹渝，譯．北京：科學出版社，2004．

[6] 岩澤宏和．改變世界的 134 個機率故事 [M]．戴華晶，譯．長沙：湖南科學技術出版社，2016．

[7] 陳希孺．數理統計學簡史 [M]．長沙：湖南教育出版社，2002．

[8] Olofsson P. 生活中的機率趣事 [M]．趙瑩，譯．北京：機械工業出版社，2017．

[9] Salsburg D. 女士品茶 [M]．劉清山，譯．南昌：江西人民出版社，2016．

Chapter

02

資料與數學

統計學是一門關於資料的科學，但是針對資料進行分析的方法並不只有統計學這一種。只要能夠從資料中獲取價值，可以透過可複製的方式得到結論，就是好的方法。隨著電腦技術發展的日新月異，在傳統統計學方法的基礎上，誕生了各種各樣的分析技術。這些技術因為其科學性，所以能夠實現可重複研究，同時又不局限於數學的背景，所以能以更加靈活的方式從資料中獲取價值。

但是對於各類方法，如果能有堅實的數學基礎，將能更好地理解其中的原理和應用範圍，否則很容易誤解或者不自信。在當今的時代裡，各種開源工具層出不窮，人們可以非常容易地獲得強大的分析工具，即使不理解方法的原理，也能夠通過示例和文檔來實現各種資料分析的操作，但其中的危險性也不可不知，這就需要掌握一定的數學知識，從而可以對方法有比較透徹的理解。

第 1 節「資料與空間」介紹了線性代數的基礎，包括向量和矩陣的運算方式，以及線性方程式組和線性變換等知識。本書儘量用二維空間的幾何直覺來介紹線性代數，便於沒有太多數學基礎的讀者理解。雖然其中包含很多數學公式，但是具有中學數學基礎已經足夠，如果需要進一步瞭解，可以參閱線性代數 [1] 的相關書籍，也可以跳過此處內容，不太影響後續的閱讀。

第 2 節「隨機變數和分佈」介紹了機率分佈的基礎，和第 1 章中介紹的古典機率論不同，此處引入了隨機變數和分佈函數這些專業的工具，但是並沒有從測度論的深度去研究機率，所以也不需要太強的數學基礎。當然，對沒學過機率論課程的讀者來說可能有些困難，可以參考一些機率論的相關書籍 [2]，也可以跳過此處內容，不太影響後續的閱讀。

第 3 節「認識資料」主要是從工程角度對資料的介紹，如果有實際的資料處理經驗（使用過 Excel 或者資料庫等）將能更好地理解其中的內容。對於每一筆資料，將其看作空間中的一個點，再結合線性代數的知識，可以很容易地理解後續的各種分析方法。如果完全零基礎，建議閱讀一些比較簡單的統計學入門書籍 [3]。

第 4 節「數理統計基礎」介紹了基礎的數理統計知識，包括樣本、期望值、參數估計等。這些知識對於理解後續的各種方法非常重要，如果數學基礎不夠，可以參考一些數理統計相關書籍 [2]，也可以跳過其中的數學公式，結合具體的例子理解其中的統計想法即可。

2.1 資料與空間

2.1.2 多維世界的蟲子

在一維的世界裡，整個空間就是一根線，假設裡面生活了一隻蟲子，那麼蟲子永遠只知道前後，不知道左右。在二維的世界裡，空間是一個面，裡面生活的蟲子除了可以前後移動，還可以左右移動，但是用我們三維世界的眼光來看，它們並不知道頭上有天、腳下有地，仍然是可憐蟲。三維世界是我們生活的世界，除了前後左右之外，我們的空間還有上下之分（參見圖 2.1）。是否存在四維空間？我們不知道也想像不到，正如「夏蟲不可以語冰」一般，三維蟲不可以語四維也。

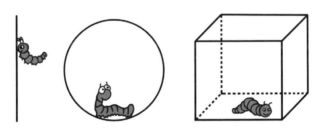

圖 2.1　多維世界中的蟲子

所謂空間，在數學上有嚴格的定義，也存在各種各樣不同的空間，但最常用也最符合我們理解真實世界直覺的是歐幾里得空間（Euclidean Space），簡稱歐氏空間。這裡我們不對其數學定義進行深入討論，只要知道該空間中的平行線、直角等幾何元素符合我們日常生活的直覺即可，我們中學時學的幾何就是歐氏幾何。其中二維的情況就是平面幾何，三維的情況就是立體幾何。在幾何中我們還引入了座標系，最常見的就是笛卡兒座標系（Cartesian Coordinate System），也稱為直角座標系。圖 2.2 中箭頭所在的點的座標為 (3,2)。

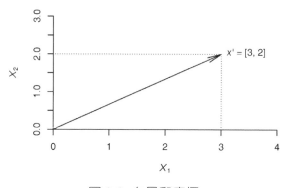

圖 2.2　向量和座標

對於二維平面來說，我們通常把橫軸稱為 X 軸，把縱軸稱為 Y 軸，為了不失一般性，我們也可以將它們稱為第一軸（記為 X_1）和第二軸（記為 X_2）。對於二維平面上的點來說，其座標包含兩個值，實際上就是對應於 X_1 和 X_2 軸上的刻度。如果是三維空間中的點，那座標自然得包含三個值。超過三維的 n 維空間我們想像不出來，但是類比可以知道其中點的座標一定是包含 n 個值的。對於這樣的情況，我們使用向量（Vector）來進行研究。

由 n 個實數 $x_1, x_2, \cdots, x_n$ 組成的一個陣列 x 稱為向量，寫作：

$$x = \begin{bmatrix} x_1 \\ x_2 \\ \vdots \\ x_n \end{bmatrix} \quad \text{或} \quad x' = \begin{bmatrix} x_1, & x_2, & \cdots, & x_n \end{bmatrix}$$

n 稱為向量的維數，表示向量中元素的個數。向量默認為行的形式，右上角的撇（'）表示轉置（Transpose），也就是旋轉成列的形式。所以我們用 x 來代表一個向量的時候通常是指按行排列的，如果為了排版的需要而橫著排，就記為 x'。

向量 x 在幾何上可表示為一個 n 維有向線段，它沿第一個軸的座標為 x_1，沿第二個軸的座標為 x_2⋯沿第 n 個軸的座標為 x_n。一個向量可以表示 n 維空間中的一個點，即該有向線段（箭頭）的頂點。圖 2.2 就展現了二維空間中的向量 x，根據向量的定義，我們可以知道該向量為 $x'=[3,2]$。

向量可以進行運算，比如純量乘法（Scalar Multiplication），又稱係數積，向量乘以一個實數相當於其每個元素都乘以該實數：$c \cdot x'=[c \cdot x^1, c \cdot x_2, \cdots, c \cdot x_n]$。該動作表示將向量長度伸長或縮短，變為原來的 c 倍，但是方向不變，如圖 2.3 的左圖所示。

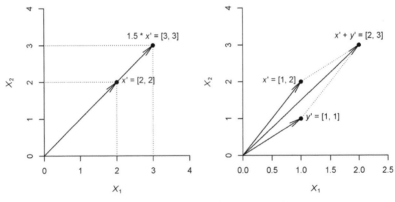

圖 2.3 向量係數積與向量加法

如果兩個向量的維數相同（說明處於相同維度的空間中），可以進行加法（Vector Addition）運算。向量加法表示將兩個向量的各元素分別相加：

$$x + y = \begin{bmatrix} x_1 \\ \vdots \\ x_n \end{bmatrix} + \begin{bmatrix} y_1 \\ \vdots \\ y_n \end{bmatrix} = \begin{bmatrix} x_1 + y_1 \\ \vdots \\ x_n + y_n \end{bmatrix}$$

其幾何意義表示兩個向量組成的平行四邊形的對角線。這種操作很像中學物理中計算合力的「平行四邊形法則」，實際上力就是向量（有些領域

也稱向量），具有大小和方向，計算合力就是做向量加法。如圖 2.3 的右圖所示。

此外，對於向量 $x'=[x_1,x_2,\cdots,x_n]$ 和 $y'=[y_1,y_2,\cdots,y_n]$，我們定義其內積（Inner Product）運算如下：

$$x'y = x_1y_1 + x_2y_2 + \ldots + x_ny_n$$

內積也稱為點積（Dot Product），記為 $x'y$。向量的長度 L_x（也記作 $\|x\|$）也可以通過內積來計算：$L_x = \sqrt{x'x}$。

兩個向量之間還存在夾角，我們記向量 x 和 y 的夾角為 θ，則有 $\cos(\theta) = x'y/(L_xL_y)$。如果 $x'y = 0$，說明 $\theta = 90°$，稱為 x 與 y 垂直。

向量之間還可以定義距離，在歐氏空間裡，對於向量 $x'=[x_1,x_2,\cdots,x_n]$ 和 $y'=[y_1,y_2,\cdots,y_n]$，其歐氏距離 d_{xy} 的定義如下：

$$d_{xy} = \sqrt{(x_1 - y_1)^2 + (x_2 - y_2)^2 + \ldots + (x_n - y_n)^2}$$

對於兩個向量：$x'=[x_1,x_2,\cdots,x_n]$ 和 $y'=[y_1,y_2,\cdots,y_n]$，我們還可以定義 x 在 y 上的投影為：$\frac{x'y}{L_y^2}y$。該投影也是一個向量，與向量 y 的方向相同，如圖 2.4 所示。

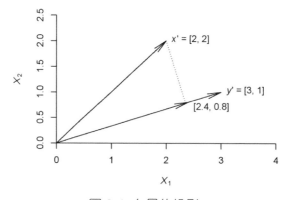

圖 2.4 向量的投影

利用向量，我們可以描述 n 維空間中的點，無論 n 有多大，都可以參考以上二維平面中的例子進行理解。各種關於向量的運算推廣到多維空間中去可以解決更多更複雜的問題。

 向量（Vector）：同時具有大小和方向的幾何物件，與向量概念相對的是只有大小而沒有方向的純量。

2.1.2 駭客帝國和變形金剛

《駭客任務》是經典的電影，《變形金剛》是經典的動畫劇集，若說兩者有什麼關聯，那就是裡面都有一個很厲害的東西叫作「Matrix」。《駭客任務》的英文原名就是 The Matrix，裡面的「母體」（Matrix）是機器人統治人類的系統，人類的身體泡在營養液裡，而腦部與母體系統連接，思維活在這個虛擬的世界而不自知，很多人第一次看的時候非常震撼。《變形金剛》裡面有一個「能源寶」（Matrix of Leadership），也翻譯為「領導模組」，是汽車人領導人的身份證明和力量來源。在這些電影和電視劇中如此重要的 Matrix 一詞的本意就是母體，英國數學家西爾維斯特（James Joseph Sylvester）於 1850 年用它來命名我們今天所熟知的「矩陣」，至此 Matrix 這個詞就深入到數學應用的各個領域中。

我們把由實數組成的這種二維結構的矩形數表稱為**矩陣**，一個 m 列 n 行的任意矩陣可以表示成：

$$A = \begin{bmatrix} a_{11} & a_{12} & \dots & a_{1n} \\ a_{21} & a_{22} & \dots & a_{2n} \\ \vdots & \vdots & \ddots & \vdots \\ a_{m1} & a_{m2} & \dots & a_{mn} \end{bmatrix}$$

我們記該矩陣為 A，用 A′ 來表示矩陣 A 的轉置，表示沿左上到右下的對角線旋轉該矩陣，使得行列互換位置：

$$A = \begin{bmatrix} a_{11} & a_{12} & \dots & a_{1n} \\ a_{21} & a_{22} & \dots & a_{2n} \\ \vdots & \vdots & \ddots & \vdots \\ a_{m1} & a_{m2} & \dots & a_{mn} \end{bmatrix} \Leftrightarrow A' = \begin{bmatrix} a_{11} & a_{21} & \dots & a_{m1} \\ a_{12} & a_{22} & \dots & a_{m2} \\ \vdots & \vdots & \ddots & \vdots \\ a_{1n} & a_{2n} & \dots & a_{mn} \end{bmatrix}$$

其中 m 和 n 稱為矩陣的維數（Dimension），如果兩個矩陣 A 和 B 的維數相同且對應位置的元素都相等，則有 A=B。如果 A=A′ 則稱 A 為對稱矩陣（Symmetric Matrix）。

設 c 為任一實數，矩陣 $A_{(m \times n)} = \{a_{ij}\}$，則有：

$$c \cdot A = \begin{bmatrix} c \cdot a_{11} & c \cdot a_{12} & \dots & c \cdot a_{1n} \\ c \cdot a_{21} & c \cdot a_{22} & \dots & c \cdot a_{2n} \\ \vdots & \vdots & \ddots & \vdots \\ c \cdot a_{m1} & c \cdot a_{m2} & \dots & c \cdot a_{mn} \end{bmatrix}$$

該運算稱為矩陣的純量乘法（Scalar Multiplication），也稱為「係數積」。純量乘法滿足交換律：c · A=A · c。

設矩陣 $A_{(m \times n)} = \{a_{ij}\}$ 和矩陣 $B_{(m \times n)} = \{b_{ij}\}$ 具有相同的維數，A 和 B 之間可以進行各種運算。其中 A+B 稱為矩陣加法（Matrix Addition）：

$$A + B = \begin{bmatrix} a_{11} + b_{11} & a_{12} + b_{12} & \dots & a_{1n} + b_{1n} \\ a_{21} + b_{21} & a_{22} + b_{22} & \dots & a_{2n} + b_{2n} \\ \vdots & \vdots & \ddots & \vdots \\ a_{m1} + b_{m1} & a_{m2} + b_{m2} & \dots & a_{mn} + b_{mn} \end{bmatrix}$$

矩陣加法滿足交換律：A+B=B+A。矩陣減法與加法類似：A-B=A+(-1) · B。

A ⊙ B 稱為哈達瑪乘積（Hadamard Product）：

$$A \odot B = \begin{bmatrix} a_{11} \cdot b_{11} & a_{12} \cdot b_{12} & \dots & a_{1n} \cdot b_{1n} \\ a_{21} \cdot b_{21} & a_{22} \cdot b_{22} & \dots & a_{2n} \cdot b_{2n} \\ \vdots & \vdots & \ddots & \vdots \\ a_{m1} \cdot b_{m1} & a_{m2} \cdot b_{m2} & \dots & a_{mn} \cdot b_{mn} \end{bmatrix}$$

A ⊙ B 表示兩個矩陣對應位置元素的乘積，該運算滿足交換律。

設矩陣 $\underset{(m \times n)}{A} = \{a_{ij}\}$ 和矩陣 $\underset{(m \times n)}{B} = \{b_{ij}\}$，矩陣乘法（Matrix Product）A · B 定義如下：

$$A \cdot B = \begin{bmatrix} \sum_{l=1}^{n} a_{1l} \cdot b_{l1} & \sum_{l=1}^{n} a_{1l} \cdot b_{l2} & \dots & \sum_{l=1}^{n} a_{1l} \cdot b_{lk} \\ \sum_{l=1}^{n} a_{2l} \cdot b_{l1} & \sum_{l=1}^{n} a_{2l} \cdot b_{l2} & \dots & \sum_{l=1}^{n} a_{2l} \cdot b_{lk} \\ \vdots & \vdots & \ddots & \vdots \\ \sum_{l=1}^{n} a_{ml} \cdot b_{l1} & \sum_{l=1}^{n} a_{ml} \cdot b_{l2} & \dots & \sum_{l=1}^{n} a_{ml} \cdot b_{lk} \end{bmatrix}$$

A · B 也可記作 AB。前一個矩陣的行數必須等於後一個矩陣的列數，否則無法相乘。維數為 $m \times n$ 和 $n \times k$ 的兩個矩陣相乘後，生成的新矩陣的維數為 $m \times k$。注意，矩陣乘法不滿足乘法交換律，亦即 AB 不一定等於 BA。

如果一個矩陣的行數與列數相等，則稱為方塊矩陣（Square Matrix）。除主對角線（左上到右下）外其他數值全為 0 的方塊矩陣稱為對角矩陣（Diagonal Matrix）。對角線上的值都為 1 的對角矩陣稱為單位矩陣（Identity Matrix），如下所示：

$$I = \begin{bmatrix} 1 & 0 & \dots & 0 \\ 0 & 1 & \dots & 0 \\ \vdots & \vdots & \ddots & \vdots \\ 0 & 0 & \dots & 1 \end{bmatrix}$$

單位矩陣與任何矩陣相乘（假設維數相符）都等於原矩陣。

如果一個矩陣是方塊矩陣，我們還可以定義**行列式**（Determinant）的運算。$n \times n$ 的方塊矩陣 A 的行列式記作 $|A|$，定義如下：

$$|A| = \begin{vmatrix} a_{11} & a_{12} & \dots & a_{1n} \\ a_{21} & a_{22} & \dots & a_{2n} \\ \vdots & \vdots & \ddots & \vdots \\ a_{n1} & a_{n2} & \dots & a_{nn} \end{vmatrix} = \sum_{j_1 j_2 \cdots j_n} (-1)^{\tau(j_1 j_2 \cdots j_n)} a_{1j_1} a_{2j_2} \dots a_{nj_n}$$

其中 $j_1 j_2 \cdots j_n$ 代表 $1, 2, \cdots, n$ 的一個排列（Permutation）。τ 代表計算逆序數（Inversion），亦即逆序對 [1] 的總數。行列式看上去和矩陣長得很像，但是完全不是一個東西，如果從幾何角度來理解，可以認為是該矩陣對應的平行體的體積，是一個數值，可以用來解決一些矩陣方面的問題。但是從歷史角度來說，行列式比矩陣要早很多，所以有些教材會先講行列式再講矩陣，但對於我們理解矩陣並用矩陣解決問題來說，並不是必需的，所以我們只需要大概瞭解其概念即可，實際工作中可以使用電腦工具來求解。

矩陣可以看作是一組向量的組合。對一組向量 $x_1, x_2, \cdots, x_k$，如果存在不全為 0 的常數 $c_1, c_2, \cdots, c_k$ 使得 $c_1 x_1 + c_2 x_2 + \cdots + c_k x_k = 0$，我們稱這組向量線性相關（Linearly Dependent），反之則線性獨立（Linearly Independent）。如果把矩陣的每一行看成向量，即行向量，所有行向量線性無關的最大行數稱為行秩，同理，根據列向量可以得到列秩。可以證明一個矩陣的行秩和列秩是相等的，稱為矩陣的秩（Rank）。

對方塊矩陣 $\underset{(k \times k)}{A}$，如果 $\underset{(k \times k)}{A} \cdot \underset{(k \times 1)}{x} = \underset{(k \times 1)}{0}$ 意味著 $\underset{(k \times 1)}{x} = \underset{(k \times 1)}{0}$，則稱此方塊矩陣是非奇異的（Nonsingular），反之則為奇異的（Singular）。可以證

1　我們把一組數中前面的數比後面的數大的稱為一個逆序對。

明，如果一個方塊矩陣的秩等於它的行數（或列數），則此方塊矩陣是非奇異的。還可以證明，一個矩陣非奇異等價於它的行列式不為 0。

如果 $k \times k$ 維矩陣 A 是一個非奇異矩陣，可以證明存在唯一的 $k \times k$ 維矩陣 B 使得 AB=BA=I。若 B 滿足 AB=BA=I，稱 B 為 A 的逆（Inverse），並用 A^{-1} 表示。

對於方塊矩陣 Q，如果 $QQ' = I$ 或者 $Q' = Q^{-1}$，則稱 Q 為正交矩陣（Orthogonal Matrix）。根據矩陣乘法的計算公式，可知矩陣中任意兩個不相同的向量的內積為 0，說明這兩個向量垂直，也稱為正交。

矩陣對角線上的元素的和稱為跡（Trace），記為 $tr(A)$，可以證明 $tr(A \pm B) = tr(A) \pm tr(B)$，以及 $tr(AB) = tr(BA)$。

以上是關於矩陣的一些基本概念和運算方法，雖然屬於數學知識，但主要是偏重計算而不是證明，所以很適合透過練習或者操縱電腦來加深理解，「5.2.4 小節」中介紹了 R 語言，是一種簡單的數學科學類程式設計語言，尤其擅長矩陣運算，可以透過呼叫其中的函數來驗證本節中矩陣的基本操作。

 矩陣（Matrix）：將一些元素排列成若干行，每行放上相同數量的元素，就是一個矩陣。通常橫向的元素組稱為「列」（Row），縱向的稱為「行」（Column）。

2.1.3 九章算術與線性方程式

偉大的數學家劉徽在《九章算術》[4] 的註解中定義了方程式：「程，課程也。群物總雜，各列有數，總言其實，令每行為率。二物者再程，三物者三程，皆如物數程之，並列為行，故謂之方程式」。我們舉一個該書中方

程式的例子「方程式：今有上禾三秉，中禾二秉，下禾一秉，實三十九鬥；上禾二秉，中禾三秉，下禾一秉，實三十四鬥；上禾一秉，中禾二秉，下禾三秉，實二十六鬥。問上、中、下禾實一秉各幾何」。其中的答案非常耐人尋味，「術曰：置上禾三秉，中禾二秉，下禾一秉，實三十九鬥，於右方。中、左禾列如右方。以右行上禾遍乘中行而以直除。又乘其次，亦以直除。然以中行中禾不盡者遍乘左行而以直除。左方下禾不盡者，上為法，下為實。實即下禾之實。求中禾，以法乘中行下實，而除下禾之實。餘如中禾秉數而一，即中禾之實。求上禾亦以法乘右行下實，而除下禾、中禾之實。餘如上禾秉數而一，即上禾之實。實皆如法，各得一鬥。」

《九章算術》[2] 是我國古代重要的數學著作，這個題目如果用今天常用的方程式組形式來描述是這樣的：

$$\begin{cases} 3x_1 + 2x_2 + x_3 = 39 \\ 2x_1 + 3x_2 + x_3 = 34 \\ x_1 + 2x_2 + 3x_3 = 26 \end{cases} \tag{2.1.1}$$

按照《九章算術》裡的解法，通過每行數乘並且和他行加減，實現消元，最後將方程式的左邊變成階梯形式，從而求解：

$$\begin{cases} 3x_1 + 2x_2 + x_3 = 39 \\ 5x_2 + x_3 = 24 \\ 36x_3 = 99 \end{cases} \Rightarrow \begin{cases} 4x_1 = 37 \\ 4x_2 = 17 \\ 4x_3 = 11 \end{cases}$$

2　《九章算數》具體成書時間已不可考，一般認為西漢的張蒼、耿壽昌曾經做過增補和整理，其時大體已成定本，而東漢前期已經正式定型。另外，1983 年考古學家在湖北漢代古墓中發現的竹簡《算數書》可以確定成書於公元前 202 年至前 186 年之間，其中很多內容與《九章算數》比較相似，有人推測兩書具有某些繼承關係，也有人認為沒有關係。劉徽（約 225 − 295 年）是三國時代魏國數學家，魏景元四年（公元 263 年）時，其為《九章算數》做注，提出了很多重要方法並建立了成熟體系。

這種解法實際上就是今天我們所說的**初等變換** [5]，所謂線性方程式組的初等變換指的是以下三種基本變換：

1. 用一非零的數乘某一方程式。
2. 把一個方程式的倍數加到另一個方程式。
3. 互換兩個方程式的位置。

方程式 2.1.1 的未知數係數和等號右邊的值可以構成一個矩陣，我們稱為該方程式的**增廣矩陣**。可以用操作矩陣的方式來求解方程式。對於矩陣也有初等變換，與線性方程式組的三種基本變換如出一轍，只是按行 [3] 變換的稱為矩陣的「初等行變換」，按列變換的稱為矩陣的「初等列變換」。

我們再看一道《九章算術》裡更簡單的二元一次方程式的題目：

> 今有上禾七秉，損實一鬥，益之下禾二秉，而實一十鬥；下禾八秉，益實一鬥與上禾二秉，而實一十鬥。問上、下禾實一秉各幾何？

同樣地根據初等變換可以輕鬆求解：

$$\begin{cases} (7x_1 - 1) + 2x_2 = 10 \\ 2x_1 + (8x_2 + 1) = 10 \end{cases} \Rightarrow \begin{cases} 7x_1 + 2x_2 = 11 \\ 2x_1 + 8x_2 = 9 \end{cases} \Rightarrow \begin{cases} 26x_1 = 35 \\ 52x_2 = 41 \end{cases}$$

對於這個問題，我們可以回憶一下中學解析幾何中 $7x_1+2x_2=11$ 和 $2x_1+8x_2=9$ 這兩個式子的含義，實際上就是二維平面上的直線方程式，我們把這兩條直線畫出來，如圖 2.5 所示。

3　需要注意的是，在《九章算數》中，「行」表示縱向，「列」表是橫向，和今天台灣的描述方式相同。

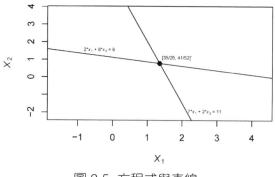

圖 2.5 方程式與直線

我們可以發現，直線的交點其實就是該方程式組的解。線性方程式組實際上就是求一些直線（或者超平面）的交點，最後的解就是交點的座標。把線性方程式組和矩陣聯結在一起，可以解決很多實際問題，中國古代的數學對這方面有深入的研究。雖然中國古代數學不太關注嚴格的公理體系，但是在演算法想法和計算方法方面頗有獨到之處，著重解決實際問題[6]，這也是中華文明燦爛輝煌的原因之一吧。

 線性方程式組：設 A 是 $m \times n$ 的矩陣，x 是含有 n 個元素的行向量，b 是含有 m 元素的行向量，則 $Ax=b$ 的形式為線性方程式組，其中 x 是未知數，求解 x 的過程稱為解方程式組。

2.1.4 二十八宿與黃道十二宮

二十八宿的傳說在中國文化中有著特殊的地位，奎木狼、昴日雞、心月狐、女土蝠這些角色在一些重要的文學作品中都令人印象深刻。也許對於很多人來說它們不如巨蟹、天蠍這樣的黃道十二星座有名，但對愛看中國古典小說的人來說滿滿都是童年的記憶。很多古代文明都是從觀星開始認識宇宙的，埃及、印度、希臘、阿拉伯的古人不約而同地使用了黃道天文座標系，也就是以黃道平面（地球繞太陽旋轉的平面）作為基本面，因

為太陽、月亮、五大行星都是在這個平面附近活動，人們將黃道切分成 12 份，每份包含的星座就是黃道十二宮。而中國古人使用赤道天文座標系，以地球的赤道平面為基準面，北極星恒定不動，通過渾天說構造了包裹在外的天球，對應的天赤道上的恒星被劃分成二十八宿（圖 2.6 所示為一件有二十八宿圖案的文物）。這套赤道座標體系與現代天文學家使用的幾乎一模一樣，非常便於天文儀器的使用，這也是為什麼中國古代就有渾天儀這些偉大發明的原因。在強大的天文學觀測技術的驅動下，中國古人的曆法水準和農業技術都獨步天下，這些可能都可以歸功於這套赤道座標系吧。

圖 2.6　隨州曾侯乙墓出土的戰國早期二十八宿圖案衣箱

在三維的宇宙裡，每顆恒星都可以用一個座標來唯一定位。在古人的視野裡，每顆恒星也可以對應到一個二維平面的座標。有了座標我們就可以研究星星們的運動規律，從而研究各種相關的自然規律。

在前面的內容中，我們知道一個向量可以對應空間中的一個點，一個矩陣可以對應很多點。這樣的空間我們可以稱之為「線性空間」，如果維度為 n，那麼 n 個線性無關的向量 $\epsilon_1, \epsilon_2, \cdots, \epsilon_n$ 稱為該線性空間中的一組「基」。

可以證明該空間中的任意向量 α 都可以用這組基向量的線性組合來表示：$\alpha = a_1\epsilon_1 + a_2\epsilon_2 + \cdots + a_n\epsilon_n$。其中係數 $a_1, a_2, \cdots, a_n$ 是被向量 α 和基 $\epsilon_1, \epsilon_2, \cdots, \epsilon_n$ 唯一確定的，稱之為 α 在這組基下的座標。

在 n 維空間中，一組基向量可以有很多種形式，有一種最簡單的線性無關的形式，就是對角線都為 1 的對角矩陣：

$$\begin{bmatrix} 1 & 0 & \dots & 0 \\ 0 & 1 & \dots & 0 \\ \vdots & \vdots & \ddots & \vdots \\ 0 & 0 & \dots & 1 \end{bmatrix}$$

根據基和座標的定義，此時用來描述 α 的座標 $a_1, a_2, \cdots, a_n$ 就是笛卡兒直角座標系下的座標，我們發現所謂「基」其實可以對應一種座標系。在我們平時的直覺中，習慣了歐氏空間，習慣了笛卡兒直角座標系，但並不意味著只有這套座標系，正如天文座標系可以選擇黃道或者赤道，平面座標系除了直角座標系也有其他可能。在高中數學中我們學過的極座標系顯然就是其中的一種。

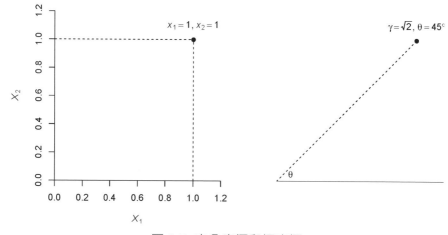

圖 2.7　直角座標和極座標

圖 2.7 顯示了同一個點在不同座標系下的座標。左圖是直角座標系，通過橫座標 x_1 和縱座標 x_2 來描述點的位置。右圖是極座標系，通過長度座標

γ 和角度座標 θ 來描述點的位置。同一個點在同一個空間中的位置本來相同，但是在不同的座標系下其座標可能會不同。

線性空間 V 到自身的映射通常稱為 V 的一個變換，如果這個變換能夠保持向量的加法和數乘運算（加法和數乘運算後的結果仍然在該空間內），我們稱之為線性變換。比如在二維平面空間中，我們要把某個點繞著原點順時針旋轉 θ 度角，等價於把座標軸繞著原點逆時針旋轉 θ 度角，從直覺上來理解，所有的點仍然在這個二維空間中，只是座標系變了，那麼相應的每個點的座標（向量的值）會發生改變，如圖 2.8 所示。

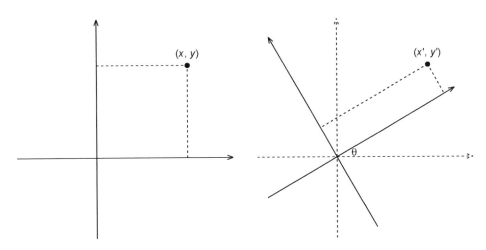

圖 2.8 座標軸旋轉

在新的座標系下，我們可以根據該點之前的座標 (x, y) 和座標軸旋轉的角度 θ 來計算它在新的座標系下的座標 (x', y')。利用三角函數計算可得：$(x'=x\cos\theta+y\sin\theta, y' = y\cos\theta-x\sin\theta)$。這個公式還可以寫成矩陣的形式：

$$\begin{bmatrix} x' \\ y' \end{bmatrix} = \begin{bmatrix} x\cos\theta + y\sin\theta \\ y\cos\theta - x\sin\theta \end{bmatrix} = \begin{bmatrix} \cos\theta & \sin\theta \\ -\sin\theta & \cos\theta \end{bmatrix} \begin{bmatrix} x \\ y \end{bmatrix}$$

我們發現，該線性變換後的座標可以用一個矩陣來左乘原座標。根據線性變換的嚴格定義，可以證明在每一組基下一個線性變換都可以對應一個矩陣，稱為該變換在該基下的矩陣，進一步還可以證明新的座標可以用該變換的矩陣左乘舊座標得到。對於我們這個逆時針旋轉座標軸的問題，其實就可以轉化成矩陣乘法的問題。很多時候，線性變換並不只是簡單地旋轉座標軸，有可能還會改變尺度，但本質上是相同的。

設 A 是線性空間 V 的一個線性變換，如果對於任意數 λ_0 都存在一個非零向量 ξ，使得 $A\xi=\lambda_0\xi$，則稱 λ_0 為線性變換 A 的一個特徵值（Eigen Value），ξ 為特徵值 λ_0 的一個特徵向量（Eigen Vector）。我們知道一個線性變換 A 可以對應一個矩陣 A，我們也用這種方式來定義矩陣 A 的特徵值和特徵向量，滿足 $A\xi=\lambda_0\xi$ 即可。

從幾何意義來說，對向量進行線性變換可以理解成改變座標軸，或者是座標軸不變讓點運動起來。而向量的數乘表示對向量的長度進行縮放（或者變為反向），不改變軸的方向。所以對一個線性變換來說，如果某個向量經過變換之後其方向不變，那麼就是特徵向量。在圖 2.8 所示的例子中，θ 是一個銳角，進行旋轉之後，每個點的方向都變了，所以不存在特徵向量。但如果 θ 為 180° 的整數倍，那麼就存在特徵向量了。

可以證明，若 A 是 $k \times k$ 方塊矩陣，I 是 $k \times k$ 單位陣，則滿足多項式方程式 $|A-\lambda I|=0$ 的所有純量 $\lambda_1, \lambda_2, \cdots, \lambda_k$ 都為矩陣 A 的特徵值。如果我們把 A 的第 i 個特徵值記為 λ_i，第 i 個特徵向量記為 e_i，則有 $A = \sum_{i=1}^{k} \lambda_i e_i e_i'$。這種表示矩陣的方式稱為**特徵分解**（Eigen Decomposition），又稱為譜分解（Spectral Decomposition），在很多領域中都發揮著重要的作用。

數域：設 P 是由一些複數組成的集合，其中包括 0 和 1，如果 P 中任意兩個數的和、差、積、商（除數不為 0）仍然是 P 中的數，那麼 P 稱為一個數域。顯然，全體有理數、全體實數、全體複數的集合都是數域。

線性空間：設 V 是一個非空集合，P 是一個數域。如果 V 中任意兩個元素 α 和 β 都有一個 V 中的元素 γ 與它們對應，稱為 α 與 β 的和，也稱加法運算。如果數域 P 中任意一個數 k 和 V 中任意元素 α，都有一個 V 中的元素 δ 與它們對應，稱為 k 與 α 的數乘。如果加法運算滿足 $\alpha+\beta=\beta+\alpha$、$(\alpha+\beta)+\gamma=\alpha+(\beta+\gamma)$、$V$ 中存在元素 0 使得 $\alpha+0=\alpha$、對任意 α 在 V 中存在另一個數與其和為 0，並且數乘運算滿足 $k(l\alpha)=(kl)\alpha$（假設 k 和 l 都是數域 P 中的數）、V 中存在元素 1 使得 $1\alpha=\alpha$，此外加法和數乘共同滿足 $(k+l)\alpha=k\alpha+l\alpha$ 和 $k(\alpha+\beta)=k\alpha+k\beta$，那麼 V 稱為數域 P 上的線性空間。

線性變換：線性空間 V 到自身的一個映射稱為 V 的一個「變換」，記為 A。如果對於 V 中的任意兩個元素 α 和 β，數域 P 中任意一個數 k，都有 $A(\alpha+\beta)=A(\alpha)+A(\beta)$ 和 $A(k\alpha)=kA(\alpha)$，則稱 A 是一個線性變換。

2.2 隨機變數和分佈

2.2.1 伯努利的硬幣

「1.1.4 小節」中介紹了著名的伯努利試驗（Bernoulli Trial），是數學家雅各·伯努利（1654 年生於瑞士巴塞爾）在他的著作《猜度術》中提出來的，該書是一本能夠載入史冊的偉大著作，既是機率論的書，也提及了很多組合數的計算，還記錄了各種級數的計算。雅各·伯努利是數學史上大

名鼎鼎的「伯努利家族」中的代表人物，他的弟弟約翰・伯努利（1667 年出生）也是一位傑出的數學家，在微積分方面做出了重要貢獻。約翰的兩個兒子丹尼爾・伯努利（提出了流體力學中著名的伯努利定律）和尼古拉二世・伯努利也是著名數學家，他的學生歐拉（Leonhard Euler，偉大的數學家）和洛必達（洛必達法則的命名者，但該法則實際上是約翰・伯努利發現的，所以也稱伯努利法則）則更為有名。

在介紹伯努利試驗之前，先介紹一下「試驗」這個詞，英文中的 Trial 和 Test 在很多場景下會被翻譯成「試驗」，正如 Experiment 這個詞通常被翻譯成「實驗」一樣。但是 Experiment 在很多時候（尤其是在統計學領域）也會被翻譯成「試驗」，因為在中文中，實驗通常是指為了驗證某種理論或者假設而進行的操作，在自然科學中應用得比較多。而試驗通常是指為了瞭解性能或者結果而進行的測試性操作。統計中大部分 Experiment 其實是指 Random Experiment，所以我們通常稱之為「隨機試驗」，簡稱**試驗**。

關於隨機試驗，並沒有嚴格的定義，但通常認為滿足以下三個條件的試驗可以稱為隨機試驗：

- 可以在相同的條件下重複進行。
- 每次試驗的可能結果不止一個，並且能事先明確試驗的所有可能結果。
- 進行一次試驗之前不能確定會出現哪一個結果。

很顯然，伯努利試驗就是典型的隨機試驗，我們以扔硬幣舉例。假設硬幣均勻、空氣阻力等沒有影響，可以重複地進行試驗，對於一次試驗來說，結果可以預期一定是正或者反（不考慮立著的情況），但硬幣扔出去之前不會知道結果如何，完全符合這三個特徵。對於某個隨機試驗 E，我們把所有可能結果組成的集合稱為 E 的樣本空間。如果把硬幣正面朝上記為 H，反面朝上記為 T，扔一次硬幣觀察正反情況的試驗（記為 E_1）的

樣本空間為：{*H,T*}，扔兩次硬幣觀察正反情況的試驗（記為 E_2）的樣本空間為：{*HH,HT,TH,TT*}。如果扔兩次硬幣想觀察的情況是每次正面的個數，那麼該試驗（記為 E_3）的樣本空間為：{0,1,2}。

對於樣本空間中的每個元素，我們稱之為基本事件。比如試驗 E_2 的樣本空間中的 {*HH*}、{*HT*}、{*TH*}、{*TT*} 都是基本事件。樣本空間中的某些子集稱為隨機事件，簡稱事件。比如該例中 {*HH*} 和 {*HH,HT*} 都是事件。

之前為了介紹簡便，我們以觀察一次試驗的正反舉例，實際上，伯努利試驗關注的是次數的問題。如果試驗 E 只有兩個可能的結果：*A*（比如代表硬幣正面朝上）和 $\bar{A}$，並且事件的機率 $P(A)=p$，$P(\bar{A})=1-p=q$，其中 $0<p<1$。把 *E* 獨立重複地做 *n* 次的試驗構成了一個新試驗，我們稱之為 *n* 重伯努利試驗，簡稱為伯努利試驗。

記 B_k 為 *n* 重伯努利試驗中事件 *A* 出現 *k* 次的事件，其中 $0 \leq k \leq n$，那麼我們可以計算該事件的機率：

$$P(B_k) = \mathrm{C}_n^k p^k q^{n-k}, 0 \leqslant k \leqslant n \tag{2.2.1}$$

在 *n* 重伯努利試驗中，其樣本空間是可以窮舉的，每個基本事件的機率也可以透過公式 2.2.1 來計算。對於該試驗中每個 B_k 的次數可以用變數來描述，但這個變數肯定與我們平時熟知的變數有些不同，首先其取值都在樣本空間中，而且我們有很好的方式來描述其中的機率（例如公式 2.2.1），我們把這一類變數稱為隨機變數。為了不失一般性，通常不用 "=" 這種方式來描述機率，而是使用 "≤" 的形式，因為在連續 [4] 的情況下無法使用這種方式。

4　關於連續分配的詳情可參見「2.2.3 小節」。

一種比較直觀的定義方式如下：設 X 是定義在某樣本空間上的實數函數，如果對任意實數 x，$X \leq x$ 都是隨機事件，則稱 X 為**隨機變數**。[5]

在 n 重伯努利試驗中，我們記機率 p 下發生的次數為 $X(p)$，那麼 $X(p)=x$ 是隨機事件，其機率也可以用公式 2.2.1 來表示，很顯然，$X(p) \leq x$ 也是隨機事件，其機率可以計算如下：

$$P(X \leq x) = \sum_{k=0}^{x} C_n^k p^k q^{n-k} \qquad (2.2.2)$$

根據定義，X 可以認為是隨機變數。如果 X 是隨機變數，我們定義 $F(x)=P(X \leq x), -\infty < x < \infty$ 為 X 的分配函數，簡稱為分配。如果 X 的分配函數為 $F(X)$，則稱 X 服從分配 $F(X)$。在本例中，公式 2.2.2 就是伯努利試驗的分配函數，這種形式的分配稱為二項分配，當 $n=1$ 的時候稱為伯努利分配。

隨機變數將會是我們今後研究統計學問題的主要工具，而不同隨機變數的特徵主要通過其分配函數來體現，對不同形式的分配函數的各種數學操作可以幫助我們解決很多問題。需要注意的是，隨機變數在使用的含義上可以認為是變數，因為可以用符號來代表一個不確定的量，但隨機變數在數學上其實是一個函數。

隨機變數（Random Variable）：設 (Ω,F,P) 是機率空間，$X(\omega)$ 是 Ω 上的實數函數，若對每個實數 x，$\{\omega|X(\omega)<x\} \in F$，則稱 $X(\omega)$ 為 (Ω,F,P) 上的隨機變數，也記為 X。

分配函數（Distribution Function）：對隨機變數 $X(\omega)$，稱 $F(x)=P\{X(\omega) \leq x\}, -\infty < x < \infty$ 為其分配函數。

5　對隨機變量的精確定義需要用到測度論的知識，超出了本書的範圍和初衷，因此此處採用比較直觀和簡潔的不嚴格定義方式。

2.2.2 相親多少次與神奇的 37

　　網路上曾經有過一個經典的問題:「相親多少次就該做出決定了?」這個問題有著很強的現實意義,因為每個相親的人都希望找一個如意郎君或者如花美眷,確定太早吧又怕錯過更好的,遲遲不定吧又怕一蟹不如一蟹。其實這個問題就是著名的蘇格拉底麥穗問題。話說有一天,蘇格拉底帶領幾個弟子來到一塊成熟的麥地邊。他對弟子們說:「你們去麥地裡摘一顆最大的麥穗,但要求只能摘一次,只許進不許退,我在麥地的盡頭等你們」。弟子們面臨的糾結和相親選物件實際上是一樣的,既然沒有回頭草可吃,那麼必須在某一刻做出決定,不然很可能走完整個麥田,錯過所有良緣,最後剩了一個不那麼滿意的。

這個問題有好的解法嗎?讓我們先回顧一下隨機變數和分配。在前一節裡我們用通用的形式定義了隨機變數,但存在一類特殊的隨機變數,如果 X 只取有限個或可列無窮多 [6] 個值 $\{x_1, x_2, x_3, \cdots\}$,則稱 X 為離散型隨機變數,則有:

$$p_k = P(X = x_k), \quad k \geqslant 1 \tag{2.2.3}$$

我們稱 p_k 為隨機變數 X 的分配律。對於前一節裡介紹的二項分配,根據分配的定義,我們稱公式 2.2.2 為**二項分配**的分配函數,但實際上二項分配就是一種離散分配,我們利用公式 2.2.1 的形式來描述隨機變數 X 會更簡捷:

$$P(X = k) = C_n^k p^k q^{n-k}, 0 \leqslant k \leqslant n \tag{2.2.4}$$

公式 2.2.4 就是二項分配的分配律。利用該公式可以計算每個取值 k 的機率。

6　關於可列無窮,可以簡單理解成能和自然數——對應的集合,詳情請參考實變函數的相關資料。

如果隨機變數 X 的取值範圍是 $\{0,1,2,\cdots\}$（0 與所有自然數），且其分配律為：

$$P(X=k) = \frac{\lambda^k}{k!}\mathrm{e}^{-\lambda}, \quad k=0,1,2,\cdots \tag{2.2.5}$$

其中 $\lambda>0$ 是一個固定的數，e 是自然對數的底數，我們稱 X 服從以 λ 為參數的波松分配，記為 $X \sim P(\lambda)$。該分配是法國數學家波松（Siméon-Denis Poisson）於 1838 年發表的。

對於該分配描述的隨機變數 X 有一種簡單的理解方式，我們通常把 λ 稱為「發生率」，就是在單位時間內某個隨機事件發生的次數。比如在一個房間裡，以 1 分鐘為單位時間，平均每分鐘可能會進來 1 個人，但實際上對於任何一段 1 分鐘的時間區間，進來的人數可能是一個隨機變數，進來 1 個、2 個、3 個甚至沒有人進來都有可能，那麼這個描述單位時間進來人數的隨機變數可能服從某種分配，如果其分配律遵循公式 2.2.5，那麼這個隨機變數服從**波松分配**。實際上，人們發現自然界很多類似的事情確實很接近波松分配。從圖 2.9 中可以看到，在 $\lambda=1$ 的波松分配中 k 的不同取值的機率，我們發現當 k 比較大的時候機率就接近於 0 了。

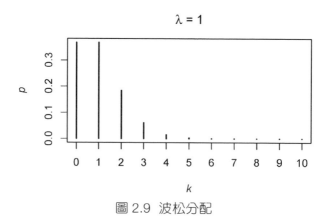

圖 2.9 波松分配

我們將 $\lambda=1$ 的波松分配引入日常生活，假設某件事情在一段時間內平均會發生 1 次，其發生的次數可以用一個服從波松分配的隨機變數來描述，那麼其不發生（發生 0 次）的機率為 $P(X=0)$，利用公式 2.2.5 計算可得其值為 $1/e=0.367879$，約等於 0.37。對於相親之類的問題，假設能夠找到的靈魂伴侶數目也服從波松分配，那麼很有可能找不到的機率就是 0.37。我們可以簡單地用這個數當作一個標準，假如需要相親 100 次，那麼前 37 個相親物件可以隨便看看，後面只要遇到一個比這些都好的就趕快拿下。[7]

自然界中的很多事情不一定碰巧就符合波松分配，讓我們換個角度考慮這個次數的問題。假設該事件發生的機率為 p，在 n 次試驗中發生的次數可以用服從二項分配的隨機變數來描述，那麼分配律可以用公式 2.2.4 來計算。假設 n 足夠大且 p 足夠小，我們假設一個數列 p_n，並且 $n \times p_n$ 存在極限 $\lim_{n \to \infty} np_n = \lambda$。那麼利用級數計算可得：

$$\lim_{n \to \infty} C_n^k p_n^k (1-p_n)^{n-k} = \frac{(n \cdot p_n)^k}{k!} e^{-n \cdot p_n} = \frac{\lambda^k}{k!} e^{-\lambda} \qquad (2.2.6)$$

也就是說，對於二項分配，如果 n 足夠大且 p 足夠小，是可以用波松分配來近似的，稱之為「二項分配的波松逼近」。在「1.3.3 小節」中我們介紹了小機率的想法，一個事件發生的機率如果是百萬分之一級別的，那就可以稱其為奇蹟了，對於這種奇蹟級的機率，是否我們經歷 100 萬次就一定可以遇見呢？很顯然並不是，這個機率可以計算出來，就是 $\lambda=1$ 的波松分配中 $k = 0$ 的情況，也就是 0.37。換句話說，對於百萬分之一機

7　關於這個問題的標準方法是停時理論，求解某個時刻（或第 k 個數），使得從之後的數中選擇第一次出現的比之前所有結果都好的數碰巧是最優解的機率最大。在一些假設下也可以得到 1/e 的結果。嚴格來說並不是利用波松分配，但是在這裡我們可以利用波松分配來進行簡單理解。

率的事件來説,我們經歷 100 萬次也只有 0.63 的機率會遇到。對於神奇的數字 37,和波松分配這個典型的離散分配有著千絲萬縷的聯繫,我們很有可能會經常遇到。

 離散型隨機變數(Discrete Random Variable):設 X 是機率空間 (Ω, F, P) 中的隨機變數,如果 X 只取有限或可列無窮多個值,則為離散型隨機變數。

2.2.3 棣莫弗的常態

統計學家斯蒂格勒(Stephen Stigler)提出過一個很有趣的「斯蒂格勒定律」,說的是「沒有任何科學上的發現是用其原有發現者的名字而命名的」,又稱為「名字命名法則」。這個說法比較極端,至少斯蒂格勒定律就是以其發現者的名字命名的,不過確實很有道理,比如隨機變數中最常用的常態分配(Normal Distribution),也稱為「高斯分配」(Gaussian Distribution),就是以偉大的德國數學家高斯(Gauß)的名字命名的,而它的最初發現者卻是法國數學家棣莫弗(Abraham de Moivre),他在 1733 年的論文中最早提出了常態分配密度公式的特殊形式,另一位偉大的法國數學家拉普拉斯(Laplace)於 1774 年正式提出了常態分配的密度公式。但是高斯在 1809 年的時候用常態分配公式描述誤差的分配,引起了轟動,所以後人用高斯的名字來命名常態分配。

常態分配不同於我們在上一節裡介紹的離散型分配,而是一種連續型分配。假設 X 為隨機變數,$F(X)$ 為其分配函數,如果存在定義在 $(-\infty, \infty)$ 上的非負實數函數 $f(x)$,使得:

$$F(x) = \int_{-\infty}^{x} f(y)\mathrm{d}y, \quad -\infty < x < \infty \tag{2.2.7}$$

則稱 X 為連續型隨機變數，稱 $F(X)$ 為連續型分配函數，稱 $f(x)$ 為 X 的機率密度函數。關於這個定義，用到了微積分的知識，我們在這裡不進行詳述。類比於離散型隨機變數，連續型隨機變數並沒有分配律，因為 X 的取值是連續的，所以對於單個的取值 k 不存在機率。不過密度函數 $f(x)$ 有些類似機率的性質，首先是 $f(x) \geq 0,\ -\infty<x<\infty$，此外，類比於所有可能取值的機率之和為 $1(\sum_{k\geq1} p_k = 1)$，連續型隨機變數的密度函數還滿足：

$$\int_{-\infty}^{\infty} f(x)\mathrm{d}x = 1 \tag{2.2.8}$$

最常用的連續分配就要數我們這裡介紹的常態分配了，如果隨機變數 X 的機率密度函數為：

$$f(x) = \frac{1}{\sqrt{2\pi}\sigma}\mathrm{e}^{-\frac{1}{2\sigma^2}(x-\mu)^2}, \quad -\infty < x < \infty \tag{2.2.9}$$

則稱 X 服從參數為 μ 和 σ^2 的**常態分配**，記為 $X \sim N(\mu,\sigma^2)$。圖 2.10 展現了常態分配密度函數的曲線，我們可以發現該曲線圖像一口大鐘，在 $x = \mu$ 處左右對稱，$f(x)$ 的最大值也出現在此處，最大值為 $\frac{1}{\sqrt{2\pi}\sigma}$。$\mu$ 的不同取值會導致密度函數的曲線圖左右平移。σ 的值會影響圖形的形狀，其值越小，圖形就越尖，其值越大，圖形就越扁。此外，$f(x)$ 在 $x = \mu\pm\sigma$ 處有反曲點。

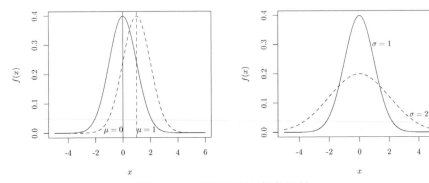

圖 2.10 常態分配的密度函數

對於連續隨機變數 X 來說，分配函數 $F(x)$ 表示的含義與離散隨機變數相同，都是 $P(X \leq x)$，但是計算時不能用離散分配律那種求級數的方式，而是要用積分。圖 2.11 體現了基於常態分配進行機率計算的過程，左圖是分配函數，右圖是密度函數。比如 $F(1)$ 表示機率 $P(X \leq 1)$，對應左圖的分配函數中 X 軸取值為 1 時 Y 軸的值。如果要計算機率 $P(-2 \leq X \leq 1)$，根據定義可知其值應該是 $F(1) - F(-2)$，在右圖的密度函數中對應陰影部分的面積。

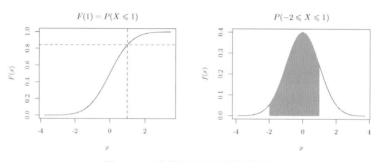

圖 2.11 常態分配的相關計算

如果 $\mu = 0$ 且 $\sigma = 1$，我們稱之為「標準常態分配」，記為 $X \sim N(0,1)$。對於標準常態分配來說，如果要手動計算 $P(-2 \leq X \leq 1)$，計算積分 $\frac{1}{\sqrt{2\pi}} \int_{-2}^{1} e^{-\frac{x^2}{2}} \mathrm{d}x$ 即可。在古時候，這樣的積分並不太容易計算，因此人們對不同取值編制了標準常態分配表。在很多傳統的統計學教材裡，最後的附錄中都會包含這樣的標準常態分配表，因為常態分配實在是太常用了，很多計算都需要用。但是今天我們有了電腦，可以非常輕鬆地計算出常態分配中的任意機率，因此就不需要這樣的表了。

 連續型隨機變數（Continuous Random Variable）：連續型隨機變數（Continuous Random Variable）：設 X 是機率空間 (Ω, F, P) 上的隨機變數，$F(x)$ 為其分配函數，如果存在定義在 $(-\infty, \infty)$ 上的非負實數函數 $f(x)$，使得 $F(x) = \int_{-\infty}^{x} f(y) \mathrm{d}y$，$-\infty < x < \infty$，則稱 X 為連續型隨機變數，稱 $f(x)$ 為 X 的機率密度函數，簡稱為機率密度。

2.2.4 醉鬼的步伐

　　假設有一個醉漢已經喝得分不清方向了，他離開酒館之後向左走的機率為 p，向右走的機率為 1−p。如果我們想研究醉漢是否能走上正確的回家路，這是隨機變數的問題，而且我們知道這是一個伯努利分配，正確回家的機率是 p。假設一個清醒的人，知道回家的方向，我們知道他的速度 v，那麼 t 秒後他在什麼位置，這是函數的問題，計算 $v \cdot t$ 即可。假設有一個喝得更暈的醉鬼，不僅不知道家在何方，甚至每走一步後都忘了方向，要停下來想想該往左還是往右，那麼 t 秒之後他在什麼位置？

在這個問題裡，最後一種情況和我們熟知的隨機變數有所不同。如果我們要研究醉鬼的位置，用一個隨機變數是不夠的，而是每個時間點上都對應一個隨機變數。我們用**隨機過程**[7]（Stochastic Process）來研究這類問題。隨機過程可以理解成機率空間上的一族隨機變數 $\{X(t), t \in T\}$，其中 t 是參數，並且屬於指標集 T，T 稱為參數集。參數集 T 可以有多種形式，但通常用來描述時間，這一類的隨機過程也稱為**時間序列**。

通過定義我們可以知道，隨機過程由隨機變數的分配和 T 共同決定，對於隨機變數固定的取值，X 就成了關於 t 的函數。對於固定的參數 t，X 就成了機率空間上的一個隨機變數。我們把隨機過程 $X(t)$ 的取值稱為該過程所處的狀態。

關於隨機過程，最早可以追溯到 1827 年，英國植物學家布朗（Robert Brown）利用一般的顯微鏡觀察懸浮於水中由花粉所迸裂出的微粒時，發現微粒會呈現不規則狀的運動，因而稱它為**布朗運動**（Brownian motion）。後來很多科學家都在研究這種現象，1880 年，數學家托瓦爾德（ThorvaldN. Thiele）第一次用數學語言描述了布朗運動。除了物理學以外，不少科學家開始把這種隨機過程的方法應用到金融市場中去。1953

年，杜布（JosephL. Doob）出版了名著《隨機過程論》，系統地介紹了隨機過程的基本理論，標誌著這個領域的完善和成熟。

我們在本書中不對隨機過程的定義和應用進行詳細的討論，只是在介紹隨機變數和分配的最後進行簡單的提及，如果需要進行更深入的瞭解，可以參考隨機過程或者時間序列相關的書籍。

 隨機過程（Stochastic Process）：設 (Ω,F,P) 為機率空間，另設集合 T 為一個指標集合，如果對於所有 $t \in T$，均有一個隨機變數 $Xt\,(\omega)$ 定義於機率空間 (Ω,F,P)，則集合 $\{X_t\,(\omega)|t \in T\}$ 為一個隨機過程。

2.3 認識資料

2.3.1 忒修斯之船

1 世紀時的希臘作家普魯塔克（Plutarchus）講了這樣一個故事：忒修斯與雅典的年輕人從克里特島歸來時所搭的 30 槳船被雅典人留下來作為紀念碑，隨著時間流逝，木材逐漸腐朽，雅典人便會更換新的木頭。最後，該船的每根木頭都被換過了。因此，古希臘的哲學家們就開始提問：「這艘船還是原本的那艘忒修斯之船嗎？如果是，但它已經沒有最初的任何一根木頭了；如果不是，那它是從什麼時候不是的呢？」

這個問題與其說是科學問題，不如說是哲學問題。忒修斯之船雖然離我們很遠，但這個問題卻真實地存在於我們身邊。我們知道，人體的每個細胞都會不停地進行新陳代謝，有的新生、有的消亡，一段時間之後我們甚至可能不是原來的自己。這個問題仍然有些玄，那我們問一個現實的問題，如何測量自己的體重？

假設我們要測量自己的體重資料，首先需要一個體重秤（參見圖 2.12）。
有的體重秤只能精確到公斤，有的體重秤能精確到克，自然是精確度越
高的秤越好。如果我們有一個足夠精確的秤，那麼如何測量體重呢？很
簡單，站上去記下數值就好。但是這個數值能代表什麼？很顯然只是此
刻的體重，因為人的體重會不斷變化，很可能早上和晚上都會不同。真
的是此刻的體重嗎？也不一定，人體就好像忒修斯之船，每時每刻都在發
生變化，兩次測量，即使間隔時間再短，也可能已經是不同的人了，至少
有理由認為是不同體重的兩個人。假設兩個時間點的體重完全沒有變化，
或者說以體重秤的精度完全測量不出差異，每次測量就一定相同嗎？也不
一定，因為秤可能存在測量誤差。如何測量體重，這是一個問題。

圖 2.12 測量體重

我們不去討論忒修斯之船這樣的哲學問題，所以雖然時間連綿不斷、人
體的變化也是不斷進行，我們還是假設一個人在某段不短的時間記憶體
在一個固定的體重，記這個體重的值為 W_0，這個值是客觀存在的，但正
如世界上其他客觀存在的事物一樣，只有被我們感知到、測量到，才能
夠去認識它。對體重 W_0 來說，我們知道它是可測量的，假設測量值是
W，由於測量的工具可能不同，甚至同一個體重秤也存在測量誤差，這些
不確定因素導致了每次測量之前無法知道精確值，因此 W 符合隨機變數
的特徵，我們可以用隨機變數這一統計工具來研究體重。

對某一個人在某一時間的體重來說，我們研究其測量值 W 就好。只測一次不夠，可能存在誤差，那麼測量很多次之後其平均數是否就更準確呢？答案是肯定的，這是我們在「1.1.4 小節」中討論過的大數法則。關於平均數，我們會在「2.4.1 小節」中繼續討論。如果用符號 W 來表示我們研究的問題，W 在統計學中可以代表一個**隨機變數**，在電腦軟體或者程式設計語言中還能代表一個**變數**，其每一次測量值就是該變數的一次取值，這樣就得到了一組資料。我們透過隨機變數把數學與真實世界聯繫起來，透過測量把數值和變數聯繫起來，從而可以用數學的方法來研究真實的世界，這也是統計學雖然在研究不確定的問題但仍然能保持科學性的重要原因。

所以，在通常的資料分析工作中，我們首先要做的就是從現實的問題中抽象出變數，這些變數可能可以對應某個隨機變數，也可能並不是隨機變數，但都能通過測量手段對應到具體的資料。我們再使用各種分析方法來處理和分析資料，就能把結論推演到真實的世界中，從而解決實際問題。

 測量（Measure）：根據一定的法則，給事物或事件分配一定的數位或符號。

變數（Variable）：在數學中指沒有固定的值、可以改變的數，通常用字母符號來表示。在電腦中，通常指對應於某些存儲值的符號。

2.3.2 從性別到體重

假設有一份健康狀況調查表，需要填入性別（1 為男，2 為女）、年齡層（1 為 17 歲及以下，2 為 18~40 歲，3 為 41~65 歲，4 為 66 歲及以上）、體溫（單位為℃）、體重（單位為公斤）。假設一個人填入的資料為 "1、2、

37、65"，說明這個人是男性、年齡在 18 到 40 歲之間、體溫是 37℃、體重為 65 公斤。這 4 個數值都是資料，從數值的角度看沒有任何區別，但其測量的層次是不同的。

所謂資料分析，就是用資料來描述真實的世界，然後用各種數學和統計類的方法進行處理和分析，最終得到能應用到真實世界中的結論。而其中把真實世界中的一些特性和數值（或者其他符號）對應起來的方式主要通過測量，測量的層次不同，其數位代表的含義也不同。

首先是性別，可以用 1 來代表男性，用 2 來代表女性。同樣，也可以用 1 代表女性、2 代表男性，甚至用 100 代表男性、1000 代表女性。只要我們樂意，可以用任意兩個不相同的數位來分別代表男性和女性。因為男性和女性並沒有數值上的大小之分，我們選取兩個數位，純粹是為了後續處理上的方便。這兩個數字只能體現其代表的值是不相同的，除此之外沒有任何其他含義。換句話說，對於這個例子中的 1 和 2，只能對其進行 "="和 "≠"的運算，我們稱之為**名目尺度**。

其次是年齡層，在這裡我們將年齡分了 4 組，分別用 1、2、3、4 來代替。這裡面的數字也並沒有什麼實際意義，也就是說換成 1、100、1000、10000 後也沒有任何區別，只是用不同的數位描述不同的類別。但是這個類別和性別中的類別還是有區別的，因為這裡面的 4 個類別是有大小差異的，第 2 類的年齡顯然比第一類大。當然我們也可以把第 1 類用 4 來表示，把第 4 類用 1 來表示，但這樣容易引起混淆，所以我們通常約定俗成地用比較大的數字代表其值比較大、比較高的類別。對於這一類的數位，除了能進行 "="和 "≠"的運算以外，還能進行 > 與 < 的運算，我們稱之為**順序尺度**。

在年齡層的例子中，雖然 2 比 1 大，3 比 2 大，但 2 和 1 的差距與 3 和 2 的差距是不同的。第 1 個年齡組包含了 17 個數，第 2 個年齡組包含了 23

個數,而第 3 個年齡組包含了 25 個數,連數目都不同,更不用說兩組之間的差額了。但是對於體溫資料來說,兩個數值之間的差額是有意義的,比如從 36 到 37,說明體溫升高了 1℃,從 37 到 38,也是升高了 1℃。對於這種測量層次來說,數位之間除了可以比較大小之外,其差額也是有意義的,也就是說還可以支援 + 與 − 的運算,我們稱之為區間尺度。

溫度的資料雖然差額有意義,但是不能說 40℃ 是 20℃ 的 2 倍,一個最主要的原因就是 0℃ 並不是溫度的絕對零點。沒有一個固定的原點的話,數字之間的比例關係就沒有意義。但是對於體重資料來說,其衡量了物體的品質,最小可以接近 0,所以 100kg 肯定是 50kg 的 2 倍,這樣的測量層次除了可以進行 + 與 − 的運算以外,還能進行 × 與 ÷ 的運算,我們稱之為**比例尺度**。

一直到比例尺度,才符合我們通常對「數字」的理解,從小學算術開始我們就知道數字至少是能做加減乘除運算的。但是這裡介紹的名目尺度、順序尺度、區間尺度的測量層次都不支援如此完全的訊息量,所以雖然看上去是普通的數值,實際上在使用的時候一定要注意。比如對名目尺度中的男、女對應的數位計算平均數是沒有任何意義的,年齡等級的得分資料也不應該使用迴歸分析等方法。當然,我們可以使用直接利用順序資訊的非參數統計方法,這裡就不詳細介紹了。總之在分析的時候,要深刻理解資料的含義,首先要從測量層次開始,針對不同的資料選用不同的方法,才能盡可能地避免犯錯。

名目尺度(Nominal Measurement):按照事物的某些特徵辨別和劃分它們異同的一種測量層次,也稱為類別尺度、名義尺度。

順序尺度(Ordinal Measurement):按照事物的某種特徵依順序和級別進行排列的一種測量層次,也稱為序列尺度、等級尺度。

區間尺度（Interval Measurement）：不僅能將事物區分類別和等級，而且可以確定其之間的數量差別、間隔距離的一種測量層次，也稱為間隔尺度、等距尺度。

比例尺度（Scale Measurement）：在區間尺度上增加絕對零點的一種測量層次，也被稱為等比尺度、比率尺度。

2.3.3 周歲與虛歲

　　每個人都有自己的生日，但並不是每個人都清楚知道自己的年齡。因為年齡的定義方式不止一種，一個中國人可能還會同時使用「周歲」和「虛歲」。所謂周歲，也稱「實歲」，或者「實足年齡」，用西曆生日來計量，出生的那一天算 0 歲，以後每過一個生日長大一歲。根據我國刑法的規定，過生日的下一天才叫「滿周歲」，比如一個人的生日是 1 月 1 日，他過 16 歲生日那天還是未滿 16 周歲的，從 1 月 2 日零點開始才滿 16 周歲。而虛歲是用農曆生日來計算的，出生的當天算 1 歲，以後每過一個農曆新年長大一歲，比如一個小孩如果在大年三十出生，除夕裡剛過零點他的虛歲就是 2 歲了。無論是周歲還是虛歲，都是一個整數，在觸發增加年齡的條件之前都是不變的。還有一種年齡會精確到具體的時間點，比如 20 歲零 100 天，有時甚至會精確到小時、分、秒（比如在比較兩個足球運動員的進球紀錄時），這樣的年齡稱為精確年齡。

周歲和虛歲都是年齡，度量的起始時間點也相同，從測量尺度上來看，都可以認為是比例尺度。兩種年齡的計算方式只是時間週期上有差異。目前國際通行的方式是使用實足年齡，也就是周歲。在中國，大多數人也使用的是周歲而不是虛歲，進行資料分析時標註清楚就不會產生混淆，不加標註的話一般默認都是周歲。

對於比例尺度，我們可以說 10 歲是 5 歲的兩倍，但這並不精確，因為 10 歲和 5 歲都包含了一個年齡範圍。如果我們以天為計算單位的話，10 歲的人如果馬上過 11 歲的生日，而 5 歲的人剛過 5 歲生日，那麼年齡的倍數可能就接近 2.2 了。如果我們以秒為單位，這個比值又會不同。從精確年齡的角度來看，年齡是一個連續的數值，但是根據精度的不同可以取不同的近似值，比如精確到年、月、日等，其中用去尾法精確到年的近似值就是周歲。

目前主流的時間度量精度裡最小精確到秒，比如 "2018-10-01 15:35:01" 是常用的描述時間的方式，如果要計算精確到秒的年齡，統計該時刻距離出生時刻的總秒數就行，很多軟體或者程式設計語言都可以完成這項工作。如果要更精確，還可以有毫秒（10^{-3} 秒）、微秒（10^{-6} 秒）、納秒（10^{-9} 秒），或者是佛經裡說的瞬（約為 0.36 秒）、剎那（約為 0.018 秒）。

我們當然可以將時間精確到更小的顆粒度，但是否有盡頭呢？古希臘的哲學家芝諾（Zeno）曾經提過一個阿喀琉斯追烏龜的悖論：「假設阿喀琉斯的速度為烏龜的 10 倍，烏龜在前面 100 米跑，他在後面追，但他不可能追上烏龜。因為在競賽中，追者首先必須到達被追者的出發點，當阿喀琉斯追到 100 米時，烏龜已經又向前爬了 10 米，於是，一個新的起點產生了，阿喀琉斯必須繼續追，而當他追到烏龜爬的這 10 米時，烏龜又已經向前爬了 1 米，阿喀琉斯只能再追向那個 1 米。就這樣，烏龜會製造出無窮個起點，它總能在起點與自己之間製造出一個距離，不管這個距離有多小，但只要烏龜不停地奮力向前爬，阿喀琉斯就永遠也追不上烏龜！」

這個悖論實際上很好解決，因為今天我們有了極限和級數的工具，雖然這組距離可以是無限的：{1/10, 1/100, …}，但計算可知它們的加和是有限的。不過這個問題還引發了人們的另一個思考：時間是連續的嗎。所

謂連續,簡單理解就是任意兩個數值之間都包含無限個數。我們可以理解任何事件都發生在某個時刻,只要測量的精度足夠,就能記錄非常準確的值。

所謂時間上的連續,就是任意短的兩個時刻之間都包含無窮的時刻,從我們對時間的感知來看,這完全沒有問題。只是在物理學中,關於時間的研究還沒有定論,如果從運動和能量的角度來看,存在顆粒度的問題。在這裡我們不去深究物理學中的時間是否連續,迴歸到統計學中的意義,把類似時間這種理論上可以無限分割的變數都當作連續變數來處理。因為精度而截取近似值雖然會造成嚴格意義上的不連續,但我們也還是將時間當作連續變數來處理。

與連續變數相對的是**離散變數**,從測量尺度上來看,名目尺度和順序尺度都是離散的,但在統計分析裡通常只把名目尺度看作離散變數,因為順序尺度的資料可以使用一些非參數方法進行分析,在計算上和連續變數的處理方式一樣。對於非連續的變數來說,更常用的術語是**分類變數**。

對於任何尺度的資料,我們只保留其類別資訊就可以將其當作分類變數來處理,比如實足年齡的資料,我們可以將其當作連續變數進行分析,同樣也可以將其當成分類變數。假設資料中從 0 歲到 100 歲的人都有,那麼就有 101 個類別。如果我們根據不同的值把年齡分成區間,比如「未成年、青年、中年、老年」,這樣就只剩 4 個類別了。

至於為什麼要區分分類變數和連續變數,我們在後續的分析方法介紹中可以看到很多具體的例子。通常來說,很多分析方法都是針對連續變數進行的,我們希望從中發現資料的規律。而分類變數常常描述了不同的類別,在分析中我們經常需要比較不同類別之間的差異。比如我們想要研究一個區域的平均年齡,那就把年齡當作連續變數進行計算,如果我們要研究不同年齡的人在體重上的差異,就把年齡當成分類變數。

關於連續變數和離散變數，可以自然而然地對應到連續型隨機變數和離散型隨機變數，但連續變數和離散變數的實踐意義要大於數學意義，所以一個變數是連續的還是離散的除了要看它的數值特性，也要看我們理解、對待它的方式。

> 連續變數（Continuous Variable）：在一定區間內可以任意取值的變數叫連續變數，其數值是連續不斷的，相鄰兩個數值可作無限分割，即可取無限個數值。
>
> 離散變數（Discrete Variable）：其數值只能用自然數或整數單位計算的變數，在統計分析中一般指的是分類變數（Categorical Variable）。

2.3.4 一份體檢記錄

所謂資料分析，要先有資料才能分析，那麼資料通常長什麼樣子呢？表 1 所示的就是一種典型的形式。很多統計和資料分析類軟體裡的輸入資料都是這樣的。這是一份體檢記錄，包含了 8 個人的編號、姓名、性別、年齡、身高、體重、體溫等資訊。其中，身高的單位是厘米（cm），體重的單位是公斤（kg），體溫的單位是攝氏度（℃），年齡沒有特別標註的話表示實足年齡。

表 2.1 一份體檢記錄

編號	姓名	性別	年齡	身高（cm）	體重（kg）	體溫（℃）
1	趙天	男	22	167	58	36.3
2	錢地	男	19	175	62	37.0
3	孫玄	男	63	159	51	37.1
4	李黃	女	34	152	43	36.6
5	周宇	女	19	171	60	36.9
6	吳宙	男	44	184	64	36.8
7	鄭洪	女	36	162	53	36.8
8	王荒	男	62	169	55	36.1

如果你之前有過實際的資料分析經驗的話，會發現各種統計分析軟體
（比如 SAS、SPSS、Excel）、資料庫（比如 Oracle、MySQL、Microsoft
SQL Server）、資料分析語言（R、Python）的標準資料登錄格式都是這種
形式。這是一張二維的資料表，很像我們之前介紹的矩陣，實際上，這
種結構的資料也被稱為**設計矩陣**。雖然名為矩陣，但這種形式和數學上
的矩陣還是有區別的。數學中的矩陣元素主要都是數值，而設計矩陣中
可以包含字元。數學中的矩陣的行列地位可以認為是相同的，轉置後只
是換個方向而已，而設計矩陣中行列的地位是不同的。在有些分析工具
中，比如 R 語言 [8]，把這種結構的資料稱為**資料框**（Data Frame），以和另
一種基礎的資料結構 Matrix 區分開來。

在設計矩陣中，列表示**樣本**（Sample），行表示**特徵**（Feature）。樣本一
般指我們要研究的個體，有時也被稱為實例（Instance）、個案（Case）、
記錄（Record）。特徵指的是我們要研究的個體中的某些特徵，也稱為**屬
性**（Attribute）、**變數**（Variable）、**欄位**（Field）。在統計分析裡，特徵通
常可以對應某個隨機變數，所以我們比較習慣把行稱為「變數」。

在這個例子裡，每一列代表一個人的記錄，每一行是其基本資訊或者體
檢資訊，比如編號和姓名是他的身份資訊，屬於名目尺度。性別也是用
文字描述的，同樣是名目尺度。年齡可以認為是比例尺度的連續變數，
但此處為保留整數的近似值。身高和體重也都是比例尺度的連續變數，
而體溫是區間尺度的連續變數。基於這些資料我們可以進行一些分析，
比如研究身高和體重的關係、不同性別在體重上的差異等。

雖然從個體的角度來看是以列為單位的，但從分析的角度來説，每一行
對應了一個變數，可能代表某個隨機變數，或者來自某種測量方式，這

8　參見「5.2.4 小節」。

才是真正的分析單元。而且從數學上來看，由於每一行的資料結構和測量尺度都相同，所以便於使用向量進行處理。當然，從幾何意義上來說，每一行代表一種屬性，可以對應空間中的維度，而每一列的地位是相同的，可以代表空間中的點，因此我們也把樣本稱為「樣本點」。

我們可以把要研究的問題按照特徵和樣本的思路抽象成資料的問題，並且用這種設計矩陣的方式保存資料，這樣可以研究每個變數的特徵（比如其代表的隨機變數的分配情況），或者變數之間的關係，甚至還可以研究樣本之間的關係。我們後續介紹的大部分統計和機器學習方法都是基於這種資料結構的，從具體的例子中可以更深切地體會到這種結構的好處。

 設計矩陣（Design Matrix）：一種二維的矩陣式結構，行表示獨立的物件，列表示各物件對應的變數，通常用於特定的統計模型，也稱為「迴歸矩陣」或者「模型矩陣」。

2.4 數理統計基礎

2.4.1 管中窺豹與一葉知秋

雜家名著《淮南子》[8] 中說過：「以小明大，見一葉落，而知歲之將暮，睹瓶中之冰，而知天下之寒」。所謂「以小明大」就是通過小的部分來瞭解大的全體，看見一片葉子落了，可以推論其他地方也在落葉，說明秋天到了，於是有了成語「一葉知秋」。看到瓶裡的水結冰了，可以推論周圍都在結冰，可見天氣變冷了。這種通過少量的觀測來推論全體的方式在古時候稱為以小明大，在今天稱為抽樣。但是要注意的是，不能被少量

的觀測帶溝裡去，《世說新語》[9] 中講了一個王獻之小時候太聰明被人黑成
「管中窺豹、時見一斑」的故事，這是說光看局部的東西不瞭解全域是不行
的。不過後來這句話變成了「管中窺豹、可見一斑」，其含義又與一葉知秋
類似了。

究竟一葉是否能知秋，一斑是否能知豹，主要取決於看到的樹葉和斑紋，
如果有足夠的代表性，那當然是可以推論全體的，如果只是某些偶然或
巧合，那當然是不夠的。而且很顯然，如果我們能看到更多的落葉、更
多的斑紋，自然更有把握認為秋天真的來了或者看到的確實是一隻豹子。

無論是秋天還是豹子，都是我們想研究的問題。如果描述得更清楚一
些，我們其實是想判斷「秋天是否來了」、「這個動物是否是豹子」。之
前我們討論過，資料分析最關鍵的事情是把現實的問題資料化，所以對
於這些問題需要構造一些量化的指標，比如「樹葉都落了就說明秋天來
了」、「所有斑紋都符合豹子的圖像特徵就說明看到的是豹子」，這些不
一定對，但能用來幫助判斷，至少能夠說明我們把問題變成資料問題，
因為我們可以透過觀察落葉、觀察豹紋來採集資料。秋天和豹子不是資
料，但是「所有樹葉」、「所有斑紋」是可以資料化的，「1 片落葉」、「1
個豹斑」是可以被觀測到且能變成資料的。

我們把被研究的物件的全體稱為**母體**，組成母體的元素稱為**個體**。在這
個例子中，個體可以是每片樹葉的某些特徵，實際上就是可以量化的指
標，比如「是否落了」，或者顏色、面積等其他指標。通常我們只關心其
中一個或幾個指標，比如上面例子中的「是否落了」。每時每刻都可能有
葉子落下，但我們不知道任意時刻具體哪片葉子會落下，因此可以認為
「任意樹葉是否落了」是一個隨機變數，甚至有可能服從二項分配，而且
有理由認為秋天的時候落葉的機率 P 比較大，而春天的時候 P 比較小，
這個隨機變數就是我們要研究的母體。這樣我們就把母體和隨機變數聯

繫起來了，在統計學中，母體就是一個具有確定分配的隨機變數 X，我們需要研究其分配函數 $F(X)$。如果母體中的個體總數是有限的，我們稱之為有限母體，如果個體總數無限則稱為無限母體，如果有限母體的個體數很大，也可以將其當成無限母體，這樣理解起來會比較方便。

而母體的分配函數 $F(X)$ 通常是未知的，所以我們希望能想辦法進行推論。通常的方式是從母體中抽取部分個體進行試驗，從而得到資料，再利用這些資料來推論 $F(X)$。比如在這個一葉知秋的例子中，想觀測所有樹葉基本是不可能的，但是我們可以觀測一定數量的葉子，從而推論整個世界（或者當前生活的區域）的落葉情況。從母體中抽取 n 個個體進行觀察或試驗的過程稱為抽樣，得到的 n 個隨機變數彼此獨立並且與 X 具有相同的分配，我們稱之為樣本，該樣本的大小為 n。樣本是一組隨機變數，每個隨機變數都可以透過觀察或者試驗取值，得到的資料就稱為樣本值。

回顧「2.3.4 小節」中的表 1 中的資料，我們之前介紹過，在這種設計矩陣形式的資料結構中，每一行表示一個變數，可以對應一個隨機變數。比如我們要研究某區域人群的身高，那麼可以從中隨機抽取 8 個人，對他們進行身高的測量，得到該表中的第 5 行數，為 {167, 175, 159, 152, 171, 184, 162, 169}，該行資料就是抽樣後的樣本值。我們透過研究這些樣本值可以瞭解到該區域人口身高的情況，這就是用樣本來推論母體的方式。

母體（Population）：被研究的物件的全體稱為母體，組成母體的元素叫作個體。

抽樣（Sampling）：為推論母體分配及各種特徵，按照一定規則從母體中抽取一些個體進行觀察或試驗，從而獲取有關的母體資訊，這一抽取的過程稱為抽樣。

樣本（Sample）：設 $\{X_1, X_2, \cdots, X_n\}$ 是 n 個隨機變數，彼此相互獨立並且都和母體 X 具有相同的分配，則稱 $\{X_1, X_2, \cdots, X_n\}$ 是取自母體 X 的大小為 n 的簡單隨機樣本，簡稱樣本。

樣本值（Sample Value）：對抽取的樣本進行觀察或試驗，得到一組實數 $\{x_1, x_2, \cdots, x_n\}$，它們分別是 $\{X_1, X_2, \cdots, X_n\}$ 的觀察值，稱為樣本值，也稱樣本觀察值。

2.4.2 惡賭鬼的詭計

　　古龍小說《絕代雙驕》[10] 裡有十大惡人，其中有一個不太壞的惡人叫作「惡賭鬼」軒轅三光，除了愛逼人打賭以外倒也沒有其他太大惡行，不過因為路子太野為正派所不齒，惡名很大。有一次他在峨眉山聚賭鬧事，峨嵋派掌門神錫道長突然出現用劍氣鎖定了他，說要和他賭武功的高低，賭注是各自的腦袋。但惡賭鬼覺得自己的腦袋對神錫道長來說價值很大，對方拿走了能大長威風，而神錫道長的腦袋對他一點用也沒有，這個賭注不公平。他提議自己輸了還是把腦袋給神錫道長，但神錫道長要是輸了只需把掌門銅符給他就行，而且不用以命相搏。他站在這裡雙腳不動不還手地讓神錫道長砍三劍，若是傷了算自己輸，反之是神錫道長輸。這個條件看上去神錫道長占太多便宜，於是神錫道長答應了，結果第三劍時被惡賭鬼用牙咬了手，沒有違反「不還手」的承諾，算惡賭鬼贏，不僅活了性命，還得到了峨嵋派的掌門銅符。

惡賭鬼的詭計為什麼能夠得逞？是神錫道長太蠢或者武功太差嗎？其實是因為惡賭鬼太狡猾。在分析這個故事之前我們先回顧一下隨機變數的內容，「2.2.2 小節」中介紹了離散型隨機變數，我們主要透過分配律進行描述。「2.2.3 小節」中介紹了連續型隨機變數，我們主要透過密度函數來描述。針對不同形式的隨機變數，可以定義其期望值。

假設離散型隨機變數 X 的分配律為 p_k，如果 $\sum_{k \geqslant 1} |x_k| p_k < \infty$，則稱 X 存在數學期望值，簡稱期望值，記為 $E(X)$，其計算公式為：

$$E(X) = \sum_{k \geqslant 1} x_k p_k \tag{2.4.1}$$

假設連續型隨機變數 X 的密度函數為 $f(x)$，如果 $\int_{-\infty}^{\infty} |x| f(x) \mathrm{d}x < \infty$，則稱 X 存在期望值，其計算公式為：

$$E(X) = \int_{-\infty}^{\infty} x f(x) \mathrm{d}x \tag{2.4.2}$$

對於期望值的運算，還滿足以下規則：

- 常數 k 的期望值是其本身：$E(k)=k$。
- 隨機變數的數乘滿足：$E(kX)=kE(X)$。
- 任意兩個隨機變數 X_1 和 X_2 的期望值滿足：$E(X_1+X_2)=E(X_1)+E(X_2)$。

根據離散型隨機變數的期望值定義，我們可以把期望值理解成是所有可能值乘以可能性的加和。對連續隨機變數其實也可以這麼理解，只是數學形式不同而已。在我們的日常生活中，已經熟悉了機率的概念，它衡量了某些事情發生的可能性。但是光考慮可能性是不夠的，因為不同的結果產生的影響可能差別很大。所以期望值可以看作是一個同時考慮了事情發生的可能性與影響程度的量。

回到惡賭鬼的問題上來，對於神錫道長第一次提到的賭約，賭注是各自的腦袋。無論是誰，輸了的後果都很嚴重，贏了的話可能由於雙方的價值判斷不同會有一些差異，但和輸了相比都可以小到忽略不計。而惡賭鬼一再強調他贏神錫道長的頭沒有用，是故意誇大收益上的差異，使得神錫道長忽略了自己獲勝的機率佔優的事實。因為當時的情形是神錫道長用劍氣鎖定了惡賭鬼，而且憑真功夫生死相搏的話，神錫道長的勝率

無疑更高，再加上各自的賭注都是腦袋，從期望值上來説，神錫道長的收益（其反面是損失）絕對是佔優勢的。

在新的賭約下，惡賭鬼暗藏了動嘴不動手的詭計，他知道自己獲勝的機率會大幅提升（一方面神錫道長猜不到他有辦法破解，另一方面賭正派人士在這樣佔便宜的賭約下不會耍詐），輸了後都是丟腦袋，贏了的話似乎掌門銅符比掌門腦袋價值更大，所以和舊賭約相比他的期望值收益無疑會變大，但主要來自獲勝機率的增加。而對神錫道長來説，雖然他沒能識破惡賭鬼的文字遊戲，但畢竟認為新的提議太輕鬆也會心存疑慮，所以他對勝率的判斷不會有明顯的變化。而他能迅速決定接受新的賭約的關鍵是他的期望值損失會大大下降，因為輸的話只輸銅牌不輸腦袋。所以和舊賭約相比神錫道長的期望值收益也會變大。但一旦神錫道長接受了這個新的賭約，他獲勝的機率就很小了，結果也正如惡賭鬼預計的那樣大贏特贏。

從這個例子裡我們還可以知道，謹慎的人更樂意考慮期望值，比如神錫道長，新的賭約和舊的相比在他看來機率沒有大的變化，但是期望值變化很大。而膽大的人更樂意考慮機率，比如惡賭鬼，新的賭約和舊的相比在他看來期望值沒有大的變化，但是機率的變化很大，他的詭計完全是朝著獲勝機率的方向設計的。

期望（Expectation）：也稱期望值（Expected Value），如果隨機變數 X 是離散型的，且分配律為 p_k，則其期望值為 $E(X)=\sum_{k\geq1} x_k p_k$。如果 X 是連續型的，且密度函數為 $f(x)$，則其期望值為 $E(X)=\int_{-\infty}^{\infty} f(x)\mathrm{d}x$。

變異數（Variance）：設隨機變數 X 的期望值為 $E(X)$，記其變異數為 $\mathrm{Var}(X)$，其計算公式為：$E((X-E(X))^2)$。

2.4.3 被平均的工資

一些機構或者單位比較愛發佈薪酬的資料，比如 2017 年 5 月 27 日，北京市統計局、北京市人力社保局發佈資料，2016 年度北京市職工年平均工資為 92477 元，月平均工資為 7706 元。每當這樣的新聞出來時，總有人呼喊「又被平均了」、「又被拖後腿了」。但是工資低不能怨政府啊，那該怨誰呢？也不能怨自己，就讓平均數來背鍋吧，所以每次出現薪酬資料的新聞時，人們都愛把平均數拎出來批判一番。

假設我們要研究某城市居民的平均收入，可以把它當作一個母體，但我們沒辦法精確調查到該城市裡每一位居民的全部收入，所以可以採用抽樣調查來進行。假設我們在城市裡隨機調查了 100 個人的月收入，那麼可以得到 100 個樣本值。對這 100 個人按調查順序編號為 1 到 100，並記錄其月收入，結果如表 2.2 所示。

表 2.2　一份月收入的調查記錄（單位：元）

編號	收入	編號	收入	編號	收入	編號	收入	編號	收入
1	972	21	352	41	743	61	6370	81	3016
2	1881	22	1928	42	1967	62	1092	82	6442
3	67334	23	383	43	237	63	1531	83	1420
4	3432	24	694	44	228185	64	389	84	10816
5	3861	25	854	45	33387	65	349	85	1918
6	92054	26	102	46	315	66	5470	86	5788
7	7494	27	15924	47	1332	67	7306	87	26734
8	237	28	4051	48	1172	68	3314	88	7118
9	755	29	306	49	14185	69	18855	89	1553
10	1223	30	36594	50	2523	70	179902	90	29662
11	34481	31	6995	51	4947	71	1116	91	21742
12	6122	32	1652	52	2816	72	29	92	8927
13	6644	33	17859	53	2736	73	22281	93	4805

編號	收入	編號	收入	編號	收入	編號	收入	編號	收入
14	3720	34	17262	54	46037	74	722	94	849
15	981	35	15416	55	1898	75	753	95	45311
16	106279	36	11817	56	61879	76	23182	96	897
17	8068	37	9026	57	135	77	1687	97	236728
18	58	38	2634	58	9597	78	259	98	63909
19	12121	39	1617	59	3819	79	4284	99	1860
20	1158	40	1393	60	4591	80	2258	100	383

拿到這個資料後我們該如何計算平均數呢？假設編號 i 對應的數是 x_i，我們在中學數學裡學過算術平均數的計算公式 $\bar{x} = (x_1+x_2+\cdots+x_{100})/100$，用電腦軟體甚至計算器都可以得到這個平均數為 16892.62。平均數的計算非常容易，但要真正理解的話需要先瞭解統計量的概念。

在之前的內容裡我們介紹了母體和樣本，對於一組樣本 $\{X_1,X_2,...,X_n\}$ 來說，如果存在某個函數 $g(X_1,X_2,...,X_n)$ 是關於 $x_1,x_2,...,x_n$ 的連續函數，並且不再包含任何其他未知的參數，則稱 $g(X_1,X_2,...,X_n)$ 為**統計量**。如果 $\{x_1,x_2,...,x_n\}$ 為樣本觀察值，則稱 $g(x_1,x_2,...,x_n)$ 為該統計量的觀察值。很顯然，統計量也是隨機變數。

統計量可以是任意形式的，只要滿足定義即可。但最常用的統計量應該是樣本平均值：$\bar{X} = \frac{1}{n}\sum_{i=1}^{n} X_i$，此外，人們還定義了樣本變異數：$S^2 = \frac{1}{n-1}\sum_{i=1}^{n}(X_i - \bar{X})^2$。用觀察值來計算樣本平均值這個統計量，就得到我們熟知的平均數了。可以證明 $E(\bar{X})=E(X)$，可見樣本平均值的期望值與母體的期望值是相等的，所以以樣本平均值來代表母體期望值是有道理的。

還有一類常用的統計量稱為順序統計量，假設 $\{X_1,X_2,...,X_n\}$ 是來自母體 X 的樣本，我們定義一個統計量 $X_{(k)}$，對任意一組樣本觀察值 $\{x_1,x_2,...,x_n\}$，將其從小到大排成 $x_{(1)} \leq x_{(2)} \leq \cdots \leq x_{(n)}$，它總是取其中的第 k 個值 $x_{(k)}$，則稱

$X_{(k)}$ 是樣本 $\{X_1,X_2,...,X_n\}$ 的第 k 個順序統計量。我們常見的最大值、最小值、中位數都屬於順序統計量。

在本例的 100 個資料中，最大值是 236728，最小值是 29。中位數指排在中間的數，如果 n 為奇數那很好辦，第 $(n+1)/2$ 個數就是中位數。如果 n 是偶數的話，其居中的數有兩個，分別是 $n/2$ 和 $(n+1)/2$，我們通常把這兩個數的平均值定義為中位數。本例的數目 100 是偶數，所以中位數是第 50（其值為 3314）和第 51（其值為 3432）個數的平均數，計算可得其值為 3373。

相比平均數 16892.62，這裡的中位數要小得多，説明至少一半人的收入遠遠落後於平均數，因此很多人呼喊「又被平均了」是有道理的。更進一步地，我們可以發現平均數是位於第 79 和第 80 個數之間的，也就是説只有 21 個人的收入高於平均數，差不多只占 20%。我們再計算收入最高的 20 個人工資總和的占比，發現該值為 82%，可以説 20% 的人佔有了82% 的財富，這正是人們常説的二八法則。

當然，在我們的資料中出現這個結果可能純屬巧合，但真實的世界裡，收入的分配從來都不是常態分配那樣的鐘形（收入居中的人占大多數，高收入的人和低收入的人都是少數），而是類似二八法則的形態（少數人佔有了大多數財富）。這樣的話，絕大多數人的收入都會低於平均數，因此感覺自己「拖了後腿」。這並不是平均數的錯，而是隨機變數分配的問題。

平均數雖然並不完美，但作為對資料水準的描述工具來説還是比較稱職的，畢竟足夠簡單。我們在使用平均數時要注意不能忽略其他重要資訊，但也不應該視平均數為大敵，儘量理性客觀地看待平均數，那麼也能更好地使用這個工具。

統計量（Statistic）：假設 $\{X_1, X_2, ..., X_n\}$ 是來自於母體的樣本，$g(X_1, X_2, ..., X_n)$ 是 $x_1, x_2, ..., x_n$ 的連續函數（不包含其他任何未知參數），則稱 $g(X_1, X_2, ..., X_n)$ 是統計量，如果 $\{x_1, x_2, ..., x_n\}$ 為樣本觀察值，則稱 $g(x_1, x_2, ..., x_n)$ 為該統計量的觀察值。

樣本平均值（Sample Mean）：統計量 $\bar{X} = \frac{1}{n} \sum_{i=1}^{n} X_i$ 稱為樣本平均值。

2.4.4 小李飛刀與孔雀翎

　　古龍小說裡有兩樣暗器令人印象深刻，一樣是彈無虛發的小李飛刀 [11]，一樣是輝煌美麗的孔雀翎 [12]。小李飛刀可以在完全看不見對手的情況下把五毒童子擊斃，孔雀翎發射時直接產生大範圍的 AOE 效果，讓人目眩神迷，避無可避。無論是精準攻擊還是大範圍攻擊，都是為了擊中目標。在極小的時間尺度下，目標一直在那裡，不來不去，暗器發射之前，我們不知道它是否能擊中，但如果出手的是小李飛刀，或者這個暗器是孔雀翎，人們就會很有把握。這正如我們想研究的母體中的參數，通過一次觀測能找到它嗎？就好比發射一次飛刀就能擊中目標嗎？這是一個問題。

我們在「2.4.1 小節」中介紹過，研究的母體是一個隨機變數，在「1.1.1 小節」裡說了用隨機性來研究真實世界的不確定問題是一種非常好的工具。對於很多具有不確定性的現象，可以用隨機性來假定。朝著靶心扔飛刀，結果只有兩種可能，中或者不中。扔飛刀的人如果不是李尋歡，我們不知道他出手後是否會擊中。那麼可以用一個隨機變數來描述結果，該隨機變數對應一個分配，對於這種存在兩種可能結果的情況，最簡單的是伯努利分配，在「2.2.1 小節」一節的公式 2.2.1 中我們介紹了該分配的分配律，可以發現裡面只有唯一一個參數 p。對於任意分配函數，只要知道了其中未知參數的具體數值，也就確定了這個函數，也就獲得

了該隨機變數的完全資訊，雖然無法知道每次觀察或者試驗的結果，但是結果在大致上是可預期的，於是可以用來研究真實的世界和解決現實問題。

假設某種分配，使用樣本觀察值來推論該分配中的**未知參數**，就是參數估計。不同的分配中參數的個數有可能不同，在伯努利分配中只包含一個參數 p，我們記其估計量為 $\hat{p}$，這是一個統計量。以服從伯努利分配的隨機變數 X 為例，如果我們能找到一個統計量 $\hat{p}=T(X_1,X_2,...,X_n)$，透過計算其觀察值，就可以得到估計量 $\hat{p}$ 的估計值，通常在符號上不區分估計值與估計量，都記為 $\hat{p}$。

在伯努利分配的例子中我們如何尋找參數 p 合適的估計量呢？根據「2.2.1 小節」中二項分配的分配律公式，取 $n=1$ 就是伯努利分配，可知其分配律為 $P(B_k) = C_1^k p^k(1-p)^{1-k}, k \in \{0,1\}$。根據「2.4.2 小節」中的公式 2.4.1 可以計算得出隨機變數 X 的期望值：

$$E(X) = C_1^0 p^0 (1-p)^1 \cdot 0 + C_1^1 p^1 (1-p)^0 \cdot 1 = p$$

在「2.4.3 小節」中我們介紹了一種很常用的統計量叫作樣本平均值，並且滿足 $E(\bar{X})=E(X)$。在伯努利分配中，$E(X)=p$，所以顯然有 $p=E(\bar{X})$，可見統計量 X 的期望值是等於參數 p 的。那麼我們構造一個估計量 $\hat{p}=\bar{X}$ 是比較有道理的。

光感覺這個估計量有道理可不行，還得有一套評價標準，我們一般使用以下三個標準。

- 不偏性：設 $\hat{\theta}=\hat{\theta}(X_1,X_2,...,X_n)$ 是未知參數 θ 的估計量，如果 $E(\hat{\theta})=\theta$ 則稱 $\hat{\theta}$ 是 θ 的不偏估計量。如果 $\lim_{n \to \infty} E(\hat{\theta})=\theta$ 則稱 $\hat{\theta}$ 是 θ 的漸近不偏估計量。

- 有效性：設 $\hat{\theta}_1$ 和 $\hat{\theta}_2$ 都是未知參數 θ 的佈偏估計量，如果 $\mathrm{Var}(\hat{\theta}_1) <$ $\mathrm{Var}(\hat{\theta}_2)$，則稱 $\hat{\theta}_1$ 比 $\hat{\theta}_2$ 有效。

- 一致性：設 $\hat{\theta}$ 是 θ 的估計量，若對任意給定的正數 ϵ 有 $\lim_{n\to\infty}$ $P\{|\hat{\theta}(X_1,X_2,...,X_n)-\theta| \geq \epsilon\}=0$，即當 $n \to \infty$，$\hat{\theta}$ 依機率收斂於 θ，則稱 $\hat{\theta}$ 是 θ 的一致估計量。

對於這三個評價標準，我們在這裡不進行深究，可以很容易地證明在這個伯努利分配的例子中，剛才找到的估計量 $\hat{p}=\bar{X}$ 滿足不偏性和一致性。這種通過期望值的數學形式來匹配到樣本觀察值的方式也稱為動差估計，動差（Moment）是一種數學概念，對隨機變數 X 來說，如果 k 是一個正整數，且 $E(X^k)$ 存在，則稱 $E(X^k)$ 為 X 的 k 階動差，若 $E((X-E(X))^k)$ 存在，則稱 $E((X-E(X))^k)$ 為 X 的 k 階中心動差。顯然，期望值即為一階動差，變異數即為二階中心動差。通常來說，很多分配函數的參數比較容易用動差的形式來表示，像這個伯努利分配的例子，直接用一階動差（期望值）得到一個方程式即可求解。如果參數個數比較多也不用擔心，將樣本動差和母體動差聯繫起來總是可以用觀察值建立方程式組，通過解方程式即可完成參數估計，這樣的方法就是動差估計，是非常常用的估計方法，是卡爾·皮爾遜（Karl Pearson）於 1894 年提出的。

還有一種估計方法為**最大概似估計**（MLE），這個想法很早就出現了，在『1.3.2 小節「渣男」去死』中我們用比較樸素的方式介紹了一個估計伯努利分配中參數 p 的例子，本質上和剛才用動差方法來估計 p 的目的完全一樣。只是具體的數學原理不同，最大概似估計是通過構造概似函數然後求極值來求解參數的，這裡就不詳細介紹了。最大概似估計法是由費希爾於 1912 年到 1922 年間完善並廣泛應用的。

無論是動差估計還是最大概似估計，都是在估計參數的數值，就好比用飛刀瞄準某個靶心上的點，這種估計的方式統稱為點估計（Point

Estimation）。我們可以說估計量在期望值上等於真實數，或者估計值在大樣本條件下逼近真實數，但很難說「估計對了」。如果能夠像孔雀翎那樣，大面積地轟擊某個點，將會更有把握，這個思路就叫區間估計（Interval Estimation），是奈曼（Jerzy Neyman）於 1934 年提出來的。

假設母體 X 的分配函數中的參數為 θ，$\{X_1,X_2,...,X_n\}$ 是一組樣本，α 是一個給定的值（$0<\alpha<1$），若兩個統計量 $\overline{\theta} = \overline{\theta}\,(X_1,X_2,...,X_n)$ 和 $\underline{\theta} = \underline{\theta}$ $(X_1,X_2,...,X_n)$ 滿足 $P\{\underline{\theta}<\theta<\overline{\theta}\}=1-\alpha$，則稱隨機區間 $(\underline{\theta}, \overline{\theta})$ 是 θ 的信賴度為 $1-\alpha$ 的信賴區間，$\underline{\theta}$ 稱為信賴下限，$\overline{\theta}$ 稱為信賴上限。我們通常習慣設 $\alpha=0.05$，所以就是 95% 的信賴度。

由於 $\underline{\theta}$ 和 $\overline{\theta}$ 都是統計量，我們總有辦法得到它們的公式，所以對於任意樣本觀察值，我們也能估計出區間的上下界。但是我們不能說「參數真實數 θ 落在區間 $(\underline{\theta}, ^-)$ 的機率是 $1-\alpha$」，因為 θ 是一個確定值，不存在落在某個區間的機率。但我們可以說隨機區間 $(\underline{\theta}, \overline{\theta})$ 包含 θ 真實數的機率是 $1-\alpha$，這裡的意義是指用這兩個統計量 $\underline{\theta}$ 和 $\overline{\theta}$ 計算出來的信賴區間可能包含真實參數的機率為 $1-\alpha$。但是一旦用某個樣本點估計出信賴區間之後，比如 (-0.157,0.179)，就不能再說「包含真實數的機率」了，因為這個區間和真實數都是確定的，要麼包含要麼不包含，不存在機率問題。

以圖 2.13 為例，假設某個母體分配的參數 θ 的真實數為 0，我們抽樣 20 次，每一次都得到一組樣本觀察值，通過該組資料可以計算得到 95% 的信賴區間，將 20 個信賴區間畫到座標軸上，橫軸表示抽樣的次數，縱軸表示該次抽樣下的信賴區間（信賴下限和信賴上限之間的連線）。可以發現，絕大多數的信賴區間都包含了真實數 0，但是第 12 次抽樣資料計算得到的信賴區間全部小於 0，也就是未包含真實的參數值。區間估計就像孔雀翎，一次噴一堆暗器出去肯定比一次扔一把飛刀出去更容易命中目標，所以人們比較喜歡使用它。

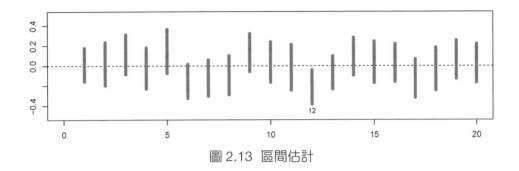

圖 2.13　區間估計

參數估計和假設檢定[9]是推論統計中最重要的內容，也是大部分統計模型的數理基礎，值得深入理解和認真掌握。

 　參數估計（*ParameterEstimation*）：設母體 X 的分配函數 $F(x;\theta)$ 的形式已知，其中 $\theta \in \Theta$，θ 是未知參數（可以是 1 個參數，也可以是多個參數組成的向量），Θ 是其可能的取值範圍，$\{X_1, X_2, ..., X_n\}$ 是來自母體的樣本，$\{x_1, x_2, ..., x_n\}$ 為樣本觀察值。選取一個統計量 $T = T(X_1, X_2, ..., X_n)$，以數值 $T(x_1, x_2, ..., x_n)$ 估計 θ 的真實數 θ_0，則稱 $T(X_1, X_2, ..., X_n)$ 是 θ_0 的估計量，稱 $T(x_1, x_2, ..., x_n)$ 是 θ_0 的估計值。通常我們在描述的時候不刻意區分未知參數 θ 和其真實數 θ_0，統一稱為 θ，所以一般稱 $T(X_1, X_2, ..., X_n)$ 是 θ 的估計量，記為 $\hat{\theta}$，為了方便，我們通常把 $\hat{\theta}$ 的估計值也記為 $\hat{\theta}$。估計參數的過程稱為參數估計，簡稱估計。

9　我們在「1.3.1 小節」中介紹了假設檢定的想法和原理，其數學形式隨著分配不同差異很大，甚至還有很多不依賴於分配參數的非參數方法，本書就不進行詳細介紹了，感興趣的讀者可以參考「非參數統計」的相關書籍。

[1] Lay D C, Lay S R. 線性代數及其應用 [M]. 劉深泉 , 譯 . 北京 : 機械工業出版社 , 2018.

[2] 齊民友 . 機率論與數理統計 [M]. 北京 : 高等教育出版社 , 2012.

[3] 吳喜之 . 統計學 : 從資料到結論 [M]. 北京 : 中國統計出版社 , 2013.

[4] 張蒼，鄒湧 . 九章算術 [M]. 重慶 : 重慶出版集團 , 2016.

[5] 北京大學數學系幾何與代數教研室代數小組 . 高等代數 [M]. 北京 : 高等教育出版社，1978。

[6] 吳文俊 . 走自己的路：吳文俊口述自傳 [M]. 長沙 : 湖南教育出版社 , 2015.

[7] 張波，應用隨機過程 [M]. 北京 : 中國人民大學出版社 , 2001.

[8] 劉安，許慎 . 淮南子 [M]. 上海 : 上海古籍出版社 , 2016.

[9] 劉義慶，毛德富。世說新語 [M]. 鄭州 : 中州古籍出版社 , 2008.

[10] 古龍。絕代雙驕 [M]. 上海 : 文匯出版社 , 2017.

[11] 古龍。多情劍客無情劍 [M]. 珠海 : 珠海出版社 , 2009.

[12] 古龍。七種武器 [M]. 上海 : 文匯出版社 , 2017.

資料視覺化

任何模型和公式只是資料分析的手段，而不是目的。資料分析的目的是從資料中獲取價值，獲取價值的方式並不是越複雜越好，反而是越簡單越容易被人接受。人是感性動物，在科學和邏輯之外，直觀的圖形更容易引起人們的共鳴，所謂「一圖勝千言」，很多時候一個簡單的圖使得一切資料的規律盡在不言中。

資料視覺化指的是對資料的視覺化展現，是一個很古老的概念，在電腦誕生之前很久遠的年代就有了資料視覺化的技術。最早的資料視覺化通常被稱為統計圖形，人們採用圖形的方式將資料中蘊含的統計規律非常直觀地展現出來。在如今的大數據時代，資料的外延不斷擴大，人們對資料的認知早已不再只是數值型的資料了，各種新的技術和視覺化手段使得資料的展現方式越來越豐富，本章將針對資料視覺化的方法進行講解。

第 1 節「歷史上的統計圖形」介紹了一些歷史上著名的統計圖形，通過這些古人製作的圖形，我們可以瞭解資料視覺化的初衷和本源，關鍵在

於視覺化的想法，通過圖形來更直觀地展現資料中蘊含的規律，這個道理古今皆同。

第 2 節「資料與視覺化」是對視覺化具體技術的介紹，包括資料視覺化、資訊視覺化這些學科的發展脈絡，以及圖形設備、繪圖語言等技術的變遷。讀者如果對技術不大瞭解，可以固定於某一種分析與視覺化工具，再和書中的內容進行類比。

第 3 節「基礎統計圖形」介紹了最常用的幾類圖形，有些早已包含在各種傳統分析工具中，比如直方圖、長條圖、圓形圖等，有些在現代分析工具中早已流行，比如地圖、動態圖形等。這部分內容的重點不在於圖形和繪圖技術，而是對作圖方式、視覺化展現規律的探討。

第 4 節「資料之間的關係」專注在幾類具體的圖形中，這部分內容既可以算作資料視覺化，也可以算作基礎的資料分析。我們知道，最常見的一類資料分析需求就是研究資料之間的關係，而這些需求基本上都可以通過圖形實現，有些統計方法其實可以對應於某個具體的圖形，這一節介紹的幾個圖形都是在日常的分析中經常用到的。

3.1 歷史上的統計圖形

3.1.1 河圖與洛書

河圖與洛書之說，最早見於《尚書》：「大玉、夷玉、天球、河圖，在東序」，其後《管子》中有「昔人之受命者，龍龜假，河出圖，洛出書，地出乘黃」，《論語》中有「鳳鳥不至，河不出圖，吾已矣夫」，漢代孔安國在其《古文尚書》中寫：「河圖者，伏羲王天下，龍馬出河，遂則其文，以畫

八卦」。通常認為伏羲氏看到河圖、洛書後創造了八卦。自宋朝開始，河圖
洛書逐漸有了具體的圖案，歷代學者研究和創制以黑白點數為圖式的「河
圖洛書」，其數可達數百種之多，圖3.1所示的就是至今流傳甚廣的一種河
圖、洛書。不過，有學者認為黑白點的河圖、洛書不是先秦、漢、唐時代
人們所說的河圖、洛書，秦漢時代的九宮數、五行生成數本來都與河圖、
洛書無關，宋代學者利用這些資料做成黑白點，是一種移花接木的手法。
也有學者認為河圖、洛書早在6000年前就出現了，開啟了上古先賢們的智
慧，並創造出偉大的《易經》。

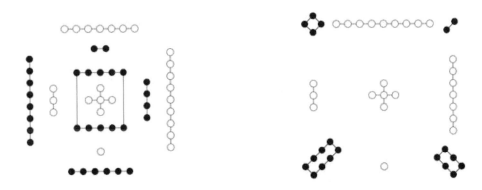

圖3.1 河圖與洛書

圖3.1的左圖所示的是河圖，古人大多認可「龍馬負圖」說，相信河圖
是龍馬從黃河中背出來的。今天河南孟津縣會盟鎮雷河村還有紀念的地
標。東漢大儒鄭玄在《周易注》中描述河圖是「天一生水，地六成之；
地二生火，天七成之；天三生木，地八成之；地四生金，天九成之；天
五生土，地十成之」。其中「天一生水」被明代的範欽用在了他的藏書樓
中，這個天一閣至今還在寧波被完好地保存。河圖的解讀比較複雜，可
以對應到天上的星宿，而且還有各種動態的變化，據說代表了一種天地
運行的規律。

圖 3.1 的右圖所示的是洛書，傳說是洛水中的神龜背上刻的，今天河南洛甯縣長水鎮西長水村至今留有兩通「洛出書處」碑遺存。洛書上的 9 個圖案很好理解，根據點數轉成數位就是一個九宮數，按行、按列、按斜線相加都等於 15，小學數學裡經常有這樣的題目。這種數位的排列方式可以和文王的後天八卦對應起來，古時有些會「掐指一算」的人，其實就是拿食指、中指、無名指的 9 個指節構成的一個九宮格當作簡易的計算器，用這個洛書或者文王八卦的圖案生成一個亂數的種子，然後調用《易經》裡的文字進行解讀和預測。

關於河圖和洛書的解讀都比較玄幻，我們不去深究其中是否包含物理規律和數學原理，但這絕對是古人的資料視覺化成果。最早的河圖和洛書是如何得到的已經很難考證，也許是通過看星星，也許是通過觀察自然現象，把這些知識抽象成圖形的過程就是資料視覺化。得到的圖形其實也就是模型，後人可以拿這個模型去解讀新的事情，甚至進行預測。雖然後世流傳的河圖、洛書的來源比較神秘，是龍馬和神龜主動送過來的，省了建模或者作圖的過程，看起來像是演繹出來的東西。但千百年來，人們一直致力於用新的現象、新的資料來匹配它，甚至對其形式進行不斷調整和優化，這個創造過程就是在作圖和建模了。用數來描述世界，用圖來展示數，用人來解讀和應用圖，這套思路一直傳承至今，也就是今天我們說的**資料視覺化**。

3.1.2 倫敦霍亂的防治

1854 年英國布洛德（Broad）大街大規模暴發霍亂，當時瞭解微生物理論的人很少，人們不清楚霍亂的傳播途徑，而「瘴氣傳播理論」是當時的主導理論。內科醫生雪諾（John Snow）對這種理論表示了懷疑，於 1855 年發表了關於霍亂傳播理論的論文，圖 3.2 所示即其主要依據[1]。圖的正中心沿東西方向的街道即為布洛德大街，黑色條形表示死亡的地點，死亡人

數越多條形越長。這幅圖形揭示了一個重要現象，死亡發生地都在街道中部一處水井（水泵）周圍，市內其他水源周圍極少發現死者。經過進一步調查，他發現這些死者都飲用過這裡的井水，結合其他證據得出飲用水傳播的結論，於是移掉了該水泵的把手，霍亂最終得到控制。

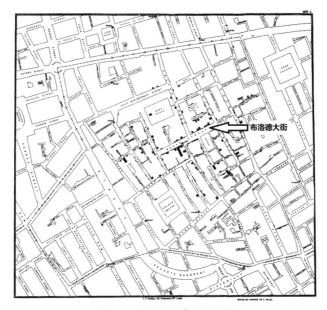

圖 3.2　倫敦霍亂街區圖

這幅圖被資訊設計學的先驅塔夫特（Edward Tufte）選為經典案例，用來說明資料視覺化的重要性。在這個例子裡，雪諾醫生親自上門統計死亡病例，並記錄具體的住址，每發生一起死亡病例，他就在該位址上畫一條黑線，多條黑線堆疊起來就形成了條形，一個位址條形越長說明死亡人數越多。這樣所有的資料都能夠畫在地圖上，並且一目了然地發現死亡病例的分佈規律，然後推論可能的原因，最終結合他作為醫生的專業背景提出假設，然後通過移除水泵把手的方式來嘗試解決問題，果然控制住了疫情的傳播。這是一個經典的科學分析的案例，也是資料視覺化的成功典範。

在人們通常的印象中，資料視覺化是為了漂亮和炫酷，所以時常會走入一種追求新技術的極端，但從這個近 200 年前的例子中可以發現，視覺化的本質是資料分析，用一種直觀的方式來發現資料中隱藏的規律才是資料視覺化的真正意義。

3.1.3 南丁格爾的玫瑰

南丁格爾（Florence Nightingale）是現代護理事業的創始人，也是世界上第一個真正意義上的護士，出生於 1820 年 5 月 12 日。現在每年的 5 月 12 日是國際護士節，就是為了紀念她而設立的。少有人知道南丁格爾也是一位統計學家，她是英國皇家統計學會（RSS）和美國統計協會（ASA）的會員，在統計學的圖形展示方面很有成就，是統計圖形領域的先驅。1854 年，她在當時英國戰爭部長的授權下，帶領 38 位女性志願者來到克裡米亞戰爭（Crimean War）的前線，照顧受傷的英國士兵，在堅實的統計學背景下，她敏銳地發現了士兵死亡率居高不下的首要原因是糟糕的衛生條件，於是從改善病房環境開始對士兵進行無微不至的照顧，也獲得了「提燈女神」的稱號，1858 年，她發明了著名的玫瑰花圖（參見圖 3.3），並用該圖成功地吸引國會開始重視公共衛生，成立了一個皇家委員會，首先在印度開始進行衛生改革。

圖 3.3 所示的就是南丁格爾當時繪製的**玫瑰花圖**，左圖展示了 1855 年 4 月到 1856 年 3 月的資料，右圖展示了 1854 年 4 月到 1855 年 3 月的資料，以月為單位，每個月的資料佔據一個花瓣，花瓣分三層，代表了三類死亡原因，分別是可預防的疾病死亡、戰爭傷害、其他原因，用面積來表示各部分的比例。這樣的資料其實可以用長條圖來展示，但是南丁格爾創造性地引入了極座標，將資料展示成了花瓣的形式，非常吸引眼球。更重要的是，她從資料上發現了規律，原來可預防的疾病才是戰爭中的重要死因，而不是之前人們印象中的戰死，那麼通過良好的衛生條

件和現代的護理方式,可極大地保障兵乃至全人類的生命。結果她做到了,開創了現代護理這一偉大事業,從這個意義上來説,玫瑰花瓣圖改變了世界。

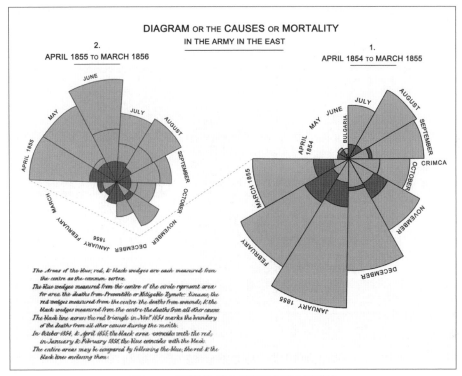

圖 3.3 原版的南丁格爾玫瑰花瓣圖

我們可以用現代電腦技術重新繪製南丁格爾玫瑰花圖,能清晰地看到其中的細節。我們選取了 1854 年 4 月到 1855 年 3 月的資料,利用 R 語言 [1] 中的 ggplot2 作圖,結果如圖 3.4 所示。圖形與南丁格爾的原圖基本一致,但是把極座標系也畫出來了,左上角還有半徑的刻度。需要注意的是,玫瑰花圖是用扇形面積來表示比例的,而不是半徑,在這個例子

----

1 「5.2.4 小節」會進行詳細的介紹。

裡，將角度平均分成 12 份，因此面積的大小完全由半徑決定，所以可以用半徑的大小來衡量面積，如左上角的刻度所示，但仔細觀察的話會發現該刻度不是等距的。

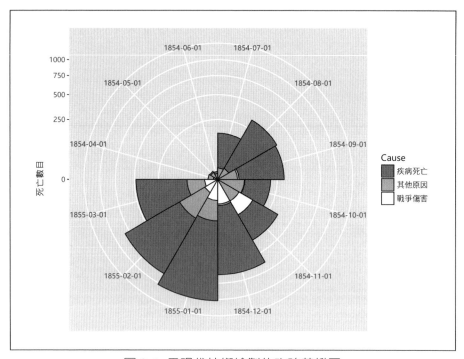

圖 3.4　用現代技術繪製的玫瑰花瓣圖

當然，在這個座標系中很難精確地觀察資料的尺度，所以我們只要相信資料和畫法是正確的，就能享受到該圖直觀性帶來的好處。但如果作者刻意在半徑和面積上做文章，或者自己不小心弄錯了刻度，那麼真有問題的話也不容易看出來。因此，這個玫瑰花圖是把雙刃劍，使用的時候一定要小心。當然，我們把這個圖形寫成電腦程式後就能減少犯錯的可能，而且還可以不斷重用，如果需要分析一段時間內比例的變化，就可使用玫瑰花圖，這是一種非常直觀且簡便的方式。

3.1.4 拿破崙遠征

　　1812 年夏天，拿破崙在法國控制的華沙公國集結了 60 多萬大軍，6 月 24 日，渡過涅曼（Neman）河，向俄國不宣而戰。但是俄羅斯幅員遼闊，征途遙遠，補給不易，再加上一路上俄軍的有效抵抗，法軍士氣低落。深入俄羅斯腹地後，進入了嚴冬，到達莫斯科時，看到的只是一座空城。城裡的人都被遣散，所有的供給也被中斷。由於沒有正式投降，拿破崙覺得俄國人從他那兒剝奪了一場傳統意義上的勝利[1]。在退兵的過程中，俄軍又持續騷擾，12 月 6 日戰爭結束時拿破崙軍隊只剩下 2 萬多人了。

關於這場戰爭的進程和拿破崙失利的原因，人們進行了很多角度的分析，但是法國土木工程師米納德（Charles Joseph Minard）於 1869 年 11 月 20 日發表了一幅統計圖形驚豔了世人，對這場戰爭的進程進行了非常直觀的展示，如圖 3.5 所示。塔夫特（Edward Tufte）在他 1982 年出版的著作《數量資訊的視覺顯示》[2] 中稱讚該圖為「歷史上最好的統計圖形」。

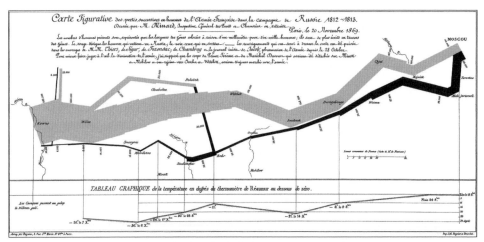

圖 3.5 Minard 繪製的拿破崙遠征圖（來源：維基百科）

這幅圖透過兩個維度（2維圖形）展現了 6 種資料類型，分別是拿破崙軍隊的數量、行進的路程、維度、經緯度、行進方向、特定日期或事件的位置。圖的橫軸是一個時間軸（刻度並不均勻），可以對應每個日期，下面的部分標明了返程時每一天的溫度。圖的主幹部分用今天的話來說是帶狀圖，用來表示每個時刻、每個位置的軍隊人數，其中淡黃色的帶狀區域表示向莫斯科行進的軍隊，黑色的帶狀區域表示返回巴黎的軍隊，帶狀的寬度表示了當時軍人的數量。帶狀區域向橫軸的投影對應了時刻，同時根據當時所在位置的經緯度，可以計算其指向莫斯科的方向（角度），所以帶狀區域的方向就是當時的真實行軍方向。這樣，對於帶狀區域上的任一點，可以對應一個地點和時間，於是可以對應一個關鍵的事件（比如經過某個地點）。如果行進的過程中有分兵，也能透過分支的區域畫出來。

這幅圖距離今天已經有 100 多年了，但絲毫沒有過時。用今天的電腦技術可以將其畫得更清晰，如圖 3.6 所示。原圖中的法語也被翻譯成了英文，看起來會更容易一些。但新圖與原圖相比並沒有本質的區別。

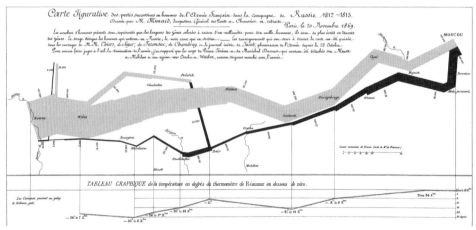

圖 3.6 用現代技術重繪的拿破崙遠征圖（來源：維基百科）

在圖中我們可以發現士兵數目的變化，比如一開始有 42 萬 2000 人，很快分兵 2 萬 2000 後還剩 40 萬，最後到達莫斯科時只剩下 10 萬人了。返回的途中人數也一直在減少，11 月 28 日經過白俄羅斯的貝爾齊納（Berezina）河時只剩下 2 萬 8000 人了。整個戰爭過程中的兵力部署和人數變化一目了然，關於拿破崙為何失敗我們也可以看得很清楚，基本上都是在行軍的過程中人數逐漸減少，而不是大的戰役造成的損失。

通過這個例子，我們也可以感受到「歷史上最好的統計圖形」好在哪裡。首先，這個圖形非常直觀，只需要簡單告訴讀者條形區域的寬度代表行軍人數，就能很快閱讀到該圖的主要含義，這是所有優秀統計圖形最重要的特點。其次，訊息量豐富，所謂「一圖勝千言」，用一張簡單的二維圖形展現了豐富的資料資訊，比起文字描述要方便得多。如果同時滿足這兩個條件，一定會是好的統計圖形。如果只滿足第二個條件的話，在使用的過程中要注意場合，如果刻意地去追求圖形中訊息量的豐富，而使圖形變得不直觀，甚至造成誤導，是得不償失的事情。強行使用圖形在很多時候甚至還不如直接用文字或者表格進行描述，真正優秀的視覺化圖形一定是直觀的，這張 100 多年前的拿破崙遠征圖就是典型的例子。

3.2 數據與視覺化

3.2.1 女王的裙子

2016 年，為了慶祝英國女王伊莉莎白二世（Elizabeth II）90 歲生日，在倫敦白金漢宮舉辦了名為「造就一個朝代：女王衣櫥時尚九十年」的女王服裝回顧展，展覽展出了英國女王從童年至今的約 150 套服飾，除了慶祝女王大壽，也順便滿足了那些窺探女王衣櫥者的好奇心。此後，不斷有媒體和個人針對女王的著裝進行分析，從顏色、款式、時代等因素比較差

異。畢竟女王是見證了所有重大歷史事件的「活化石」。圖 3.7 所示的就是女王曾經穿過的裙子的照片,從中可以看出不同時代女王的穿衣風格。

圖 3.7 英國女王曾經穿過的裙子

如果按照歷史順序來觀察女王的裙子,我們甚至可以看到時代的變遷,就像時間序列一樣。所以「女王的裙子」是一種很好的視覺化方式,但這並不是資料視覺化,因為其中並沒有資料,更關鍵的是並沒有一種可重用的視覺化模式。

資料視覺化古已有之,人們很早就知道使用圖形來描述事物的規律。有了數位之後,將數值用抽象的圖形來表示的方式就發展成了統計圖形,比如折線圖、直方圖、圓形圖等。傳統的資料視覺化主要指的是對數值型資料的視覺化展現 [3]。

另外有一個概念是資訊視覺化,最初的含義和資料視覺化有所區別,通常展現的是一些統計規律之外的資訊,比如等高線圖、大規模散佈圖等。在現代資訊技術不斷發展的時代,資訊視覺化的範圍越來越廣,任何資訊,無論是數值還是非數值,都可以通過視覺化的手段展現出來。

尤其是在如今的大數據時代,資料的外延不斷擴大,人們對資料的認知早已不再只是數值型的資料了,資料視覺化和資訊視覺化的區別也越來越小,兩個概念大有合二為一的趨勢。不過無論是資料視覺化還是資訊

視覺化，都必須依託於資料，無論是數值型或者非數值型都可以，這和其他的視覺化方法（比如照片、動畫、漫畫等）是不同的。我們覺得其中最關鍵的差別是要可重用。

所謂可重用，指的是一旦某種視覺化的展現方法被設計出來並投入使用，那麼當資料發生變化的時候，可以很方便地更新展現的結果，而不需要再重新設計和開發一遍。在這個意義上可重用的資料視覺化方法通常指的是透過工具實現的統計圖形。無論使用何種軟體工具包或者程式設計語言，對於某種視覺化展現的方法，更新資料或者修改參數後，可以直接得到新的結果，這就說明這種視覺化方法是可重用的。

而女王裙子圖來源於各種照片，這些照片都是女王特有的，每張照片都是獨特的，即使用電腦程式自動篩選和排列，也很難得到預期的規律，對於這樣的視覺化方式我們通常不稱為資料視覺化。因此，本書對資料視覺化的界定標準就是可程式設計實現、可重用，無論是傳統的統計圖形還是現代的動態技術，都可以算作資料視覺化，但是照片、動畫、漫畫這些只能由人工完成的作品不屬於資料視覺化。

3.2.2 畫布與宣紙

油畫是用快幹性的植物油（亞麻仁油、罌粟油、核桃油等）調和顏料，在亞麻布、紙板或木板上繪畫的畫種。作畫時用揮發性的松節油和幹性的亞麻仁油等當稀釋劑，畫面所附著的顏料有較強的硬度，當畫面乾燥後，能長期保持光澤，油畫大概從 15 世紀開始發揚光大，是西洋畫的主要畫種。而中國畫主要使用毛筆在絹帛和宣紙上作畫，現存出土文物中，最早可以追溯到楚國時期的帛畫，而如今中國畫最常使用的宣紙從唐代開始就有了，具有潤墨性好、耐久耐老化性強、不易變色的特點，非常適合中國畫氣韻生動、神采飛揚的特點。

無論是畫布還是宣紙，都是承載畫的載體，畫布上也能畫中國畫，宣紙上也能畫油畫，只是效果沒那麼好而已。不同的畫種、畫風與合適的載體結合起來，才能得到更好的效果。資料視覺化本質上也是在作畫，不同的統計分析類軟體或者繪圖語言相當於不同的畫種，畫圖的載體就是圖形設備。在拿破崙遠征圖的時代，視覺化的圖形只能畫在紙上，但在今天，我們說的資料視覺化，關鍵是可重用的畫圖方法，其載體都是電腦。

一般來說，圖形設備（Graphics Device）這個詞通常指硬體，比如顯示器之類。但是在資料視覺化領域，尤其是硬體系統越來越標準化的今天，通常是指軟體系統。圖形設備可以是某個軟體的圖形顯示視窗，比如 SPSS 的圖形輸出視窗，或者 Excel 的工作表，也可以是圖形檔，比如 PDF、BMP、JPG 等。無論其展現形式如何，我們把它們想像成作畫用的畫布即可。設定了某種畫布（或者紙），就可以畫上我們想要的東西。

在圖形輸出方面，最常見的設備是檔案格式，其中有兩種不同的表現形式，分別是點陣圖和向量圖。點陣圖也稱為點陣圖，簡單來說就是由圖元點組成的圖。比如圖 3.8 所示的圖形的解析度為 50 圖元 ×20 圖元，意味著該圖像是由 1000 個點組成的，每一行有 50 個點，每一列有 20 個點。每個點實際上是一個彩色的點，組合在一起就拼成了一幅 1000 圖元的圖像。其中左圖是原始圖像，右圖是放大之後的圖像，同樣是 1000 個圖元點，可以看到右圖中有明顯的柵格狀，每個格子其實就是一個圖元點。

圖 3.8 點陣圖示例

對於點陣圖中的每個圖元點，我們可以使用一套色彩模式來描述其顏色。最常用的就是 RGB 模式，這也是我們熟知的「光學三原色」。R 表示紅色，G 表示綠色，B 表示藍色，三種顏色的光混在一起會變成白光。注意，另外有顏料三原色的紅黃藍，三種顏料混在一起會變成黑色。我們知道，通過三原色的顏料可以調成任意顏色，通過三原色的光也能混合成任意顏色的光。在電腦中，通過對三種顏色賦予不同的權重，疊加起來也能變成各種顏色。由於電腦螢幕本身也是點陣式的，而且人的肉眼對顏色的敏感程度也有一定的界限，因此在使用電腦處理 RGB 顏色時，並沒有對顏色值進行無限的劃分，而是將每種原色分成 256 階，用 0 到 255 的整數來表示，比如紅色可以用 RGB(255, 0, 0) 來描述，表示只用純紅，不用任何綠色和藍色。

而向量圖使用了另外一套機制描述圖形，通過曲線和角度來存儲形狀特徵，無須通過圖元。簡單來說，向量圖無論如何放大都不會損失清晰度，而點陣圖根據其圖元的不同，放大到一定程度是會損失清晰度的。圖 3.9 所示的就是向量圖的例子，左圖放大後並沒有損失清晰度，不像圖 3.8 的右圖那樣放大後就會柵格化。

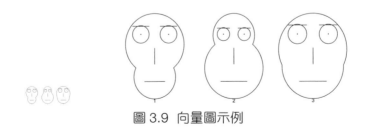
圖 3.9 向量圖示例

向量圖常見的檔案格式有 PDF、EPS、AI、CDR 等，通常對應特定的軟體，但是 PDF 和 EPS 是比較通用的格式，在出版領域也應用較多。點陣圖常見的檔案格式有 BMP、JPG、PNG 等。BMP 格式不對圖像進行任何

壓縮，按照原始的每個圖元點進行存儲，所以通常佔用的存儲空間比較大。JPG 格式對圖像進行壓縮，在兼顧效果與圖像大小方面做得非常好，是目前主流的點陣圖檔案格式。PNG 是互聯網中常用的檔案格式，其主要特點是可以設置透明背景，這在很多場合有重要的作用。

此外，還有一些動態視覺化的方案可以展現在 HTML 網頁或者特殊的軟體中，也可以認為是圖形設備。在進行資料視覺化之前，要先瞭解視覺化的圖形設備，這樣能使我們對結果的展現有更清晰的認識。

3.2.3 深水王子與針眼畫師

《三體》[4] 的第三部「死神永生」中有一段經典的情節，地球人雲天明的大腦在三體星球被克隆出身體復活了，於是生活在三體人的世界，瞭解到了他們的科技水準。在一次作為三體星使者與他一直暗戀的女神程心會面時，為了應對三體人的竊聽，他把三體人的新科技和對人類的作戰計畫編進了三個童話裡，供人類解讀。其中有一段關於邪惡的「針眼畫師」的故事，該畫師把每個人畫進畫裡後這個人就從世界上消失變成一張畫像。但是針眼畫師畫不出深水王子，因為深水王子不符合透視原理，針眼畫師只學過西洋畫派而沒學過東方畫派，所以沒辦法把深水王子畫進畫裡。關於這個故事的隱喻在《三體》小說裡進行了部分解讀，而讀者的解讀更是百家爭鳴。我們這裡不談其中的科技隱喻，只關注這兩種畫派。

這個故事裡說的西洋畫派和東方畫派中最典型的就是我們上一節裡提到的油畫和中國畫，兩個畫派之間的差別很大，是否符合透視原理是一個重要差別（參見圖 3.10）。所謂透視（Perspective），就是在二維平面中展現三維的空間，簡單說就是近大遠小。更嚴格地說，一幅畫要像照片那樣，有一個固定的焦點所在平面，焦平面前面和後面的大小比例也要符合光線和視線的規律。透視原理重在寫實，而中國畫重在寫意，把作畫

當作一種藝術手法而不是紀實工具，其實有些工筆劃中也包含透視的原理，但為了藝術表現通常不止一個焦點，會把多個焦平面混在一起。

圖 3.10　西洋畫派和東方畫派

因為繪畫的目的和要展現的東西不同，畫法就會不同，對應的「畫布」也會不同。資料視覺化可以算作繪畫的一種，只是其目的主要是為了展現資料規律而不是描繪真實世界，因此如果資料視覺化也算作畫派的話，它和所有畫派都不同。當然，如果只是把資料視覺化理解成點圖、線圖等圖形，那麼它們可以由畫家用手畫出來，哪怕是畫在電腦上，直接接一塊手寫板也能夠很容易地畫出統計圖形，像拿破崙遠征圖、南丁格爾的玫瑰圖那樣的統計圖形就是手繪時代的產物。但是今天我們對資料視覺化的要求是具備可重用的技術實現方式，對於不同的資料可以隨時作圖。那麼，必然要形成一套基本的「畫法」，首先，作畫的基本元素可以確定，就是點、線、面，而且是可以用數學公式精確描述的點、線、面。根據上一節的介紹，我們知道這些是可以用向量圖來實現的，事實上，大部分的統計圖形也都能存成向量圖。當然，也不是絕對的，比如倫敦霍亂圖，需要把統計圖形畫在一張地圖背景上，那張街區圖就是點陣圖。

不過純粹的統計圖還是由各種點、線、面組合而成的，甚至所有的統計圖形都可以按照這個思路來實現，這和人類畫家作畫的思路是一樣的，都是從一筆一畫開始勾勒的。可是，資料視覺化或者說統計圖形，其目的是展現資料的規律，如果作畫的方式和人類畫家一樣，那麼還要資料科學家何用？找一個普通的資料分析師想一個圖形的形狀，然後找一個程式師一個點一條線地編成程式不就夠了嗎？很顯然，應該存在一種可能性是用某種作圖的語法，專門用來描述資料視覺化，這和平時電腦程式設計的語法必須是不同的。普通的統計圖是從點、線、面入手，而視覺化的程式設計必須從資料的邏輯入手。

1999 年，威爾金森（Leland Wilkinson）創造了一套專門用於圖形程式設計的語法，並出版了經典著作 *The Grammar of Graphics*[5]。其擺脫了傳統的基於點、線、面的統計作圖方式，從資料的座標系、關係、統計變換等角度入手，用語法來描述資料的規律，同時視覺化地進行展現。這種方式把資料分析師和畫家區分了開來，將分析和視覺化合為一體，是偉大的進步。可惜當時這種語言只是一種死的語言，就像曾經的「世界語」2 那樣，想法很好，可是沒辦法實現。直到 2005 年，哈德利（Hadley Wickham）基於 R 語言創造了 ggplot2[6]，這是一個 R 模組，也是第一次完美實現了 The Grammar of Graphics 的載體，可能是因為 R 語言專注於統計建模的獨特特性，終於在 ggplot2 中實現了這套資料視覺化的語言，此後 Python、MATLAB，甚至有的互聯網巨頭都參照 ggplot2 實現了這種作圖語法的視覺化模組。

---

2 一種人工語言，由波蘭人柴門霍夫（Zamenhof）創造，定位是國際輔助語言，聯合國教科文組織曾在 1954 年推薦學習使用世界語，1985 年再次被聯合國教科文組織推薦給聯合國各成員國，可惜直到現在也只是一個玩具，並沒有什麼國家真正接受它。

在 ggplot2 中，基礎的作圖元素是資料和映射關係、幾何物件（點、線、多邊形等）、統計變換（函數和模型）、座標系（直角座標、極座標等）、分面（資料的層次結構）、標度（圖形細節），在該語法下，每個元素都可以是新的圖層，基於基礎資料一層層地疊加，就可以實現資料的展現，並能得到非常美觀的統計圖形。從此以後，人們可以不再執著於圖形的細節，而是一步到位，從理解資料的規律到資料視覺化的展示，將視覺化真正地變成分析的工具，而不是錦上添花的手段。

當然，ggplot2 並不是唯一的選擇，隨著大數據時代的到來，資料視覺化也變得越來越被人們關注，關於作圖的語法也已深入人心，越來越多優秀的視覺化工具（包括商業化的視覺化軟體）不斷湧現，在資料視覺化領域，其獨特的畫派已經成形，完全可以和傳統的東方、西洋畫派分庭抗禮了。

3.2.4「挑戰者」號太空梭

中學語文中有一篇優秀的新聞稿：「上午美國東部標準時間 11 點 38 分，'挑戰者'號太空梭在升空約 1 分 12 秒後突然爆炸，機上七名宇航員全部罹難。這是美國宇航史上最嚴重的一次事故，是美國進行 56 次載人宇宙飛行活動中，發生在空間的第一次大災難。1967 年發射阿波羅飛船時，曾經發生過發射臺上的爆炸，造成三名宇航員喪生」。這篇新聞描述的是 1986 年 1 月 28 日的那次大災難，也是人類挑戰太空以來的最大挫折。關於這次事件的調查也是一波三折，其中的關鍵原因眾說紛紜，但是有一個角度值得注意，就是如果當時有更好的資料視覺化，災難也許可以避免。

關於「挑戰者」號的事故調查，當時的美國總統雷根組織了一個特別委員會——羅傑斯委員會，以其主席（當時的國務卿羅傑斯）的名字命名，委員會中有一位著名的物理學家費曼先生，諾貝爾獎得主，是一個很有

趣的人，在這次調查中剛正不阿的形象給世人留下了很深刻的印象。最後，調查報告出來了，事故的原因是因右側固體火箭助推器的 O 型環密封圈失效，使得原本應該是密封的固體火箭助推器內的高壓高熱氣體洩漏。這些氣體影響了毗鄰的外儲箱，在高溫的燒灼下結構失效，同時也讓右側固體火箭助推器尾部脫落分離。最後，高速飛行中的太空梭在空氣阻力的作用下於發射後的第 73 秒解體，造成了這起事故。

事故的關鍵是 O 型環失效，作為事後諸葛亮，人們開始研究是否有可能避免這起悲劇的方法，於是從歷史記錄中查詢所有和 O 型環相關的資料。有人找到了圖 3.11，顯示了 O 型環失效的次數和溫度之間的關係，可以發現，在實驗中就有可能看出端倪。在先前的實驗階段，大部分時間都是高溫，只有一次是 53 ℉（11.7℃），這個時候失效了 3 次，而其他失效 2 次的實驗也出現在溫度相對較低的時候。

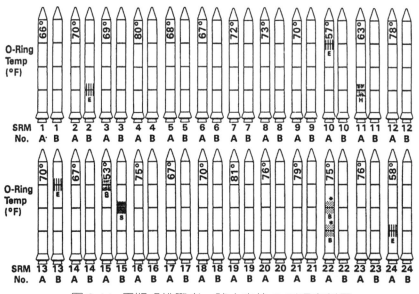

圖 3.11 原版「挑戰者」號太空梭 O 型環資料圖

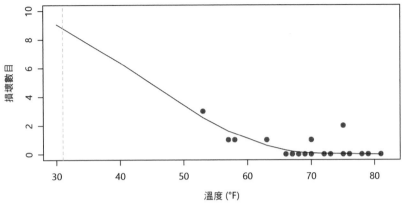

圖 3.12 新版「挑戰者」號太空梭 O 型環資料圖

如果我們把溫度和 O 型環失效的次數做一個散佈圖 [3]，結果如圖 3.12 所示，可以發現溫度越低 O 型環失效的次數傾向於越高。如果能夠做一條擬合曲線的話，會發現隨著溫度的繼續下降失效次數會急劇提升，在該圖中，當溫度是 31 ℉（這是實驗階段從未出現的低溫）時，失效次數會達到一個極高的水準。如果在「挑戰者」號升空之前有這幅圖的話，相信會引起很多人的注意，悲劇可能會避免。

死者長已矣，再說這些原因已無太多意義。但是把這個例子當作一個資料視覺化的案例的話，還是很能警醒世人的，如果圖形足夠直觀，就不會被淹沒在紙堆裡供事後調查原因，而是在事前就能發現問題，提前解決，所謂「古之所謂善戰者，勝於易勝者也」說的就是這個道理，這叫見於未萌、先勝而後求戰。

3　散點圖詳見「3.4.1 小節」。

3.3 基礎統計圖形

3.3.1 老忠實噴泉的秘密

　　1970 年 9 月 18 日,「沃什布恩 - 蘭福德 - 多恩」探險隊從開普勒瀑布（Kepler Cascades）沿火洞河（Firehole River）進入上間歇泉盆地（Upper Geyser Basin）。他們看到第一個間歇泉就被震驚了,隊員南森尼爾（Nathaniel P. Langford）在他 1871 年出版的探險記錄中寫道:「這個間歇泉高出它所在平原 30 英呎,噴發口又高出五或六英呎。在我們待在那裡的時候,它有規律地噴發了九次,沸水噴發的高度從 90 至 125 英呎不等,每次持續約 15 至 20 分鐘。我們把它命名為‘老忠實’」。這就是現在美國黃石公園（Yellowstone National Park）裡著名的「老忠實噴泉」的來歷。該噴泉的噴發時間和間隔時間非常有規律,基本上可以猜測出下一次噴發的大概時間,深受遊客喜愛。

老忠實噴泉的噴發時間很有規律,噴發的持續時間有時長、有時短,短的時候通常低於 2 分半鐘,長的時候要噴發 4 分多鐘。如果前一次噴發的時間小於 2 分半鐘,距離下一次噴發的間隔時間通常在 65 分鐘左右,如果前一次噴發的時間大於 2 分半鐘,那麼可能需要等待 91 分鐘才會再次噴發。在這裡我們需要研究兩個時間,噴發的持續時間 T_1 和兩次噴發的間隔時間 T_2。很顯然,T_1 和 T_2 可以對應兩個隨機變數。我們對老忠實噴泉觀察一段時間就可以記錄得到一些樣本值。我們使用 1990 年的一批觀測值,共有 272 個資料,對 T_1 和 T_2 分別做直方圖,如圖 3.13 所示。

直方圖（Histogram）是一種最常用的統計圖形,它能夠説明查看連續變數的分配情況。我們知道 T_1 是一個連續型的隨機變數,但是其來自哪個分配是未知的,只能根據樣本點來進行初步判斷。如何利用樣本點得到

類似分配密度的圖呢？這就是直方圖要做的事情。我們以圖 3.13 所示的圖為例，它描述了噴發時間的分配，橫軸是持續的分鐘數，每一根柱子的寬度代表了某個時間區間，而柱子的高度則為在該時間區間內發生的次數。比如有一根柱子的橫軸座標範圍是 (2.4,2.5)，縱軸的值是 3，則說明在這 272 次觀測中，噴發時間在 2.4 到 2.5 分鐘之間的次數為 3。從這個意義上來說，這與分配的密度函數描述的一致。

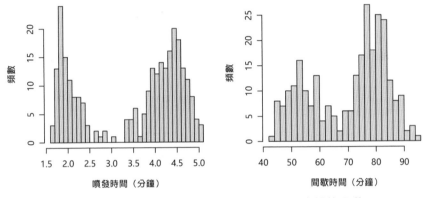

圖 3.13 老忠實噴泉的噴發時間和間歇時間的分佈

幾乎所有的統計軟體都包含做直方圖的功能，而且完全不需要我們手動去劃分橫軸上的區間和計算個數，只需要指定柱子的個數（太密或者太疏可能都不大美觀），即可自動畫出直方圖。我們可以很方便地利用直方圖觀察出資料的分配特徵，比如在圖 3.13 中，可以清楚地發現噴發時間和間隔時間都服從一種雙峰分配，也就是說，都圍繞著兩個中心點波動。

在「2.4.3 小節」的表 2 中我們展示了一些收入資料，計算得到平均數16892.62 和中位數 3373 的差距非常大。我們當時猜測這個收入的分配圖類似二八定律的形態，現在我們可以直接畫直方圖，如圖 3.14 的左圖所示。可以很明顯地看到該分配尾巴很長，大量資料集中在左邊（數值比較小），少數資料在右邊尾巴裡，這和我們之前的認知是一致的。如果我

們對該資料取對數，然後畫分配圖，可得到圖 3.14 的右圖，此時比較像常態分配的鐘形區域了，我們可以猜測原始的分配可能類似對數常態分配。

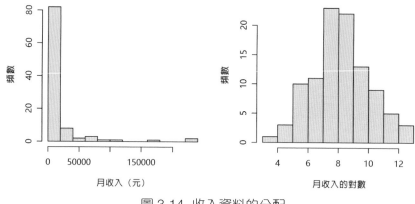

圖 3.14 收入資料的分配

由此可見，對於連續資料，我們可以把直方圖當作其分配的密度圖的近似，從直方圖的形狀來判斷資料可能會服從什麼樣的分配。如果想要精確地檢定其母體的分配，可以參考一些非參數統計的資料 [7]，使用諸如 Kolmogorov-Smirnov 之類的方法。如果只是想進行大致判斷，直方圖足矣。

3.3.2 統計圖形的奠基人

蘇格蘭工程師兼政治經濟學家潑賴費厄（William Playfair）被譽為「統計圖形奠基人」[1]，他出生於 1759 年，我們今天一些耳熟能詳的統計圖形都出於他手，比如 1786 年的線圖、面積圖、長條圖，1801 年的圓形圖。直到今天，直方圖、長條圖、圓形圖、線圖、散佈圖仍然是最常用的幾個統計圖形，其中大半都得歸功於 Playfair。上一節裡我們介紹了直方圖，「3.4.1 小節」裡我們將介紹線圖和散佈圖，這裡我們來介紹一下長條圖和圓形圖，Playfair 的原版長條圖和圓形圖如圖 3.15 所示。

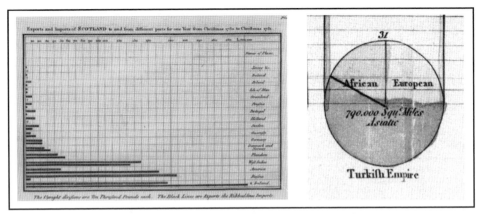

圖 3.15　Playfair 的長條圖和圓形圖原稿

圖 3.15 的左圖所示的是最早的**長條圖**（Bar Chart），包含在 Playfair 1786 年的著作《商業與政治圖解集》（Commercial and Political Atlas）中，描述了蘇格蘭在 1780 年到 1781 年間的進出口資料。我們可以看到每個條形代表一個國家，其長度對應具體的數值，並通過刻度體現在橫軸上，這和我們今天使用的長條圖沒有什麼不同。

圖 3.15 的右圖所示的是最早的**圓形圖**，包含在 Playfair 1801 年的著作《統計學摘要》（*Statistical Breviary*）中，描述了當時的土耳其帝國在亞洲、歐洲和非洲的領土面積的比例。

在上一節裡我們介紹到，直方圖是一個非常好的工具，能說明我們對連續資料有一個清晰而直觀的認識。如果是離散資料的話，無須進行資料上的切分，就可以直接計算某個值的次數。比如在老忠實噴泉的例子中，我們在噴發持續時間的 272 個樣本點裡，記時間小於 2 分半鐘的為「短時間」，大於等於 2 分半鐘的為「長時間」，可以得到「短時間」的次數為 92，「長時間」的次數為 180。把這兩個數值也用柱子的高低來描述，這就是長條圖，如圖 3.16 所示。

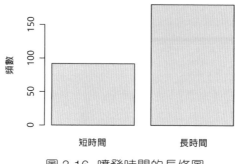

圖 3.16 噴發時間的長條圖

直方圖和長條圖比較類似，但它們是兩種完全不同的統計圖形，在使用的時候要注意區分。一般來說，對於來自連續分配的隨機變數，我們通過直方圖來查看其分配情況。而對於來自離散分配的隨機變數，我們使用長條圖來查看其分配情況。

長條圖可以展示不同內容的相對大小，有時候我們希望看到這些數值的對應比例關係，那麼就可以使用圓形圖。對所有樣本的時間類別統計其各自佔有的比例，可以得到如圖 3.17 所示的圓形圖。

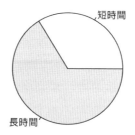

圖 3.17 噴發時間的圓形圖

圓形圖有一個全域的概念（整個圓形代表 1），在表達比例關係的時候很常用。當類別數目不太多的時候，可以一目了然地看清不同類別的數值和比例大小。200 多年來，圓形圖在各領域一直發揮著重要的作用，用來展示各種比例關係，可以說是最為公眾熟知的統計圖形之一。

但是這些年人們對於圓形圖的詬病也不少，一個主要的觀點是認為人類視覺對角度其實不太敏感，用圓形圖來展示比例不如長條圖清晰。不過這麼多年來公眾顯然更樂於接受圓形圖，可能是因為圓形圖更美觀和更易排版，所以只要是廣大人民群眾歡迎的，肯定有其流行的理由，我們不會對圓形圖一棍子打死，這也是資料視覺化時需要被重視的關鍵問題之一。

3.3.3 古老國度的詩雲

「統計之都」網站上有一篇經典的文章，通過處理《全宋詞》的文本，分析了不同詞人寫作習慣的偏好。其中關於詞人與詞牌的對應關係，作者創造性地用極座標繪製了「詩雲圖」。通過雙向集群技術將詞人與詞牌的對應矩陣按數量多少進行排序，變換到極座標軸後得到星空的模樣，然後使用核密度平滑來類比星光的效果，最終得到圖 3.18 所示的詩雲圖。作者在文章的最後感歎：「在這一片星海中，每一個同心圓（橢圓）都代表了一位詞人，而從中心向外的每一個方向都是一個詞牌。這是人類的群星閃耀時，而幸運的是，這一片星空，是屬於這個古老的國度的。」

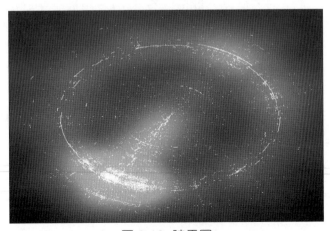

圖 3.18 詩雲圖

關於這幅詩雲圖，統計之都上的這篇文章 [4] 詳細介紹了繪製過程，並提供了資料的下載。該圖的思路是，首先將詞人與詞牌對應起來得到一個矩陣，如圖 3.19 的左圖所示，對應位置數目越多則該點越亮。然後使用雙向集群的演算法，通過交換矩陣中的行列，使得取值相近的元素盡可能靠在一起，達到集群的效果，結果如圖 3.19 的右圖所示。此時得到了直角座標系下的詞人與詞牌的對應關係，將座標軸變換成極座標，然後進行核密度平滑，就可以得到圖 3.18 所示的那張絢麗壯闊的詩雲圖了。

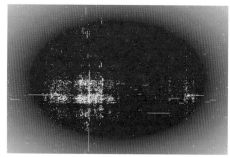

圖 3.19 詩雲圖的直角座標形式

關於直角座標和極座標的轉換，其實就是一個線性變換，我們在「2.1.4 小節」中舉了極座標的例子。此外，在「3.1.3 小節」中介紹的玫瑰花圖實際上就是把長條圖轉成用極座標表示，變成了另一種新的統計圖形。在「3.2.3 小節」中我們還介紹了基於一種新的作圖語法開發的 ggplot2，可以非常容易地改變圖形的座標系，而不需要進行複雜的程式設計繪製。

上一節我們介紹了長條圖和圓形圖，可以明顯感覺到兩種圖形展現的內容是比較相似的。如果我們把長條圖中的不同類別畫在一起，用長度（或者面積）來表示比例關係，就是一種特殊的長條圖，稱為**堆疊長條圖**，如圖 3.20 的左圖所示。我們使用 ggplot2 把直角座標系換成極座標

4　詳見統計之都的文章《統計詞話（二）》，作者邱怡軒。

系，就得到了圖 3.20 的右圖，這就是我們非常熟悉的圓形圖。可見堆疊長條圖本質上和圓形圖是一樣的，只是分別使用了直角座標系和極座標系。看似簡單的座標變化，可能帶來完全不同的展現效果，這是資料視覺化中很常用的技巧之一。

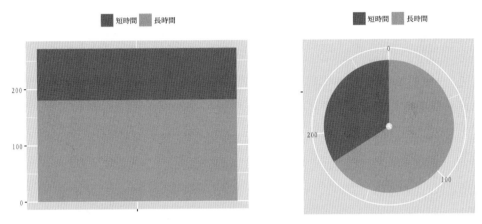

圖 3.20　堆疊長條圖和圓形圖

3.3.4　飛翔的動態氣泡圖

TED 國際會議於 1984 年第一次召開，每年 3 月，都會召集眾多科學、設計、文學、音樂等領域的傑出人物，分享他們關於技術、社會、人的思考和探索。TED 的演講視頻在網路上也非常受追捧，很多簡短的演講深深地影響了很多人。在 2006 年的 TED 大會上，瑞典統計學家羅斯林（Hans Rosling）的演講 The Best Stats You've Ever Seen 就震撼了世人。他通過一種動態氣泡圖（Motion Chart）的方式，展示了這幾十年來世界各國一些重大問題的驚人變化，比如貧窮、壽命、家庭規模等。從動態氣泡圖開始，隨著技術的發展，動態視覺化的想法也逐漸深入人心，出現了越來越多的優秀工具。

羅斯林在 TED 大會上演示用的工具是他自己的公司開發的 Trendalyzer，
於 2007 年的時候賣給了 Google。Google 將其整合到了 Visualization API
中，供人們免費使用。R 語言中的 googleVis 包整合了這個工具，可以很
方便地畫出這幅具有歷史地位的動態氣泡圖，如圖 3.21 所示。

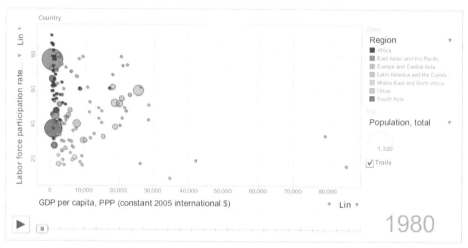

圖 3.21　人均 GDP 與勞動參與率的動態氣泡圖

圖的橫座標是基於購買力平價的人均 GDP，縱座標是勞動參與率，每一
個氣泡代表了一個國家，氣泡的大小表示總人口數，氣泡的顏色表示該
國所處的地理位置。按一下左下角的箭頭按鈕後該圖可以按照時間的刻
度動起來，展現出從 1980 年到 2005 年的資料變化。我們可以看到隨著
時間的流逝，該圖中的氣泡不斷放大縮小，還會上下左右移動，可以非
常直觀地發現一些國家的資料在這些年的變化。這就是動態視覺化，一
般是指通過現代的資訊技術使用動態效果進行的視覺化的展現方式。

資料視覺化的目的是通過一種直觀的方式對資料中的複雜規律進行展
現，這和統計學的目標是一致的。很多時候，資料中隱含的規律是可以
通過統計模型或者其他方法進行挖掘和展示的，分析資料的人會建立複

雜的模型來盡可能準確地對資料進行擬合。但是，即使是有經驗的分析人員也很難一開始就找到最適合的模型，只有深入而快速地理解了資料的特點之後，才能針對具體資料來建模。而前期理解資料的最好方法就是資料視覺化的方法。

尤其是在行業的應用中，模型和方法並不是最終目的，對資料的理解和應用才是目的所在。很多時候，通過資料視覺化的方法發現的規律，並不需要通過統計模型來進行嚴格的驗證，直接就可以用來作為決策支持。因此資料視覺化的方法在行業裡的應用非常廣。由於行業中資料應用的場景非常豐富，各種需求也異常靈活，傳統的統計圖形常常受到限制，而動態的視覺化展現可以更靈活地展現更多的資訊，因此在行業中也越來越受歡迎。

傳統的資料視覺化主要借助於靜態的統計圖形或其他視覺化圖形。在電腦還未誕生之前，人們通常都是使用直尺和圓規在紙上作圖。雖然技術手段差異很大，但是好的視覺化方法的本質上是一致的，都是要用最直觀的方式展示盡可能多的資訊。在新的資訊時代，我們可以使用電腦產生更豐富更複雜的圖形，尤其是動態的視覺化圖形，很顯然，這些圖形可以包含更大的訊息量。那麼，如果在巨大的訊息量中保持圖形的直觀性，是一個新的挑戰。動態氣泡圖可以在一幅圖中同時展現國家名、所在地理位置、人均 GDP、勞動參與率、總人口、時間這 6 個變數的資訊，而且還能動起來，可以稱得上是現代的資料視覺化的典範。

3.4 資料之間的關係

3.4.1 東上相的軌道

　　赫歇爾（John Herschel）爵士是英國著名的文學家、數學家、化學家及攝影師，他最為人所知的成就是在 1839 年 3 月 14 日創造了「攝影」（Photography）這個詞，並且用硫代硫酸鈉實現了定影技術。只比法國畫家達蓋爾（Louis Daguerre）宣佈發明攝影技術（1839 年 1 月 9 日）晚兩個多月。不過赫歇爾還有一項更了不起的成就，那就是 1833 年發表了一篇觀察雙星軌道的文章 *On the investigation of the orbits of revolving double stars*，研究了東上相（*γ|Virginis*，室女座第三亮星，實際上是兩顆亮度相近的恒星組成的聯星）的軌道，其中使用了散佈圖展現觀測時間和位置角之間的關係，被公認為是最早的具有現代意義的散佈圖。

我們之前介紹的直方圖、長條圖、圓形圖，描述的都是單個變數的分配資訊，從圖形的角度來説可以認為是 1 維的。如果需要研究兩個變數的關係，從歷史的發展進程來看，最早出現的是線圖（Line Chart），把每個時間點的資料連成線，可以展現變數在時間上的變化趨勢。圖 3.22 的左圖是被稱為「統計圖形奠基人」的潑賴費厄（圓形圖也是他發明的）於 1786 年繪製的，被認為是歷史上最早的線圖，描述了英格蘭在 1700 年到 1780 年間的進出口資料。由於線上圖中，橫軸是固定的時間刻度，實際展現的只有縱軸代表的資料，所以線圖也被稱為是 1.5 維的統計圖形。由於時間刻度是規則的，線圖還可以畫成長條圖的形式，圖 3.22 的右圖是潑賴費厄於 1821 年繪製的物價和工資的時間序列圖，用長條圖的方式展現出來，本質上和線圖是一樣的。

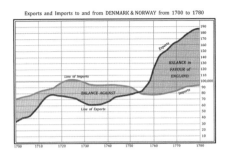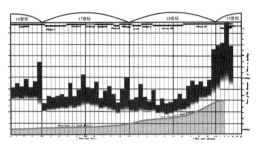

圖 3.22 潑賴費厄的時間序列圖

而**散佈圖**（Scatterplot）的橫軸和縱軸是兩個連續的變數（可以是離散化的資料，但至少要符合順序尺度），所以被認為是典型的 2 維圖形。如果畫成 3D 圖形，也可以是 3 維的，但本質都一樣，就是描述變數之間的關係。圖 3.23 是赫歇爾於 1833 年繪製的那幅散佈圖的現代形式，看上去橫軸也是時間，但該圖被公認是世界上最早的散佈圖，而不是基於時間序列的線圖。關鍵的原因是，在這裡時間刻度也是一個變數，他研究的是東上相的位置角和時間之間的關係，而不是位置角自身的變化趨勢，此外這裡的時間間隔也不是完全等距的，取決於觀察的時刻，也就是說，把時間當成一個連續變數來研究兩個變數之間的關係。

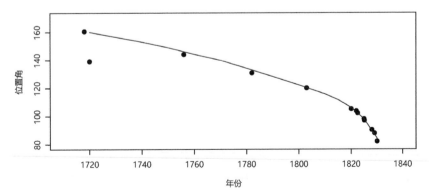

圖 3.23 東上相雙星位置角的散佈圖

進一步地，圖中的那條線和線圖中首尾相連的折線也不同，這是赫歇爾用肉眼觀察和手工繪製的一條平滑線，雖然今天有了很多對資料進行平滑的建模及視覺化方法，但基本想法和赫歇爾的這種肉眼平滑方式沒有太大區別。這條平滑線可能只是這幅圖中的一小步，但是可以算是人類從線圖到散佈圖的一大步。有了這條線之後其實就有了模型，這就是散佈圖的本質，用來研究兩個變數之間的關係模型，我們會在「4.1.1 小節」中介紹迴歸模型，可以深入地研究這類問題。

關於兩個連續變數之間的關係，除了散佈圖與迴歸分析之外，還有一種最常用的分析方式，就是**相關分析**。假設兩個隨機變數 X 和 Y，它們的相關係數 ρ_{XY} 定義為：

$$\rho_{XY} = \frac{\text{Cov}(X,Y)}{\sqrt{\text{Var}(X)}\sqrt{\text{Var}(Y)}} = \frac{E((X - E(X))(Y - E(Y)))}{\sqrt{\text{Var}(X)}\sqrt{\text{Var}(Y)}}$$

其中 $\text{Cov}(X,Y)=E((X-E(X))(Y-E(Y)))$ 代表 X 和 Y 的共變異數。這個相關係數也稱為皮爾遜相關係數（Pearson's Correlation Coefficient），是統計學家卡爾·皮爾遜提出來的，利用樣本資料可以計算樣本相關係數 r_{xy}：

$$r_{xy} = \frac{\sum_{i=1}^{n}(x_i - \overline{x})(y_i - \overline{y})}{\sqrt{\sum_{i=1}^{n}(x_i - \overline{x})^2 \sum_{i=1}^{n}(y_i - \overline{y})^2}}$$

需要注意的是，皮爾遜相關係數也稱為線性相關係數，描述的是一種線性關係，當 X 和 Y 服從常態分配時，ρ_{XY} 的充要條件是兩個隨機變數獨立。我們如果需要瞭解該相關性是否顯著，還需要進行皮爾遜相關性檢定，這是基於常態分配假設的。如果資料不符合常態分配的假設，那麼應該使用斯皮爾曼秩相關係數（Spearman's Rank Correlation Coefficient）或者肯德爾 τ 秩相關係數（Kendall tau Rank Correlation Coefficient），詳情可以參看非參數統計類的資料 [7]。

關於兩個變數之間的關係，無論選用什麼樣的分析方法，都可以先用散佈圖進行直觀的研究。資料視覺化領域的專家塔夫特（Edward Tufte）曾經在 1983 年的時候猜測在所有的科學類出版物中，可能有 70% 到 80% 的圖形是散佈圖。直到今天，這個比例也不會少，因此散佈圖值得被認真掌握和經常使用。

3.4.2 五十州的最高峰

約翰 · 圖基（John Wilder Tukey）被稱為「20 世紀後半期最重要的三位統計學家之一」，在統計學的很多領域都做出了傑出貢獻。他提出的探索性資料分析（EDA）的想法非常重視統計圖表的作用，在資料視覺化方面也做了很多開創性的工作。圖基 1977 年的著作 Exploratory Data Analysis[8] 中有一個例子使用了美國 50 個州的山峰高度資料，通過 5 個匯總指標的盒鬚圖（Box and Whiskers Plot）展示出來，這就是今天被人們廣泛使用的箱型圖（Boxplot）的雛形。

在「2.4.3 小節」中，我們舉了一個月收入的例子，表 2 顯示了 100 個居民的月收入。假如把這個資料分成兩組，第一組是編號前 50 位的居民，第二組是編號後 50 位的居民，那麼兩組居民的收入是否存在差異呢？關於這個問題很容易想到的是計算平均數。我們可以算出第一組的平均數是 15795.6，第二組的平均數是 17989.64，差了 2000 多，是一個不小的數字。看中位數的話，第一組的中位數是 2578.5，第二組的中位數是 4051.5，差別也不小。我們知道，不同的資料因為分配不同，很可能平均數或者中位數都無法代表資料的全貌，因此需要利用更多的資訊才行。在研究一個**連續變數**和一個**離散變數**的關係的時候，主要是研究在離散變數的不同水準上該連續變數的值是否有差異，最直觀的工具就是**箱型圖**，如圖 3.24 所示。

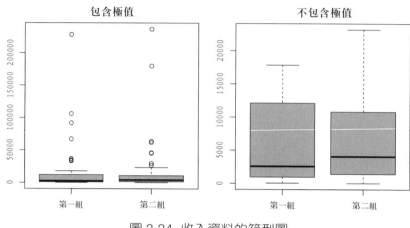

圖 3.24 收入資料的箱型圖

圖 24 的左圖是用原始資料畫的圖，沒有排除極端值，在確定的比例尺下，描述資料的「箱子」就顯得很小。右圖是剔除了極端值之後的結果，這是我們通常使用的處理方式。從圖中可以看出，離散變數的不同水準值會對應不同的箱子，在本例中即為「第一組」和「第二組」，每個箱子體現了對應的連續變數的特徵，在本例中代表月收入。箱子體現了五個關鍵的值，上下的兩根橫線（Whisker）表示上下界，在不同的軟體或者工具中含義可能不同，有的表示最大值或者最小值，有的表示剔除了極值（比如 1 個標準差以外）之後的最大值和最小值。箱子上下邊緣表示上下四分位數，也就是說把資料排序後平均分成四等份的話，箱子中間包含了一半的資料。箱子中間的粗線表示中位數。這樣，一個箱子就展現了 5 個重要的數值，此外箱子越長說明資料的分散程度越高。

在這個例子中，第一個箱子的中位數低於第二個箱子的，下四分位數也要略低，但是上四分位數卻比第二組要高。從整個箱子的箱體來看，第一組要長不少，說明分散程度比較高。從圖中我們可以看出兩組資料確實有差異，但無法確定是否有顯著差異。在「1.3.1 小節」中我們介紹了

假設檢定的想法，可以用一些嚴格的統計檢定來研究顯著的差異。如果資料符合常態分配的話，還可以使用**變異數分析**。

對於這種一個連續變數和一個離散變數關係的問題，變異數分析假設離散變數的不同水準代表了不同的處理條件，各條件下樣本隨機，並來自常態母體，同時假設每個處理組的平均值都相等，進行 F 檢定。檢定的 P 值如果足夠小，說明應該拒絕虛無假設，亦即不同組的平均值有顯著差別。除了這些嚴格的推論方法以外，最直觀且方便的就是箱型圖，對於所有關於連續變數和離散變數之間關係的問題，在分析之前都應該使用箱型圖進行初步查看。

3.4.3 泰坦尼克號的倖存者

泰坦尼克號（RMS Titanic），是英國白星航運公司（White Star Line）的一艘巨型郵輪，於 1911 年 5 月 31 日建成下水，1912 年 4 月 2 日完工試航。在其首航的途中，1912 年 4 月 14 日 23 時 40 分左右，泰坦尼克號與一座冰山相撞，造成右舷船艙至船中部破裂，五座水密艙進水。次日凌晨 2 時 20 分左右，泰坦尼克號船體斷裂成兩截後沉入大西洋底 3700 米處。2224 名船員及乘客中，逾 1500 人喪生，其中僅 333 具罹難者遺體被尋回。泰坦尼克號沉沒事故為和平時期死傷最慘重的海難之一，其殘骸直至 1985 年才被再度發現，目前受到聯合國教科文組織的保護。

我們可以獲得 2201 名旅客的死亡資料，圖 3.25 展現了倖存者的情況。這樣的圖形稱為**馬賽克圖**（Mosaic Plot），由哈迪根（J.A. Hartigan）和克萊納（B. Kleiner）在 1984 年發表的文章 *A Mosaic of Television Ratings*[9] 中第一次正式提出。

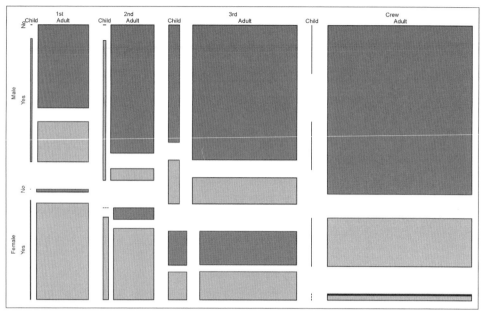

圖 3.25 泰坦尼克號的倖存者

圖中一共展現了 4 個**離散變數**，分別是艙位（頭等艙、2 等艙、3 等艙、船員），性別（男、女），年齡（兒童、成年人），存活情況（是、否）。橫軸顯示了艙位和年齡的資訊，縱軸顯示了性別和生存情況的資訊。區域的面積代表了某種組合下的人數。比如面積最大的是右上角那一塊，代表了男性、成年、船員、死亡的數目，其下方那塊較小的面積代表女性、成年、船員、死亡的數目，也比較高，但其中生存的數目也不少。我們還能看出，頭等艙的女性和兒童的存活比例很高，當然男性也不低。而 3 等艙的男性、女性和兒童的存活比例都比較低，女性的存活比例母體上是高於男性的。所以關於泰坦尼克號上把生的機會留給女性和兒童的說法是可以得到資料支援的。當然更明顯的特徵應該是頭等艙更容易存活。

這樣的圖形展現了離散變數之間的關係，本來離散變數都不是數值，沒辦法用量化的方法來研究其關係。但是資料中的離散變數交叉組合後至少會有數目的關係，表 3.1 就顯示了性別和存活情況這兩個變數交叉後的數目，這樣的表稱為**列聯表**（Contingency Table）。

表 3.1　性別和存活情況的列聯表

	死亡	存活
男性	1364	367
女性	126	344

對於列聯表資料的分析，標準的方法是使用 χ^2 檢定[10]，如果 P 值足夠小，說明不同的交叉組之間有顯著的差異，比如本例中 χ^2 檢定的 P 值接近 0，說明泰坦尼克號上的男性和女性的生存率確實有顯著的差異。因此，在資料分析中，如果要研究兩個或者多個離散變數之間的關係，首先要把資料轉化成列聯表的形式，然後使用 χ^2 檢定之類的統計方法。當然，更直觀的方式是直接使用資料視覺化，先用馬賽克圖對各變數之間的交叉情況進行分析，然後再選擇後續的分析方向。

3.4.4 切爾諾夫的笑臉

切爾諾夫（Herman Chernoff）是一位美國的應用數學家、統計學家，他於 1973 年提出了一種很有趣的統計圖形，如圖 3.26 所示，稱為切爾諾夫臉譜圖，也稱為笑臉圖。該圖形用卡通笑臉的五官及其他面部元素描述變數，比如眼睛大小、嘴巴開合等，每個樣本點可以畫出一張笑臉，如果兩個樣本的各變數的數量比較類似，那麼兩張臉也會長得很像。

我們之前研究了變數之間的關係，兩個連續變數之間的關係可以使用散佈圖進行展示，兩個離散變數之間的關係可以使用馬賽克圖進行展示，

一個連續變數和一個離散變數之間的關係可以使用箱型圖。在很多時候，我們的資料通常包含很多樣本點，比較多的時候是研究變數之間的關係，很少研究樣本點之間的關係。但有時候我們也需要對樣本的個體有所瞭解，比如哪些樣本點具有類似的特徵。假如我們有 8 個型號的汽車，採集到了每款汽車的耗油量、氣缸數、排氣量、馬力、後軸比、車重、加速時間這 7 個變數的資料，我們想知道哪些車型比較類似，只需要通過圖 3.26 所示的**笑臉圖**就可以得到一個直觀的認識。

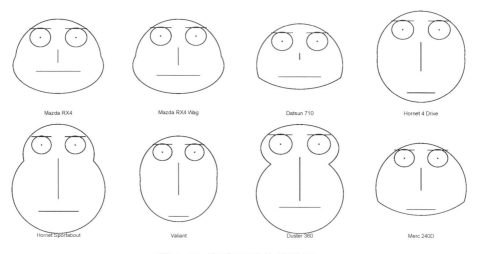

圖 3.26 汽車型號的笑臉圖

可以發現，Mazda RX4 和 Mazda RX4 Wag 這兩款車的笑臉圖很像，Datsun 710 和 Merc 240D 的笑臉圖也比較像。因為人對面部表情比較敏感，所以通過笑臉圖可以很容易地發現樣本點之間的關係。很多時候，通過笑臉圖並不是想瞭解特定的兩個或者多個樣本點比較類似，而是要查看母體的規律，比如從面相上看可能可以分成 3 類，這樣的分析思路其實就是**集群分析**（Cluster Analysis）。

與笑臉圖類似的另一種統計圖形是**星形圖**（Star Plot），根據其展現形式不同也稱為**蛛網圖**（Spider Plot）或者**雷達圖**（Radar Plot），其基本思路是將每個變數用極座標上的半徑來體現，每個樣本點對應一顆星（或者一個蛛網、一個雷達），圖 3.27 所示的就是一個典型的星形圖。

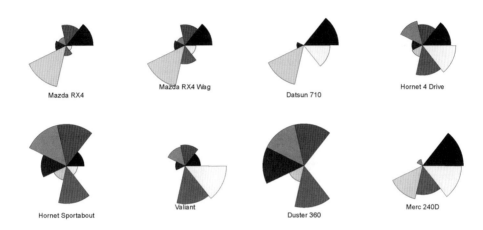

圖 3.27　汽車型號的星形圖

星形圖比起笑臉圖能展現更多的資訊，圖 3.27 中扇形的半徑可以體現對應變數的大小，但是直觀性比不上笑臉圖。當樣本量很少時，這些統計圖形都是比較好的展現方式，如果樣本量很大，就不適合使用這些方式了。

[1]　謝益輝。現代統計圖形 [EB/OL]。2010。

[2]　Tufte E. The Visual Display of Quantitative Information[M]. Cheshire: Graphics Press, 1983.

[3]　UXPA 中國。用戶體驗百家談 [M]。北京：電子工業出版社 , 2014。

[4]　劉慈欣。三體 [M]。重慶：重慶出版社 , 2008。

[5]　Wilkinson L. The Grammar of Graphics[M]. Berlin: Springer, 2011.

[6]　Wickham H.　ggplot2：資料分析與圖形藝術 [M]. 統計之都 , 譯 . 西安：西安交通大學出版社 , 2013.

[7]　吳喜之。非參數統計 [M]。北京：中國統計出版社 , 1999。

[8]　Tukey J. W. Exploratory Data Analysis[M]. New Jersey: Addison-Wesley Publishing Company, 1977.

[9]　Hartigan J. A., Kleiner B. A Mosaic of Television Ratings[J]. American Statistician, 1984, 38(1): 32–35.

[10] Iversen G. R., Gergen M. 統計學：基本概念和方法 [M]. 吳喜之 , 譯 . 北京：高等教育出版社 , 2000.

模型與方法

學過統計學的人都知道,統計學是由各種各樣的方法組成的,比如研究關係的迴歸分析、多變量降維的主成份分析、時間軸上進行預測的時間序列分析及混合橫向資料的追蹤資料分析等。除了統計方法之外,應用數學中的最優化方法或者運籌學也在資料分析中有著廣泛的使用。所有的這些方法都具備嚴格的數學背景。

絕大多數的統計學教科書都是以分析模型為導向,從方法入手,介紹模型的原理、假設、數學推導、方法應用。誠然,如果能夠深刻地理解模型的背景和原理,那麼對於模型的正確應用絕對不在話下。但是,如果受專業知識所限沒有辦法弄懂所有的數學證明,也是有可能理解模型原理的,而且不妨礙對模型的應用。本章我們將會使用講故事的方式來介紹一些統計學中的方法,瞭解了原理之後就能夠自如地對這些方法進行應用。

第 1 節「常用統計模型」介紹了迴歸分析、主成份分析、路徑模型、時間序列等最常用、最有代表性的幾個傳統統計模型。迴歸分析是最典型

的統計模型，也是用統計來認識世界的最常用方法，值得仔細玩味。主成份分析是一種降維的方法，同時也體現了統計模型中解釋性的一面。路徑模型（結構方程）在社會科學領域有著非常廣泛的應用，功能強大但也容易被誤用，使用時要謹慎。時間序列是關於預測的重要方法，包含了一類方法，這裡也進行了簡單的介紹。

第 2 節「機器學習」介紹了一些常用的機器學習方法，從本質上來說，目前很多主流的機器學習方法也屬於統計學的範疇，甚至被稱為「統計學習」。但是機器學習的主流領域和之前比較熱門的資料探勘一樣，較多地來自電腦領域。這一節從有監督學習和無監督學習的角度分別介紹了關聯規則、集群、分類這三類最常用的演算法。其中分類演算法最為重要，幾乎覆蓋了機器學習的大部分內容，我們從分類效果評估和具體常用演算法這兩個角度分別進行了介紹。

第 3 節「人工智慧」針對目前火熱的 AI 領域進行了專門的介紹。從技術角度來看，當今 AI 領域振奮人心的成果全部來自深度學習加大數據，但是很多媒體混淆了傳統的人工智慧和當今的主流技術。這一節試圖從歷史淵源、核心技術的角度全方位地介紹人工智慧，並通過具體的例子來加深理解。

第 4 節「其他分析方法」介紹了隨機實驗、蒙地卡羅、文字分析、最優化方法等內容，其中每一部分都可以對應一個很大的領域，也包含很多具體的方法。此處只是對每類方法進行簡單的介紹，如果要進行深入瞭解還需要參閱相關的書籍。

4.1 常用統計模型

4.1.1 穿楊與射雕

據說楚國有位神射手養由基非常厲害,《史記》[1]中記載「楚有養由基者,善射者也,去柳葉百步而射之,百發而百中之」。每次都能射中百步外的柳葉,這個距離比現在奧運會射箭項目的最遠距離都遠,百發百中的話得金牌是無疑了。《北史》中還記載了一個更厲害的人,唐太宗的老丈人長孫晟年輕時有一次看到兩隻雕在空中搶肉,一箭射過去貫穿二雕(參見圖 4.1)。那麼,有沒有人可能比長孫晟還要厲害,可以一箭射三雕呢?根據中學的幾何知識,如果三隻雕在一條直線上是有可能同時射中的,但如果不在同一條直線上就有點麻煩了。

$$Y = \beta_0 + \beta_1 \cdot X_1 + \varepsilon \qquad (4.1.1)$$

圖 4.1 百步穿楊與一箭雙雕

如果我們要射 10 隻雕呢?雕在空中的隊形千變萬化,很難有一支箭能貫穿所有,那麼如果有兩個箭手各自射了一箭,如何評價誰的箭法更好?

圖 4.2 是一個示例圖。10 個黑色的點代表 10 隻雕，灰色的線和黑色的線分別代表兩位箭手的軌跡。

$$f(x_1, x_2) = (1 - x_1)^2 + 100(x_2 - x_1^2)^2$$

如下：

$$\min \quad z = (1 - x_1)^2 + 100(x_2 - x_1^2)^2$$

圖 4.2 箭的軌跡與最小二乘法

從左圖的兩條軌跡來看，可以明顯感覺到灰色軌跡的箭手的箭法更好，黑色那條線明顯是射歪了。我們是否可以用比較通用的評價方法來描述呢？在這個例子中，10 個點不在一條直線上，所以不存在一條同時穿過 10 個點的線，如果用穿過點的個數來比較顯然也不對。圖中灰線沒有穿過任何點，而黑線穿過了 1 個點，但看上去黑線射偏了好多。所以，我們心中其實是有準繩的，可以這樣來表述：「這根線距離每個點都更近，則說明箭法更準」。

我們在黑線上對每個點沿 Y 軸做垂線，如圖 4.2 的右圖所示，每段虛線可以表示黑線到每個點的 Y 軸距離[1]，記為 d_i，那麼最簡單的衡量「距離每

---

1 嚴格來說，點到直線的距離應該計量點到直線的垂線距離，但不失一般性，為了計算簡便，也可以用 Y 軸距離來描述。

個點都近」的方式是平均值 $\frac{\sum_{i=1}^{10}|d_i|}{10}$。但一般來說，絕對值的數學性能不太好，比如無法做微分，所以可以用平方來替代，那麼用公式 $\frac{\sum_{i=1}^{10}d_i^2}{10}$ 來衡量母體的差異是合理的。

推廣到一般的情況，表 4.1 顯示了一個設計矩陣形式的資料，每一行代表一個變量，如果我們要研究變量之間的關係，比如兩個變量 Y 和 X_1 的關係，使用該表的前兩行資料即可。我們知道兩個變量之間可以畫散佈圖，其結果就是圖 4.2 所示的樣子。如果需要用一個統計模型來展現這兩個變量的關係，可以很容易想到用一條直線的形式，也就是圖 4.2 中灰色或者黑色的線。我們假設 Y 和 X_1 之間存在這樣的關係：

$$Y = \beta_0 + \beta_1 \cdot X_1 + \varepsilon \tag{4.1.1}$$

表 4.1　迴歸資料示例

	Y	X_1	...	X_i	...	X_n
x_{1i}	0.3735	1		0.8752		2.3016
x_{2i}	2.1836	2		0.3530		0.0048
x_{3i}	2.1644	3		1.0904		1.0432
x_{4i}	5.5953	4		0.5655		0.0294
...	...	...		...		...

根據高中的數學知識我們可以知道，$Y = \beta_0 + \beta_1 \cdot X_1$ 是一條直線的方程式，通常把 β_0 稱為截距，把 β_1 稱為斜率。如果平面中只有兩個點，相當於表 1 中的資料只有兩列，那麼很簡單，把資料帶入可以得到一個二元一次方程組，通過解方程式的方式可以得到 β_0 和 β_1。如果資料點超過 2 個，且不在一條直線上，在高中的數學裡是無解的。但是我們可以「距離平方和」的方式來衡量這條假設的直線和所有點之間的關係，那麼公式 4.1.1 中的 ε 可以用來衡量這個差距，我們把 ε 稱為誤差項，代表了每個樣本點到模型代表的直線之間 Y 軸上的距離。公式 4.1.1 也稱為迴歸模

型，描述了 Y 和 X_1 之間的迴歸關係，其中 β_0 和 β_1 是未知數，需要通過誤差項平方和最小的想法對其求解。假設有 n 個樣本點，通過求 $\sum_{i=1}^{n} \varepsilon_i^2$ 的最小值可以求得 β_0 和 β_1 的唯一解，這是一種最優化方法，我們在「4.4.4 小節」中會進行介紹。因為平方在中國古代也稱為「二乘」，所以這種求解的方式也稱為最小二乘法。

在二維平面中，只研究 Y 和一個 X_1 之間的關係，如果假定模型是一條直線，我們稱之為一元線性迴歸。如果我們使用表 1 中的全部資料，研究 Y 和全部 X_i 之間的關係，假定模型為超平面上的線性關係，則稱之為多元線性迴歸 [2]，其公式如下所示：

$$Y = \beta_0 + \beta_1 \cdot X_1 + \cdots + \beta_i \cdot X_i + \cdots + \beta_n \cdot X_n + \varepsilon \qquad (4.1.2)$$

同樣使用最小平方法，可以求得每個係數 β_i 的解，而模型中的係數 β_i 也稱為參數，求解的過程稱為**參數估計**，求得的解稱為**估計值**，記為 $\hat{\beta}_i$。此外，我們把 Y 稱為因變量，或者反應變數，把 $X_1, \cdots, X_i, \cdots, X_n$ 稱為**應變數**，或者**解釋變數**。

具體求解的原理此處不進行詳細介紹，可以通過一些統計軟體或者程式設計語言來實現。不同軟體輸出的結果和格式可能會有差異，但一般都至少包含表 4.2 中的內容（以一元迴歸為例）。

表 4.2 迴歸分析的結果

	值	P 值
β_0	-0.1688	0.768
β_1	1.0547	2.37×10^{-6}
R^2	0.946	

係數 β_0 和 β_1 的估計值就是我們求解的目的，得到這兩個數之後就確定了模型，但並不意味著這個模型就和資料符合得很好，所以還需要一些

其他參考指標。係數對應的 P 值是一個重要的參考值，意味著對係數進行虛無假設為 $\beta_i = 0$ 的 t 檢定，如果 P 值很小，可以拒絕虛無假設，認為該係數顯著不為 0，簡稱「該係數顯著」。在本例中，β_1 顯著，而 β_0 不顯著，這說明我們的模型中可能不需要 β_0 這一項。此外還有一個重要的參考指標，R^2，通常稱為判定係數，可以理解成該模型能解釋資料的百分比，本例中 $R^2 = 0.946$，可以認為這個線性模型能夠解釋 94.6% 的資料，效果是比較好的。

以上只是一些比較簡單的評價指標，對於線性迴歸來說，還需要考慮很多不滿足經典假設的場景，比如多重共線性、自我相關、變異數不相等等問題。也有很多時候資料之間並不是線性關係，因此可能需要建立非線性的迴歸模型，關於這些內容可以參考一些專業的統計學資料，在本章中只是從一個最簡單的例子入手介紹迴歸的想法和操作方式。尤其需要注意的是，迴歸模型是一種典型的統計模型，通過對確定性的方程式加上變異項 ε 的方式來代表真實的世界，這和牛頓力學之類的確定性公式不同，沒有那麼嚴格但是更為靈活，可以研究更多的真實世界中的問題，在現實生活中也有著極為廣泛的應用。

4.1.2 降維攻擊

「降維攻擊」是互聯網時代一個很流行的詞，其出處來自科幻小說《三體》[3]，書中至少有兩個地方提到了降維，所以「降維攻擊」在現實的使用中也有兩種含義。第一種含義來自小說中歌者文明使用二向箔來打擊低端文明的情節，他們可以很輕鬆地將三維世界二維化，通常用來形容互聯網企業從更高的維度來碾壓傳統行業，特別囂張。另一種含義來自小說中某些生物主動降維的情節，它們等自己適應低維後再把敵人都拖到低維世界來消滅，比較類似網路上的一個流行說法「把你的智商拉低到同樣水準再用豐富的經驗打敗你」。

降維這樣的事情嚴格來說只存在於科幻的故事裡，畢竟在我們三維的世界裡好像還沒見到過有誰被降到二維的情況。但是在資料分析領域，這是一項非常有必要的技術。我們知道一個資料矩陣如果包含很多個變量（比如幾百個），那意味著研究的物件是一個高維度的空間，無論是建模還是理解資料都比較困難，如果有辦法把空間降到低維度，同時儘量少地損失資訊，那麼將會大大地便於我們進行資料分析。

舉一個更容易理解的例子，如果我們想把三維降到二維，比如要研究一個三維世界的可樂罐，如圖 4.3 所示，把罐子一腳踩扁，就變成二維了，踩的這個動作就是降維。我們可以選擇從上向下踩，圖中顯示的就是這種踩法。還可以把罐子放平躺後再踩，甚至斜著踩以及用各種角度踩。那麼哪種踩法能保留更多資訊呢？圖 4.3 的踩法顯然不是，因為從上向下踩扁後完全看不出原來是一罐可樂了，但如果將瓶身平躺後踩扁，還能看到罐身上的標誌和顏色，也就是說保留了更多的資訊。

圖 4.3 降維：踩扁易開罐

用這個想法進行降維就是**主成份分析**（Principal Components Analysis，簡稱 PCA），這是一種非常常見的統計方法。它把原始資料變換到一個新的座標系統中，使得任何資料投影的第一大變異數在第一個座標（稱為

第一主成份）上，第二大變異數在第二個座標（第二主成份）上，依次
類推。

圖 4.4 所示的是一個簡單的例子，演示了在二維空間找第一主成份的過
程。左圖是原始資料，只包含兩個變數，所以可以畫在二維平面中。如
果我們想把二維資料用一個維度展現出來，那麼旋轉座標軸之後再投影
是一個很好的辦法，把所有的點投影到一個座標軸上，就能夠將資料縮
減到一維了。在左圖中標示了兩個方向，都是可以考慮的新座標軸方
向，但顯然方向 1 上包含了原始資料中更多的資訊，因為比較分散。方
向 2 上的點太密集，很多點投影後就重合在一起了，會損失大量資訊。
這種基於分散程度的考量可以用變異數來描述，所以在求解主成份分析
的時候，通常選用變異數最大的原則實現降維。在本例中，圖 4 的右圖
所示的是降維後的結果，我們用一個維度表示了原先兩個維度的大部分
資訊，這個維度也稱為第一主成份。

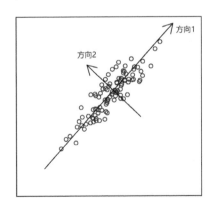 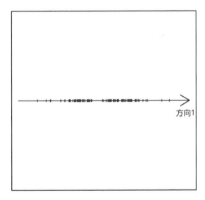

圖 4.4 旋轉座標軸示例

推廣到更一般的形式，有 n 個變數的時候也可以用類似的想法找到 n 個
主成份，每個主成份都是 n 個變數的線性組合，通常用變異數占比來衡
量每個主成份能解釋變異數（資訊）的比例，如果少數幾個排名靠前的

主成份能解釋大部分的資訊，那麼我們就可以通過研究這幾個主成份來研究所有變數的母體情況，比直接去研究 n 個變數更簡單。

具體的求解過程需要用到矩陣運算，尤其是**特徵分解**，我們瞭解其中的關鍵是上例尋找最大變異數的方向即可。有很多軟體都可以實現主成份分析，雖然輸出結果可能會有差異，但關鍵的部分是類似的。圖 4.5 所示的是一個主成份分析的結果示例。

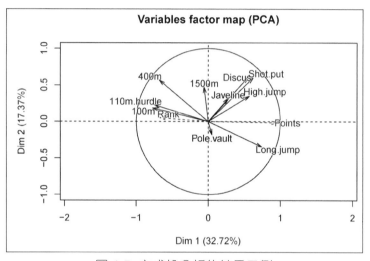

圖 4.5 主成份分析的結果示例

這是 41 位運動員在 2004 年奧運會和 2004 年 Decastar 賽事上的 10 項全能的成績，其中包含 10 個項目的具體成績以及最後的總分和排名。做完主成份分析後，我們發現第一個主成份貢獻了 32.72% 的變異數，第二個主成份貢獻了 17.37%，前兩個主成份累計貢獻超過一半，這個數字不算大，在很多應用場景中前兩個主成份累計甚至可以貢獻 90% 以上。本例中可能用到 3 個或者 4 個主成份的效果更好，兩個主成份可以在二維平面繪圖，比較直觀，而且本例中畢竟超過了 50%，可以認為能解釋大半了。

從圖 4.5 中可以看出，第一個維度很明顯地與成績緊密相關（因為 "Points" 與 "Rank" 變量非常貼近於 X 軸，其值越 大説明得分越高、排名數值越小），第二個維度與 1500 米長跑的方向非常一致，與撐杆跳高（Pole.vault）相反，我們可以認為這是一個描述了耐力的維度。從中可以發現，跳高（High.jump）、跳遠（Long.jump）、百米跑和 110 米欄等項目與最終的總成績關係比較大，一般跳高跳遠強的選手最後 10 項全能的成績比較好，而百米跑和 110 米欄強的選手的最終成績可能反而不太好。

以上是針對多維資料（10 個運動項目，10 維）的一個主成份分析示例，分析的角度主要是解釋變數之間的關係，這也是主成份分析最主要的應用之一。當然這種方法的應用範圍不是只有這些，還能夠用來做集群分析、構建指數等，具體的應用和數學原理可以參考更深入的 PCA 方法介紹資料。

4.1.3 顧客就是上帝

「顧客就是上帝」這句話在國內實行市場經濟之後非常流行，不僅在服務業，各種零售、工業產品的公司也經常提這個口號，很明顯是受到了西方顧客至上理念的影響，不過西方不大敢把普通人比作上帝。據考據，「顧客就是上帝」的說法最早來自日本歌手三波春夫，傳到國內後迅速在商業領域被應用。在西方，人們更愛說「顧客總是對的」，本質上是一樣的，體現的都是以顧客為中心的現代服務業想法，除了能確保產品的品質，在行銷上也能大獲成功。

既然顧客就是上帝，那麼讓顧客滿意就成了產品或者服務的最終目標。那麼問題來了，如何瞭解顧客是否滿意？顧客的滿意程度是一種主觀的感覺，並不像跑步時間、跳遠距離這樣可以精確測量。因此只能通過其他手段進行測量，目前主流的方式是通過問卷調查，比如通過打分的方

式來描述滿意程度，1 分代表非常不滿意，10 分代表非常滿意，用戶可以選擇一個 1 到 10 之間的整數來描述自己的滿意程度。這樣可以解決主觀衡量的困境，但是存在其他的問題，比如有的人隨和、有的人挑剔，他們同樣打 8 分含義肯定不同，而且有的人根據某些客觀的感知作答，有的人根據主觀的感覺作答，這些都使得滿意度的得分不精確。

針對這樣的問題，學術界引入了**滿意度模型**。1989 年瑞典率先建立了國家層面的顧客滿意度指數模型，簡稱 SCBC 模型。該模型包含五個結構變數：顧客預期、感知價值、顧客滿意度、顧客抱怨和顧客忠誠。每個結構變數可以對應一些問卷中的問題（也稱為顯變數），從而和資料關聯起來，建模求解。1994 年，美國在 SCBC 的基礎上開發了美國顧客滿意度指數模型（簡稱 ACSI），增加了感知品質這一結構變數，並於 1996 年將感知品質拆解成產品感知品質和服務感知品質。歐洲在 ACSI 的基礎上又開發了歐洲客戶滿意度指數模型（簡稱 ECSI），刪除了顧客抱怨這個結構變數，並增加了企業形象。我們以 ECSI 為例介紹滿意度模型。

圖 4.6 代表了一個 ECSI 模型，橢圓中包含了企業形象、顧客期望、感知品質、感知價值、顧客滿意度、顧客忠誠度這 6 個變數，這 6 個變數都是不可觀測或測量的變數，稱為**隱變數**或者**潛變數**（Latent Variable）。圖中的箭頭意味著因果關係，比如顧客期望有一條指向顧客滿意度的箭頭，表示顧客期望是顧客滿意度的原因。其中企業形象這個變數並沒有任何箭頭指向它，稱為**外生變數**（Exogenous Variable），其他 5 個變數都有箭頭指向，稱為**內生變數**（Endogenous Variable）。在具體操作中，每個潛變數都可以對應一些問卷中的問題，由於問題的答案對應著具體的評分，因此存在測量值，這些問題也被稱為**顯變數**（Manifest Variable）。這種綜合了潛變數和顯變數並假設路徑關係的模型稱為**結構方程式模型**（簡稱 SEM），也稱為**路徑模型**（Path Model）[4]。

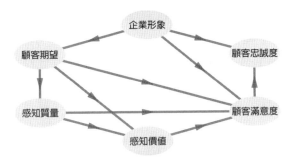

圖 4.6　歐洲滿意度模型框架

路徑模型通常使用偏最小平方法（簡稱 PLS）和共變異數方法求解。其中常用的共變異數方法包含最大概似法（ML）、LISREL、AMOS 等，LISREL 和 AMOS 來自商務軟體。而 PLS 和 ML 方法在很多開源工具中都有現成的解決方案，比如圖 4.7 所示的結果就來自開源的 R 語言中 PLS 方法的求解。

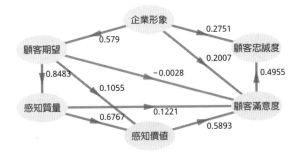

圖 4.7　結構模型路徑係數

我們假設了一批問卷的資料，使用圖 4.6 所示的 ECSI 模型進行擬合，其中最關鍵的結果是潛變數之間的路徑係數，如圖 4.7 所示。如果係數為負，說明有負向的影響，圖中顧客期望到顧客滿意度的係數為 -0.0028，說明顧客的期望越高傾向於滿意度越低。係數的絕對值越大說明影響的強度越大，比如顧客期望到感知品質的係數達到了 0.8483，說明期望越高會導致感知品質的評價明顯要高。

在示例的資料裡，每個潛變數都會對應一些顯變數（實際上是問卷中的問題得分），比如企業形象對應 imag1 到 image5 這 5 個變數，顧客滿意度對應 sat1 到 sat4 這 4 個變數。我們把潛變數之間的模型稱為結構模型，如圖 4.7 所示，潛變數和顯變數之間的模型稱為測量模型，如圖 4.8 和圖 4.9 所示。

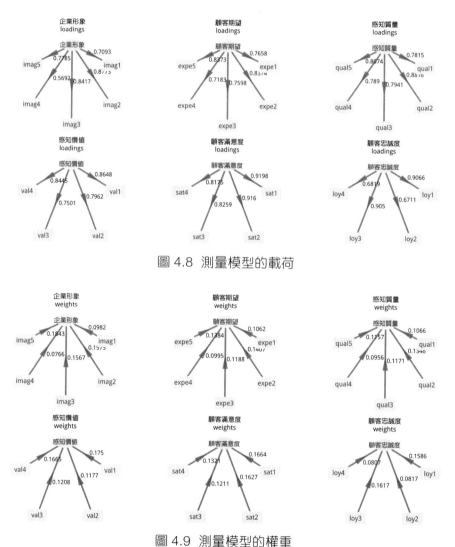

圖 4.8 測量模型的載荷

圖 4.9 測量模型的權重

測量模型可以得到兩套係數，分別是載荷和權重，其中載荷為顯變數用潛變數表示時的係數，權重為潛變數用顯變數表示時的係數。我們從圖中的箭頭方向也能看出其中的關係。係數的大小也衡量了關係的強弱，越大的說明影響越強。

路徑模型和迴歸模型不同，並不是一種探索性方法，無法利用路徑模型來發現一個更適合的模型，只能假設存在某種關係之後用資料來擬合。這是一種驗證性的方法，其基本想法是根據想像、已有假說或已有經驗，事先構造一個模型，先畫路徑圖並寫出關係，然後搜集資料，再用該模型來擬合，計算路徑的係數，從而利用最後的結果進行解釋。

需要注意的是，很多大數據領域的研究者常常質疑路徑模型，認為其假設太多而又沒有什麼檢定的手段。事實上確實也存在很多濫用路徑模型的情況，但不能認為這套方法就過時了。實際上在很多社會科學領域，結構方程式都有著非常廣泛的應用，當然一部分原因在於這些領域的資料通常很難獲得，沒有那麼多「大數據」可用，通常只能借助於問卷來調查資料，更重要的是在這些領域，存在很多結論性的研究，而且有很多因果關係可以通過質性研究來進行，這樣的話，基於已有的理論構造路徑模型是順理成章的事情，如果使用得當，可以發揮很大的作用。

4.1.4 股票的走勢

自股票交易誕生以來，很多人就對其樂此不疲，從當年華爾街的瘋狂到如今中國的大量股民，嘗試了各種各樣的方法，試圖破解股票價格變動的規律。無論是早期的資訊理論和行為經濟學，還是如今的量化投資和演算法交易，都帶動了理論和技術的進步。但也有很多技術分析的方法一直流傳，有些甚至非常玄學。當然價值投資一直為人稱道，在深入瞭解公司內涵後做出的決定自然理性。無論哪種方法，目的都是一個，就是希望能預測準股票的走勢，在股市中賺更多的錢。

我們選取一檔股票的資料，看看它與其他的資料有什麼不同。圖 4.10 顯示了貴州茅台（股票代碼 600519.SH）這一檔股票在 2008 年 1 月到 2018 年 1 月這 10 年間的開盤價。一共 2436 條資料，包含了所有交易日的資料。我們可以看到這是一條不斷波動並在後半段持續增長的曲線。

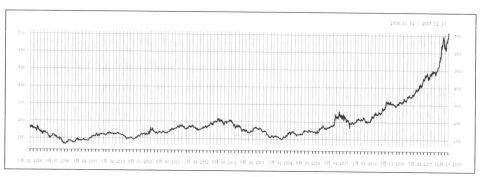

圖 4.10 茅台股價走勢

這種資料是一個序列，可以用一個變數來表示，但是資料的每一個取值對應一個時間點，這和我們通常研究的隨機變數是不同的。在「2.3.4 小節」中我們介紹了設計矩陣這一資料結構，每一列資料可以看作是一個變數（有時是隨機變數）的觀測值或者測量值，對應一個樣本點。但這種股票的資料在每一個時間點上可能都對應一個隨機變數，這就是我們在「2.2.4 小節」中討論的**隨機過程**，更具體地說，就是**時間序列**。

對於時間序列資料，如果趨勢的變化太大，我們通常會對其進行差分處理，也就是將相鄰的兩個數值相減以得到新的序列。差分後的序列描述了原始序列的變化幅度，如圖 4.11 所示。可以看到，差分序列基本在一個範圍內上下擺動，大於零或者小於零的時候差不多。同時我們也可以發現，在不同的時間點波動的幅度有差異，有時波動很小，有時波動很大，甚至波動的聚集程度也不同，有時波動很緊密，有時很稀疏。這些

都是時間序列的特徵，針對這些特徵可以使用很多不同的分析方法，這裡不進行詳述，感興趣的話可以參考專門的時間序列書籍。

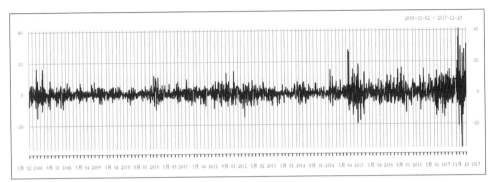

圖 4.11 茅台股價差分

我們的原始資料是按天記錄的，這樣的時間序列稱為日資料。如果按月匯總，就得到月資料。同理，按季度匯總的資料稱為季資料，按年匯總的資料稱為年資料。我們把茅台股票的日資料按月份取平均數，就得到了股價的月資料，如圖 4.12 所示。可以看到圖形的大概趨勢和原圖是一致的，只是資料點變少，看上去更加平滑一些。

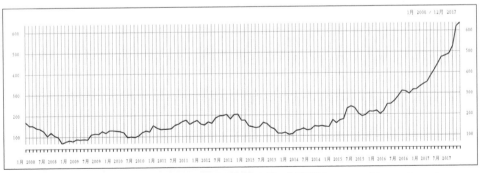

圖 4.12 茅台股價走勢（按月）

時間序列分析最簡單的方法是進行分解，圖 4.13 就顯示了一個分解的結果。對於原始的時間序列（observed），我們可以看到有一個向上的增長趨勢，這就是時間序列中的趨勢項（trend），可以類比為某個確定性的函數。此外，我們還能發現原始序列有一個上下擺動的特徵，對於這種變化，可以將其分解成兩個原因：其一是完全隨機的擾動，稱為隨機項（random）；另一種是週期性的變化趨勢。拿二氧化碳的例子來說，不同的季節會有差異，對於這種特定的時間週期造成的數值的波動，我們稱之為季節擾動，也就是季節項（seasonal）。

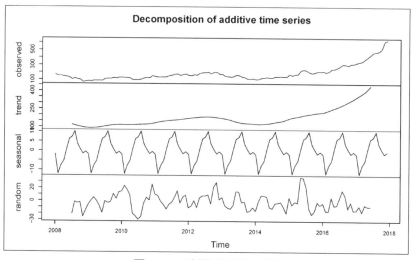

圖 4.13 時間序列的分解

對於茅台酒的股票資料來說，經過時間序列的分解後，我們可以看到一個前半段緩慢增長、2013 年短暫下跌、後半段飛速增長的趨勢，這和那些年白酒市場的變化是一致的。而每年都有一個比較固定的季節週期，這也和白酒這樣的消費品的特徵是對應的，通常受季節的影響較大，有一個明顯的週期律。剩下的隨機項可以認為是圍繞著零值上下擺動，雖然不像是常態分配，但也沒有明顯的規律，可以進行進一步的處理。

對時間序列的研究主要是建立模型進行預測，常見的方法有 ARIMA 模型，通過差分使時間序列平穩，然後綜合考慮自我迴歸和移動平均的模型，同時引入季節階數，建立模型後可以對未來的時間點數據進行預測[5]。在很多統計軟體和開源的工具中都包含了這種方法，可以直接使用。此外，常用的方法還有 X11 季節調整、金融行業常用的擅長處理波動性的 Garch 模型等，在實際的領域中都有著廣泛的應用。

4.2 機器學習

4.2.1 啤酒和尿布的傳說

很久以前，人們還處在談資訊爆炸和資料探勘的時代，就流傳著一個關於啤酒和尿布的故事。據說某連鎖大超市（傳說是沃爾瑪）通過資料探勘，發現啤酒和尿布的關聯性很強，買啤酒的通常伴隨買尿布。這有些出乎意料，但是事後細想，發現可能有很多年輕父親晚上帶孩子無聊會順便買一些啤酒。當然類似的解釋還有很多種，比如也有人說年輕父親被老婆使喚去買尿布時會順手買啤酒。不管解釋如何，故事最終的結果是商家把啤酒和尿布擺在一起，結果雙雙大賣。這個故事流傳甚廣，但是細心的人們考據這其實是一個都市傳說，因為可以追溯到最早的版本是作為段子發佈的，結果在流傳過程中被當真了。無論真相如何，啤酒和尿布的故事已經被寫入歷史，幾十年過去了，各種介紹資料探勘、大數據的場合都還不斷有人舉這個例子。

故事裡的資料探勘方法就是**購物籃分析**，是**關聯規則**[6]的一種。所謂關聯規則，就是從一系列事務（transactions）之中挖掘出項目（items）之間的關係。挖掘的演算法非常簡單，首先要瞭解以下幾個概念：

- 支援度（support），在所有的事務中，同時出現 A 和 B 的機率。
- 信賴度（confidence），在所有事務中，在出現 A 的情況下出現 B 的機率。
- 提升度（lift），兩項目同時出現的機率與各自出現機率乘積的比率，等於 1 表示彼此獨立，大於 1 表示傾向於同時出現，小於 1 表示互相阻礙。

關聯規則最常用的演算法是 **Apriori 演算法**，圖 4.14 顯示了這個演算法的實現過程。假設我們只有 4 筆交易（每一筆交易可以對應一張購物小票），編號為 1 的交易購買了 A、C、D 這 3 種產品，編號為 2 的交易購買了 B、C、E 這 3 種產品，編號為 3 的交易購買了 A、B、C、E 這 4 種產品，編號為 4 的交易購買了 B、E 這 2 種產品。

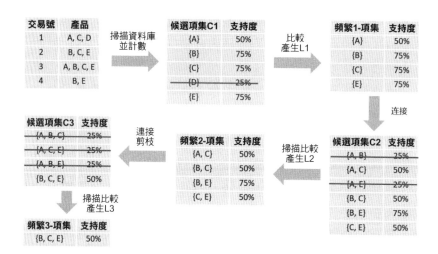

圖 4.14 Apriori 演算法

在開始演算法之前，我們要設定一個支援度的值，比如「不小於 50%」，這意味著在最終的規則中，每條規則包含的產品同時出現的機率都不低於 50%，這也意味著任意單個產品的機率不可能低於 50%。於是演算法

的第一步是先構造候選項集 C1，只包含 1 個產品，刪除所有支援度低於 50% 的。在圖 4.14 中我們可以看到，產品 D 的支援度只有 25%，所以被刪除了。然後在剩下的產品中兩兩組合，得到候選項集 C2，然後繼續刪除支持度低於 50% 的。如此不斷反覆運算，直到得到最長的組合或者刪除完所有支援度低於 50% 的，最終輸出所有滿足要求的規則。

很多資料探勘的軟體和開源工具中都包含關聯規則的演算法，圖 4.15 所示的是開源的 R 語言中使用內置資料集做的一個關聯規則的分析結果，可以看到在這個例子中一共輸出了 15 條規則。我們以第一條規則為例，說明同時買凝乳和優酪乳的人會傾向於買全脂牛奶，該規則的支援度約為 0.01，說明在所有的購物組合中，同時出現這 3 種產品的比例是 1%，該規則的信賴度約為 0.58，說明所有同時購買了凝乳和優酪乳的交易中，有 58% 的比例會購買全脂牛奶。從這個結論中我們可以清楚地知道這個規則所代表的含義，並結合實際的應用場景進行商業決策，比如把這三種商品擺在一起。

```
lhs                                      rhs                  support    confidence lift     count
{curd,yogurt}                         => {whole milk}         0.01006609 0.5823529  2.279125 99
{butter,other vegetables}             => {whole milk}         0.01148958 0.5736041  2.244885 113
{domestic eggs,other vegetables}      => {whole milk}         0.01230300 0.5525114  2.162336 121
{whipped/sour cream,yogurt}           => {whole milk}         0.01087951 0.5245098  2.052747 107
{other vegetables,whipped/sour cream} => {whole milk}         0.01464159 0.5070423  1.984385 144
{other vegetables,pip fruit}          => {whole milk}         0.01352313 0.5175097  2.025351 133
{citrus fruit,root vegetables}        => {other vegetables}   0.01037112 0.5862069  3.029608 102
{root vegetables,tropical fruit}      => {other vegetables}   0.01230300 0.5845411  3.020999 121
{root vegetables,tropical fruit}      => {whole milk}         0.01199797 0.5700483  2.230969 118
{tropical fruit,yogurt}               => {whole milk}         0.01514997 0.5173611  2.024770 149
{root vegetables,yogurt}              => {other vegetables}   0.01291307 0.5000000  2.584078 127
{root vegetables,yogurt}              => {whole milk}         0.01453991 0.5629921  2.203354 143
{rolls/buns,root vegetables}          => {other vegetables}   0.01220132 0.5020921  2.594890 120
{rolls/buns,root vegetables}          => {whole milk}         0.01270971 0.5230126  2.046888 125
{other vegetables,yogurt}             => {whole milk}         0.02226741 0.5128806  2.007235 219
```
圖 4.15 關聯規則的結果

同理，對於第 2 條規則我們可以發現，同時購買黃油和其他蔬菜的交易也傾向於購買全脂牛奶，其支持度比第 1 條規則略高，信賴度比第 1 條規則略低。我們在使用中會綜合評判不同的規則，有一些是我們根據經

驗也比較清楚的事實，有些是資料告訴我們的一些出乎意料的結果，顯然後者會更加有用，一旦發現規律通常可以帶來不少價值。比如之前啤酒和尿布的例子，如果它是真的，一定是一個很有用的規則，因為人們之前不會想到這種組合，一旦組合就能帶來更多的收益。

Apriori 演算法基於頻繁項集，從最少個數的項目一直搜索到包含比較多個數的項目，每次搜索都要掃描所有資料，性能較差。此外程式的空間複雜度也比較高，佔用計算資源較大，在大數據的場景下通常會用改進後的演算法。另一種很受歡迎的關聯規則演算法是 FP growth 演算法，它使用 FP-tree 的結構進行存儲，是一種壓縮資料的方法，基於樹狀結構進行搜索和剪枝，快速找到頻繁項集。不同的分析挖掘工具還會提供不同的演算法，但其中關於關聯規則想法的本質是類似的，關鍵還是要找對應用場景。

4.2.2 尋找「白富美」

人不止一面，每個人可能都有好多個標籤，對女孩子來說，能被打上「白富美」的標籤是一件很開心的事情。不過商家可能更開心，歷史經驗表明，「白富美」具有很強的購買力，她們可以幫商家帶來大量的利潤。於是，尋找「白富美」成了很多零售行業應用大數據的重要目標。這個工作在資料探勘時代通常稱為「用戶細分」，在互聯網時代通常稱為「打標籤」，也有說「千人千面」的，但本質上和尋找「白富美」是一個道理。

我們來看一個簡單的例子，假如每個用戶在一個購物網站留下了很多消費記錄，我們只統計其中兩個變量：平均每月消費次數和消費總金額。如果有 100 個用戶，我們光看這兩個變量的資料也大概能發現不同用戶之間的區別。只有兩個變量的話可以很容易地通過二維平面進行視覺化展現，如圖 4.16 所示，圖中的每一個點代表了一個用戶。所謂打標籤，

實際上就是通過資料的自身規律將其分成不同的類別,針對每一類的特徵進行總結。

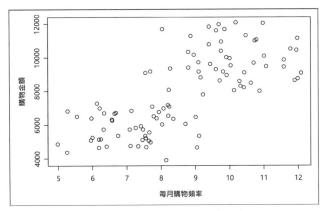

圖 4.16 購物頻率和購物金額

在這個例子中,我們一眼可以看出資料大概集中在兩個區域,分別是左下角和右上角。如果我們把資料分成兩類的話是比較合適的,而且根據集中的程度就可以大概分出來,這種處理方式就稱為**集群分析**(Cluster Analysis)。如果資料不止兩個變數,我們可能沒辦法用這麼直觀的方式展現出來;如果資料之間不存在這麼明顯的差異(圖中明顯的兩團資料),可能也不容易用肉眼來集群。這時就需要一套通用的科學方法。

目前應用最廣泛的集群方法是 K-Means **集群**,也稱為 K 均值集群。它的基本想法是先指定最終的類的個數 K,比如本例中希望聚成兩群,K 則為 2。先隨機取 K 個點作為初始的群中心或者說是重心,計算各樣本點與群中心的距離,距哪個群中心點更近就歸入哪一群。所有樣本歸群完成後,將每一群所有點的重心作為該群的新中心點,重複反覆運算這個過程直到群中心不再變化。K-Means 集群主要通過演算法反覆運算,很多統計軟體和分析工具中都包含這個方法,圖 4.17 所示的是 R 語言輸出的一個集群結果,其他工具的輸出可能在形式上有些差別,但道理是一樣的。

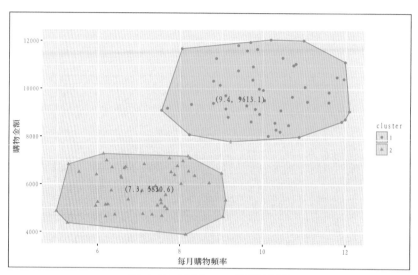

圖 4.17 K-Means 集群結果

從圖 4.17 中可以看出，所有的資料被分成了兩群，並且用圓形和三角形的點對不同的群做了區分。每一群的所有點用一個多邊形包圍起來，關鍵的輸出是中心點，我們可以看到圖中顯示了中心點的座標。第 1 類（圓形的點）的中心點表示每月購物頻率為 9.4 次、總購物金額為 9613.1 元，第 2 類（三角形的點）的中心點表示每月購物頻率為 7.3 次、總購物金額為 5830.6 元。我們可以很容易地發現這兩群的差別，第 1 群購買頻率相對較高、購買金額相對較大，而第 2 群購買頻率次相對較低、購買金額相對較小，可以給這兩群分別打標籤為「愛買的人」和「不愛買的人」。當然，這個標籤的名字可以隨意起，比如「剁手黨」和「有手人士」。

以上的例子雖然簡單，但實現了一個完整的集群過程。首先確定群別的個數 K，這個 K 可以根據經驗來設置，也可以嘗試不同的 K 值，最後根據結果的可解釋性來確定最終的 K。對某一個具體的 K，使用工具調用 K-Means 集群方法，然後查看集群後的每一群的中心點，根據中心點各

變量的數值來對該群進行理解，結合業務經驗起個名字，就完成了打標籤的過程。這樣，根據輸出結果中每個樣本點的群別編號，就能知道它們分別被打上了哪個標籤。

像 K-Means 集群這樣的方法隱含了一個假設，就是每個群都是簇狀的，這樣可以通過每個點到中心點的距離來集群。但是有時候資料之間的集中規律並不是簇狀的，比如圖 4.18 的左圖。兩群資料都是條狀，如果用 K-Means 集群後，會發現有一些邊緣的點被分到了錯誤的群中，圖中的實心點和空心點有些未能連在一起。這個時候就需要換其他的集群方法，比如基於密度的集群，最常見的是 DBSCAN 演算法，集群的結果如圖 4.18 的右圖所示，我們可以看到其結果與我們的預期一致。

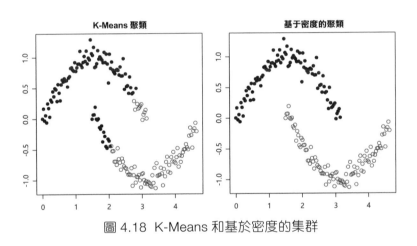

圖 4.18 K-Means 和基於密度的集群

以上的例子説明了集群分析是一種探索性的方法，不同的資料可能適用不同的方法。集群分析也是一種典型的機器學習方法，可以針對資料自動學習，不同的方法內在的模式不同，但有一個共同點就是並不需要資料中的任何標籤，純粹是自動學習出這個資料集上有用的結構性質，這種機器學習的方式也被稱為**無監督學習**（Unsupervised Learning）。集群分析和關聯規則都是典型的無監督學習方法，在業界有著廣泛的應用場景。

4.2.3 寧可錯殺與絕不放過

戰爭時期流傳著一句話「寧可錯殺一千，也不放過一個」。在戰亂時期，反動派心狠手辣，強調「不放過」，但在和平時期，執法機關抓捕犯罪嫌疑人時講究的是「不錯殺」。無論是抓什麼人，實際上都是一個分類問題，而「不錯殺」和「不放過」都可以認為是評價指標，評價指標不同，在實際操作中就可能得到不同的分類結果。

在「4.2.2 小節：尋找‘白富美’」的圖 4.16 中我們舉了一個集群分析的例子，根據 100 個點的變數值可以把資料分成兩群，在集群之前這兩群是怎樣的我們並不知道。假如這 100 個樣本點包含了一個分類變數，事先指明了每個點的類別，如圖 4.19 所示，用實心圓點和空心圓點表示兩個不同的類別，我們需要學習一個模型，用來判斷圖中問號屬於哪一類，這就是**分類**（Classification）問題。這類問題中事先存在一個類別標籤，模型和演算法學習這個標籤後進行預測，這被稱為**有監督學習**（Supervised Learning），迴歸和分類都是典型的有監督學習方法。

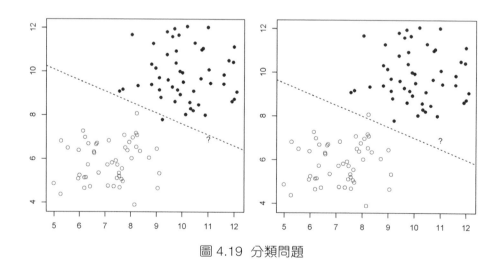

圖 4.19 分類問題

分類模型的形式有很多種，其中最簡單的模型是一條直線（對應 LDA 方法），在圖 4.19 中用虛線表示，不同的線對應不同的參數，比如左圖和右圖就是兩個不同的 LDA 模型。虛線通過學習樣本點，把平面分成兩部分，可以發現，虛線的右上部分代表實心點類，左下部分代表空心點類。在左圖中，問號在虛線下方，說明該點被分在了空心點類，這個分類的過程就是預測。由於模型不同，同一個點可能會被分到不同的類，在右圖中問號代表的點就被分到了實心點類。

分類模型除了預測新的點以外，還可以預測已有的點，比如在左圖中，所有虛線下方的點都被這個模型預測成空心點。有一個實心點也被包含在這個半平面中，代表被預測錯了，所有虛線上方的點都會被該模型預測成實心點，都預測對了。同理，在右圖中，有一個空心點被錯誤地預測成了實心點，而所有實心點都預測對了。對於分類問題，我們可以用比較預測值和真實值的方式來評價模型的好壞，如圖 4.20 所示。

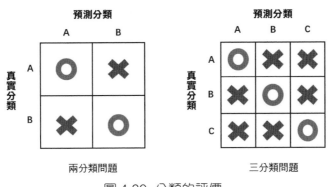

圖 4.20 分類的評價

圖 4.20 的左圖描述了一個二分類問題，假設資料包含 A 和 B 兩類，每一個資料都可能被預測成 A 或者 B，我們把真實值和預測值做一個列聯表，真實值和預測值匹配的用圓圈表示，不匹配的用叉號表示。可以看到存在 4 種不同的情況：把 A 預測成 A、把 A 預測成 B、把 B 預測成

A、把 B 預測成 B。右圖是一個三分類問題，我們發現一共有 9 種情況，只有 3 種情況下預測正確，其他 6 種情況都表示預測錯誤。如果類別大於 3，各種組合方式將會更加麻煩，在實際的操作中，可以把多分類問題轉化成二分類問題。比如對於包含 A、B、C 的三分類問題，我們可以將其轉換成是否為 A、是否為 B、是否為 C 這三個二分類問題，不失一般性，我們後面統一以二分類的情況為例，實際上可以解決多分類問題。

在二分類問題中，把 A 預測成 B 和把 B 預測成 A 都算作預測錯了，但是在實際的使用中代價是不同的。比如銀行要預測申請信用卡的人是好人還是壞人，如果錯誤地把好人預測成壞人，代價是損失了一個客戶，可能每年少賺 100 元的年費。但如果錯誤地把壞人預測成好人，代價可能是違約不還款，損失 1 萬元的資金。在大部分的分類應用中，人們感興趣的方向可能不同，我們通常把感興趣的類別稱為陽性（Positive），不感興趣的類別稱為陰性（Negative），注意此處的陽性和陰性不涉及價值判斷，只是一種標記形式，如果不確定哪個類別更感興趣，任意指定一個為陽性也沒關係。

如果兩個類別一個為陽性一個為陰性，那麼真實值和預測值之間數目的列聯表可以對應一個矩陣，稱為**混淆矩陣**（Confusion Matrix），其中的 4 個值對應著專門的術語。

- 真陽性（TP）：把陽性樣本正確地分類成陽性。
- 真陰性（TN）：把陰性樣本正確地分類成陰性。
- 假陽性（FP）：把陰性樣本錯誤地分類成陽性。
- 假陰性（FN）：把陽性樣本錯誤地分類成陰性。

針對這 4 種情況，我們可以構造出一系列評價指標來判斷分類結果的好壞。

■ **準確度（Accurary）**

表示真陽性和真陰性的數目除以所有預測值的個數，計算公式為：(真陽性 + 真陰性) / 總數。

■ **錯誤率（Error Rate）**

表示不正確分類的比例，等於 1 減去準確度。

■ **精度（Precision）**

也稱為查準率，表示真陽性在所有預測為陽性例子中的比例，計算公式為：真陽性 / (真陽性 + 假陽性)。

■ **召回（Recall）**

也稱為查全率，表示真陽性與陽性總數的比例，計算公式為：真陽性 / (真陽性 + 假陰性)。

■ **靈敏度（Sensitivity）**

也稱為真陽性比率，度量了陽性樣本被正確分類的比例，和召回的含義相同，計算公式為：真陽性 / (真陽性 + 假陰性)。

■ **特異性（Specificity）**

也稱為真陰性比率，度量了陰性樣本被正確分類的比例，計算公式為：真陰性 / (真陰性 + 假陽性)。

在這些指標中，準確度 (或者錯誤率) 最常用，但無法衡量不同錯誤類型的代價，因此在實際的使用中通常與精度和召回、靈敏度和特異性這兩對指標結合使用。

精度和**召回**通常用在搜索領域，如果我們想在網路上搜索某個問題，精度高説明在搜索出來的結果中我們真正想要的內容的比例很高，並不要求搜索出來的內容的多寡，也意味著不要錯誤地抓到不想抓的內容，代

表著「不錯殺」。而召回強調的是搜索出來的內容中要盡可能全地覆蓋想要的內容,而不管隨之而來的其他內容有多少,也意味著不管錯誤地抓到多少不滿足要求的內容,也要盡可能地查全,代表著「不放過」。很多時候精度和召回難以得兼,需要根據實際的場景來決定偏向哪一方。

靈敏度和**特異性**通常用在醫療領域,靈敏度實際上就是召回,代表不放過任何疾病,比較適合用來篩查,但凡有些許懷疑就報警,顯得很靈敏。特異性剛好相反,傾向於不把沒病的誤報,比較適合用來診斷,因為在醫療領域,如果沒把握的話最好的辦法是隨訪,而不是過度治療。這一對指標有時候會被組合在一起構成 ROC 曲線,用來比較兩個模型的差異。

使用混淆矩陣加上各種評價指標可以很清楚地對模型的預測能力進行評估,但是這種用歷史資料來檢定預測結果的方式存在一些問題,主要是難以避免**過擬合**(Overfit)。這就相當於用課堂上的例題來考試,總是可以得到好的成績。目前常用的擴展方法是多重(通常是 10 重)交叉驗證[7]。我們可以將資料隨機分成 10 組,第一次用 1 到 9 組建模,用第 10 組驗證,第二次用 2 到 10 組建模,用第 1 組驗證,然後依次輪換,迴圈 10 次。綜合查看這 10 次的結果來驗證模型的效果,可以避免過擬合的問題。

4.2.4 樹木與森林

在機器學習中,大部分的方法都是分類方法,這些方法的形式各異,擅長的領域也不同。除了我們在「4.2.3 小節」中提到的 LDA 模型以外,還有很多完全不同的方法。比如可以用一種類似樹的結構來處理各種分支的情況,還可以把很多棵樹聚集在一起構造一片森林,給每棵樹一個投票權,通過少數服從多數的方法來分類。這些看似神奇的方法都可以用電腦演算法來實現,說明我們更好地處理分類問題。

Mitchell 在其著作 Machine Learning[8] 中對機器學習定義如下：對於某類任務 T 和性能度量 P，一個電腦程式被認為可以從經驗 E 中學習是指，通過經驗 E 改進後，它在任務 T 上由性能度量 P 衡量的性能有所提升。其中任務 T 是指機器學習系統應該如何處理樣本，包括分類、迴歸、集群、異常檢測等。為了評估機器學習演算法的能力，我們必須設計其性能的定量度量，通常性能度量 P 是特定於系統執行的任務 T 而言的，例如分類任務，可以使用準確率（Accuracy）進行度量。機器學習中的經驗 E 通常是指從資料集中獲取的經驗，根據學習過程中的不同經驗，機器學習演算法可以大致分類為無監督（Unsupervised）演算法和有監督（Supervised）演算法。

在整個機器學習的框架中，最常見的資料結構是「2.3.4 小節」中介紹過的設計矩陣，這和迴歸分析中的資料結構類似。實際上，根據以上定義，迴歸分析也是一種機器學習方法。雖然迴歸分析通常包含在經典的統計理論中，但是同樣也被納入現代的機器學習框架中。很多經典的機器學習方法都是統計方法，有時候這一類機器學習也被稱為**統計學習**。但是這一章我們主要從機器學習的角度來介紹各種方法，其中很重要的一點就是採用「4.2.3 小節」中介紹的方式來度量結果的好壞。在這個意義上，如果我們不關注具體的方法內涵，分析的流程是完全一樣的，尤其是分類問題，從輸入輸出到驗證方式都是一個套路。以下我們簡單介紹幾種常用的分類方法，在不同的分析工具中它們的操作方式幾乎一樣。

◪ 邏輯斯迴歸

在經典的線性迴歸理論框架下，需要因變數是連續變數，而且變異項要服從常態分配。如果因變數是分類變數，線性迴歸就不再適用了。對於二分類變數的問題，我們可以使用邏輯斯（Logistic）迴歸模型來分析處理。**Logistic 迴歸**屬於廣義線性模型一類，應變數為二元分類資料，變異

項的分配服從二項分配。應變數期望值的函數（連接函數）與預測變數
之間的關係為線性關係。和線性迴歸一樣，Logistic 迴歸模型的應變數為
各影響因素的線性組合，而因變數設為某事件發生的機率。但是機率的
值域範圍是從 0 到 1，所以需要對應變數線性組合施加一個函數變換，使
該值域限制在 0 到 1 之間。這個函數稱為連接函數：

$$p = \frac{1}{1 + e^{-(b_0 + b_1 \cdot X)}}$$ (4.2.1)

由於函數 $f(x) = 1/(1 + e^{-x})$ 也被稱為邏輯斯函數，所以這種形式的迴歸也被
稱為邏輯斯迴歸。邏輯斯函數保證了因變數的取值範圍在 0 到 1 之間。
因為它本身是一個非線性函數，所以模型的係數解釋起來並不方便。如
果將兩邊進行對數變換後進行變形可以得到如下方程式 ::

$$\log(p/(1-p)) = b_0 + b_1 \cdot X$$ (4.2.2)

在方程式 4.2.2 中，p 為事件發生的機率，$1-p$ 為事件不發生的機率，其
比值稱為事件發生比，又稱為優勢比（Odds）。這樣轉換之後可以將其看
作一個線性迴歸方程式，迴歸係數可以解釋為對數優勢比的貢獻。經過
轉換之後，求解的問題就變成了線性迴歸的問題，「4.1.1 小節」中提供了
求解的方法。

邏輯斯迴歸的計算性能很好，在業界使用得非常廣泛，而且和其他機器
學習演算法不同的地方在於它的統計性能和可解釋性也非常好。模型的
應變數之間假設了線性關係，因此迴歸係數可以理解成權重，應用到具
體的業務中時非常方便。

◪ 決策樹

決策樹（Decision Tree）是另一種常用的分類模型，也非常容易理解。我
們先來看一個訓練好的決策樹模型，如圖 4.21 所示，資料來自泰坦尼克

號的倖存者列表。因變數 survived 有兩個取值「生」和「死」，應變數包含性別（sex）、年齡（age）和艙位（pclass），年齡是連續變數，性別和艙位是分類變數。

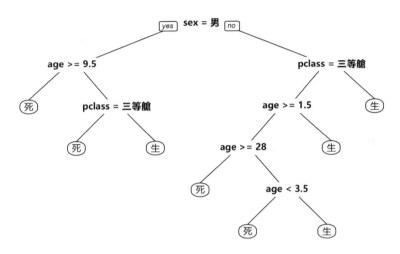

圖 4.21　決策樹示例

這個模型可以很好地描述性別、年齡、艙位和是否倖存之間的關係，這棵樹存在很多分支的節點，每個節點都是一個邏輯判斷，如果為真（yes）則朝左走，為假（no）則朝右走。比如一個乘客如果為男性，則朝左到下一個分支，如果年齡大於 9.5 歲，那麼直接走向一個葉節點「死」，也就是說，這一類乘客的死亡機率比較大。如果年齡小於等於 9.5 歲，那麼如果艙位是三等艙，也是很大機率死亡，而更高艙位的話很可能倖存。這就是對決策樹的解讀。

如果不依賴任何資料，我們也有辦法構建一棵類似的規則樹，比如完全根據已有的經驗或者固有的知識來制定規則和邏輯上的分支，這樣的樹也能用來分類，但這樣得到的樹並不是決策樹。事實上，在早期的人工智慧領域，有一類專家系統就是這個想法，由人類專家來制定規則並通過

演算法構造複雜的樹,幫助人們來進行決策。這個想法和決策樹是相反的,決策樹的關鍵是基於訓練集的資料,來學習歷史資料中的標籤(比如泰坦尼克號上的乘客是生是死),使用某種劃分屬性的方法,遞迴地建立樹模型。這棵樹的建立完全依賴於資料,這也是機器學習的特點所在。

演算法中最關鍵的步驟是選擇最優的劃分屬性,常用的方法有「資訊增益」、「增益率」、「基尼指數」等。Breiman 提出的 CART 是最常用的決策樹模型之一,使用基尼指數來選擇劃分屬性。Quinlan 基於資訊增益準則提出了 ID3 演算法,掀起了決策樹研究的熱潮,其他研究者很快創造了 ID4、ID5 等演算法,Quinlan 將後續自己的演算法命名為 C4.0,之後的修改版 C4.5 成為最熱門的演算法之一(Weka 中的實現稱為 J4.8),後續的商業化版本稱為 C5.0。

這些不同版本的決策樹模型都可以通過一些商務軟體或者開源工具來實現,在使用的過程中無須深入到演算法的細節,只需整理好資料,確定因變數和應變數,其他的問題交給決策樹模型處理即可。

📖 隨機森林

決策樹的演算法性能很好,非常簡單,在業界有著非常廣泛的應用,但是也存在一些缺點。比如學習過程不穩定,容易受隨機誤差影響,訓練資料的一點點誤差都有可能構造出完全不同的決策樹。

決策樹的這種特性比較像真實世界中的普通人,每個人的背景和經歷都不同,對事情的看法可能差別很大,但是如果需要對一個問題進行決策時,一種有效的方法是投票,採用少數服從多數的原則進行判斷。在機器學習中也借鑒了這個想法,有時候把多個學習器(模型)整合起來構成一個混合模型,這種方法稱為**集成學習**(Ensemble Learning),**隨機森林**(Random Forest)就是集成學習的典型代表。

隨機森林是一個包含多個決策樹的分類器，並且其輸出的類別由個別樹輸出的類別的眾數而定。在實際的操作中，對 N 個樣本有放回地隨機抽取 N 個、對 M 個特徵隨機採樣 m 個（ $m << M$ ）。對每一種情況都建立一個決策樹模型。最後分類時綜合多個決策樹進行投票，以票數多的結果為準。

隨機森林演算法的關鍵是如何抽取使得構造出的決策樹之間的相關性儘量小，需要人工指定的參數非常少，使用起來非常方便。尤其是在樣本量不大時分類的效果通常非常好，因此也非常受歡迎。唯一的缺點可能是運算速度稍慢，因為一座森林包含了很多棵樹，相當於運行了大量的決策樹演算法，比較耗資源。不過工程上可以使用並行的方式對演算法進行處理，可減少運算的時間，這樣使用起來就更加方便了。

▨ 支持向量機

對於圖 22 左圖所示的分類問題，實心的圓點和空心的圓點已經被分成了兩類，我們需要建立一個模型來學習這種分類方式，說明我們把其他的資料也順利分類。一個直觀的方法是插入一條線，對應著 LDA 方法。但是我們也可以插入一塊木板，如圖中的兩條虛線所示。假設這塊木板可以任何改變寬度，遇到點的時候就卡住了，那麼把木板插到兩類的中間區域時可以任意改變角度，當處於某種角度時木板最寬，我們有理由認為此時的分類效果最好。這個「木板」的邊緣也稱為支持向量，因此這個想法的分類方法也稱為**支持向量機**（Support Vector Machine，簡稱 SVM）。

如果兩類資料之間不存在間隔，也就是說無論如何都沒辦法插入一塊木板能完全地分隔開兩類，我們可以設置一個懲罰函數，允許某些點被分錯（也就是說不干擾木板的縮放）。在計算時給一個懲罰值，可以一定程度地解決無法分隔的問題。配合這種方式，SVM 方法最精髓的地方在於

創造性地用核函數解決了這個問題。

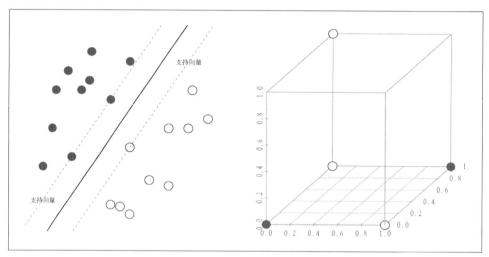

圖 4.22　支持向量機簡介

讓我們看圖 4.22 右圖所示的例子，假設 4 個點位於立方體的底面 4 個角，包含兩個實心點和兩個空心點，假設我們要用支持向量機將其分類，無論如何是沒有辦法插入一塊木板的。這類問題也稱為線性不可分問題。但是假如我們把左上方那個空心點移動到立方體的頂面，這樣這 4 個點由之前的位於同一個二維平面變成了位於一個三維空間，此時我們斜著插入一塊板子就能將兩類分開。通過這種升維的方式，點變得稀疏了，容易插入超平面的「木板」，因此分類就更容易了。

這種「升維」的方式在演算法中並不是真正的升維，而是通過核函數來實現 [9] 的，具體的細節在這裡不詳述，感興趣的讀者可以參考專門的 SVM 演算法的資料。在實際使用中，可以選擇一些開源工具裡的 SVM 函數對資料進行分類。SVM 模型的數學背景非常深厚，運算性能也很好，如果能深入理解其中的核函數的話，可擴展的能力非常強，無論是學術界還是業界都有著非常廣泛的應用，也是大數據時代最經典的演算法之一。

4.3 人工智慧

4.3.1 人工智慧的三起兩落

自從 2016 年 AlphaGo 在圍棋領域戰勝人類頂尖高手李世石之後，人工智慧又激發了整個社會激動的狂潮。其實在歷史上人類對人工智慧的狂熱發生過很多次，有一個流傳很廣的說法是「三起兩落」。但是這次明顯不同，因為機器第一次沒有通過計算能力而是通過強大的學習能力戰勝了人類。很多人都期待著機器能真正產生智慧的這一天早日到來，這也是幾十年來很多人工智慧研究者的夢想。

人工智慧是電腦科學中涉及研究、設計和應用智慧型機器的一個分支。它的主要目標包括研究用機器來模仿和執行人腦的某些智慧功能，並開發相關理論和技術。關於人工智慧的邊界目前沒有一個定論，但通常認為人工智慧是智慧型機器所執行的與人類智慧有關的功能，比如判斷、推理、證明、識別、感知、理解、設計、思考、規劃、學習和問題求解等思維活動。

人工智慧在發展的過程中並不是一片祥和，光是想法方面就產生了三個主要的派別。符號主義認為人工智慧源於數理邏輯，人類智慧的基本單元是符號，認知過程就是符號運算。聯結主義認為人工智慧源於仿生學，人類智慧的基本單元是神經元，認知過程是由神經網路構成的。行為主義認為人工智慧源於控制論，智慧取決於感知和行為，不同的行為表現出不同的控制結構。不同的派別在不同時期佔據了主流的位置，今天人工智慧的成功主要靠深度學習加大數據，可以認為是聯結主義獲勝了。

在取得今天如此的成就之前，人工智慧的發展更不是一片坦途。現在業界流行一個說法——人工智慧經歷了「三起兩落」，可以很好地概括人工智慧這些年的發展軌跡，圖 4.23 是對這段歷史的一個簡要描述。

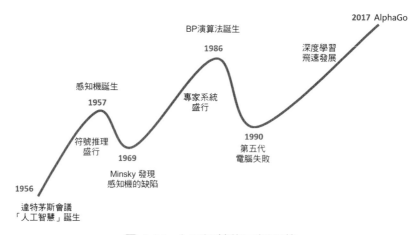

圖 4.23　人工智慧的三起兩落

追溯歷史的話，1940 年，控制論之父維納研究電腦如何像大腦一樣工作，1950 年，圖靈提出了著名的「圖靈測試」，他也被稱為人工智慧之父，這些都算是人工智慧的萌芽。但直到 1956 年，在達特茅斯大學的會議上正式使用了**人工智慧**（Artificial Intelligence）這個術語，才宣告了這個學科的誕生，1956 年也被稱為「人工智慧元年」。2016 年 AlphaGo 戰勝李世石時正好過了 60 年，很多人都感歎一個甲子的艱辛。

人工智慧誕生初期，電腦的各項能力都不強，當時的主要方向是符號推理，那時的人們認為智慧應該產生於邏輯推理，通過演繹的方式實現更複雜的智慧，如果機器能夠證明和推理的話，就會變得越來越聰明。1957 年，人類用演算法類比了神經元細胞，出現了**感知機**模型[2]，可以自

2　在「4.3.3 小節」中我們會進行詳細的介紹。

動學習「或」、「和」這樣的邏輯運算,很快迎來了 AI 發展史上的第一個高峰。但是多年過去了並沒有什麼突破,尤其是 1969 年 Minsky 全面地論述了感知機的缺陷並錯誤證明了**神經網路**的運算性能後,把人工智慧帶到了第一個低谷。

從 20 世紀 70 年代開始,電腦變得越來越快,專家系統開始流行,也產生了很多振奮人心的成就。但傳統的專家系統主要使用基於規則的方法,還是強調數理邏輯和演繹思維,而不是從大數據中歸納出智慧。不過 1986 年時,Hinton 提出了 BP 演算法,糾正了 Minsky 關於神經網路演算法的錯誤判斷,使得神經網路方法又流行起來。基於演繹的專家系統和基於歸納的神經網路交相輝映,把人工智慧推向了第二個高峰。20 世紀 80 年代日本提出了「第五代電腦研製計畫」,希望能通過人工智慧一舉完成對美國的追趕,甚至宣稱賭上國運,引起了業界的投資熱潮,可惜選錯了方向,沒有賭贏,以慘敗告終,帶來了人工智慧的第二次低谷。

進入新世紀後,電腦的能力變得越來越強,資訊爆炸也帶來了更多的資料,神經網路技術得到了長足發展,隨著計算能力的進一步提升,人們可以處理更複雜、更深層的神經網路,於是神經網路進化成**深度學習**,一直發展到今天,形成了第三次的「起」,而且這個上升趨勢一直沒有結束,很多人覺得這次不會再「落」了。未來如何,值得期待。

4.3.2 深度學習的前生今世

這幾年人工智慧的火熱給人類的未來帶來了無窮的想像空間,也催生了很多高科技公司的創立和走向成功。無論是圖像識別還是自動駕駛領域,都有了突破性的進展。而且整個人工智慧技術領域也變得空前團結,就是深度學習加大數據的路線。其實深度學習最早可以追溯到神經網路模型,這幾十年來走了很多彎路,但終於在新世紀裡獲得了巨大的成功。

目前人工智慧的主要技術是**深度學習**，是神經網路模型的延伸。嚴格來說，深度學習是機器學習的一種，而且是一種分類方法，和決策樹、支持向量機這些方法處理的事情是一樣的。不過因為其結構類比了人的神經系統，在很多認知問題上有著非常好的效果，並且能夠很容易地在 GPU 上實現平行計算，所以經常被單獨拿出來當作一個大的分析門類。

關於深度學習和人工智慧的關係，圖 24[10] 提供了一個直觀的描述。人工智慧方法包括機器學習和其他方法，比如專家系統，在 20 世紀 70 年代甚至是人工智慧的主流。但隨著人類進入大數據時代，基於歸納的機器學習方法逐漸成了主流。機器學習中包含了特徵學習和非特徵學習，我們之前介紹的大部分演算法比如邏輯斯迴歸、決策樹等都是非特徵學習，需要篩選並指定特徵，然後建立模型。所謂特徵學習是指方法可以自動學習特徵並進行篩選，只需將所有的特徵輸入即可。在特徵學習中又包含深度學習和淺度學習，像這種多層的神經網路就是深度學習。

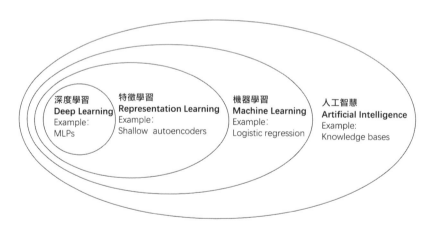

圖 4.24　深度學習和機器學習

深度學習的歷史可以追溯到 1943 年，心理學家 Warren McCulloch 和數理邏輯學家 Walter Pitts 在分析、總結神經元基本特性的基礎上首次提出神

經元的數學模型（也稱為 M-P 神經元模型）。他們兩人可稱為人工神經網路研究的先驅。

1957 年，康乃爾大學教授 Frank Rosenblatt 提出的「感知機」模型，第一次用演算法來精確定義神經網路，也是第一個具有自組織自學習能力的數學模型，是日後許多新的神經網路模型的始祖。

1969 年，Marvin Minsky 和 Seymour Papert 出版了《感知機：計算幾何簡介》[11]，該書指出了神經網路技術的局限性。一個重要的理由在於傳統的感知機用「梯度下降」的演算法糾錯時，耗費的計算量和神經元數目的平方成正比。這造成了神經網路研究的停滯，造成了一個低谷。

1986 年，Hinton 和 David Rumelhart 合作在《自然》雜誌上發表論文，Learning Representations by Back-propagating errors[12]，第一次系統簡潔地闡述了反向傳播演算法在神經網路模型中的應用。該演算法把運算量下降到只和神經元數目本身成正比，也糾正了 Minsky 的錯誤，使得神經網路的研究重回正軌。

1989 年，Yann Lecun 發表了論文《反向傳播演算法在手寫郵遞區號上的應用》[13]，其利用美國郵政提供的手寫數位的資料，錯誤率只有 5%。此外，他還運用旋積神經網路（CNN）的技術開發出商務軟體用於讀取銀行支票上的手寫數位。在學術和商業上都取得了巨大的成功。不過很快，由於 SVM（支援向量機）技術的進步，1998 年時人們用 SVM 做手寫郵遞區號的識別可以把錯誤率降到 0.8%，遠遠超過同期神經網路技術的表現，佔據了業界主流地位。關於神經網路的研究又陷入了低潮。

2004 年，CIFAR 開始提供基金資助 Hinton 等人關於神經網路的研究。神經網路一詞也逐漸被「深度學習」替代。2006 年，Hinton 發表論文 A Fast Learning Algorithm for Deep Belief Nets[14]。該論文提到，6 萬個手寫

數位資料庫的圖像經過訓練後，對於 1 萬個測試圖像的識別錯誤率降到了 1.25%。深度學習在圖像識別領域的優勢逐漸體現出來。

2007 年，NVIDIA 推出 GPU 介面 CUDA，極大地降低了計算成本。2009 年，斯坦福大學的 Rajat Raina 和吳恩達合作發表論文《用 GPU 大規模無監督深度學習》[15]。論文顯示，用 GPU 進行深度學習可以極大地提升速度。

2012 年，Hinton 團隊使用深度學習技術在 ImageNet[3] 上獲得了巨大的成功，深度學習技術開始成為熱門。

2015 年，基於深度學習的 AlphaGo 第一次戰勝了圍棋職業選手樊麾，2016 年戰勝了上一代頂尖棋手李世石，2017 年戰勝了世界第一人柯潔。從此拉開了人工智慧火熱的序幕。

4.3.3 神秘的神經

西班牙科學家卡哈爾（Cajal）在 1906 年獲得了諾貝爾生理學或醫學獎。他在義大利科學家高爾基的神經染色法的基礎上，完成了數百幅美觀、細緻的神經解剖學繪圖，並且對神經結構功能進行了深入的理解和分析，確定了很多重要的規律，被譽為「現代神經科學之父」。一百多年來，人們對 860 億個神經元構成的神經系統的瞭解越來越深，也嘗試通過演算法來類比人類的神經系統從而產生智慧。

神經網路模型通過模仿人類神經的結構而實現，其中並無多深的數學原理，但是當神經的數目達到一定程度、網路的層數深到一定程度的時候，

3　ImageNet 是一個電腦視覺系統識別專案名稱，是目前世界上圖像識別最大的資料庫，是美國史丹福大學的電腦科學家類比人類的識別系統建立的。

在一些分類問題中就會有奇效，這是一件非常神奇的事情。讓我們先從人類的神經結構入手。圖 4.25 所示的是人類神經元細胞的示意圖。神經元首先通過樹突接收外界或者其他神經元傳來的信號，然後由細胞體進行處理（匯總），如果總的刺激超過了某個閾值則通過軸突向外輸出。樹突可以有多個，軸突只有一個。接受皮膚、肌肉等刺激的稱為傳入神經元，傳出到肌肉、腺體的稱為傳出神經元。

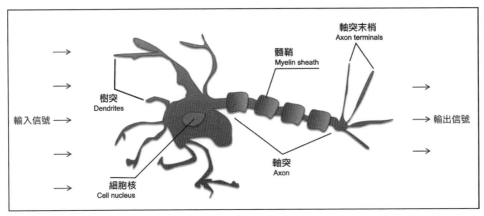

圖 4.25　神經元細胞

根據這種結構，我們可以對應地構造一個數學模型，其結構如圖 4.26 所示。假設該神經元細胞包含 m 個樹突，每個樹突 i 接收一個信號源，對應一個輸入變量 x_i。細胞核接收到這 m 個信號後需要匯總處理，我們使用最簡單的形式——線性加權。假設每個信號的權數為 W_i，再加上一個常數項 W_0，那麼細胞核匯總後的資訊為 $W_0 + \Sigma_{i=1}^{m} W_i * x_i$。依據人類神經元的機制，這個信號只有超過某個閾值後才會被傳遞出去，在數學上，我們可以用啟動函數來處理。處理後的資訊可以作為輸入再傳到另一個神經元結構，這樣就可以構成複雜的神經網路。如果只使用單個的神經元模型也稱為**感知機**（Perceptron），這是一種形式最簡單的神經網路。

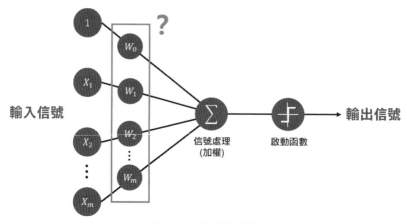

圖 4.26 神經元模型

對啟動函數來說，最直接的想法是使用一個分段函數，當信號大於某個閾值的時候輸出 1，反之輸出 0，這樣的函數通常被稱為階躍函數或者符號函數，如圖 4.27 的左圖所示。該函數簡單地取值 0 或者 1，具有不連續、不光滑等不好的數學性質，所以過去很少使用。右圖代表普通的線性函數 $f(x) = x$，也可以認為是一種選擇，但實際上表示不做處理，因為對線性函數的線性組合還是線性函數，無論神經網路有多少層都仍然是一個線性組合，等價於原始的感知機。

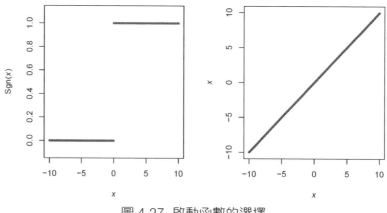

圖 4.27 啟動函數的選擇

在實際的使用中，可以用其他形式的數學函數來逼近以上兩種形態，
圖 4.28 顯示了 4 種常用的啟動函數。最傳統的是 Sigmoid 函數，實際上
就是我們之前提到的邏輯斯函數，也稱為對數 S 型函數，其函數形式為
$\mathrm{Sigmoid(x)}= \frac{1}{1+e^{-x}}$，是一種最常用的模擬 0–1 分段函數的連續函數。
另一種 S 型的函數是 Tanh 函數，也稱為雙曲正切函數，其函數形式為
$\mathrm{Tanh}(x)= \frac{e^x-e^{-x}}{e^x+e^{-x}}$，在 0 附近與單位函數類似。

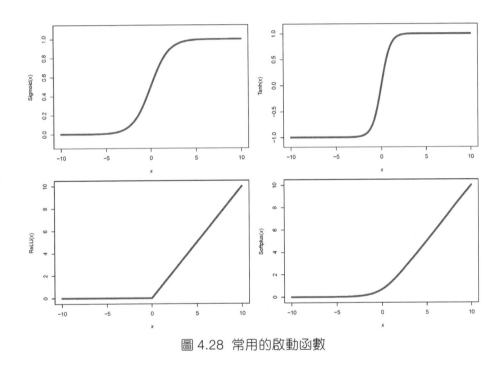

圖 4.28 常用的啟動函數

Sigmoid 函數和 Tanh 函數在輸入的絕對值非常大的時候會出現飽和
（Saturate）現象，意味著函數會變得很平，並且對輸入的微小改變會變
得不敏感。Jarrett 於 2009 年提出了 ReLU 函數，也稱為修正線性單元
（Rectified Linear Unit），他發現在神經網路結構設計的幾個不同因素中
「使用修正線性是提高識別系統性能的最重要的唯一因素」。當神經網路

比較小的時候，Sigmoid 表現更好，很多迷信的觀念認為必須避免具有不可導點的啟動函數，但後來發現 ReLU 效果更好，這也是目前最廣泛使用的啟動函數。基於 ReLU 函數，也有一個平滑版本的 Softplus 函數，又稱平滑正函數，其函數形式為 Softplus(x)=log($1+e^x$)。

從 2001 年開始，生物神經學家發現神經元啟動的模型具有單側抑制、稀疏啟動性等特點，這和傳統的 Sigmoid 系函數中近半神經元被啟動不同，其形式也更接近 Softplus 和 ReLU，而 ReLU 更稀疏且計算性能更好，所以目前更常用。

有了神經細胞核的線性匯總和啟動函數後，我們就用數學形式模仿了一個完整的神經元細胞的工作機制。把多個人工神經元按照一定的層次結構連接起來，就得到了人工神經網路（Artificial Neural Network），簡稱 ANN。目前廣泛使用的這種人工神經元的形式稱為「M-P 神經元模型」，由心理學家 McCulloch 和數學家 Pitts 於 1943 年提出，該簡稱來自兩位作者名字的縮寫。神經元的層級結構不同對應不同的神經網路模型，比如多層前饋神經網路、遞迴神經網路等。

最簡單常用的神經網路系統是前饋神經網路（Feedforward Neural Network，簡稱 FNN），FNN 的含義為各神經元只接受前一級的輸入，並輸出到下一級，只有前饋（Feedforward）無回饋（Feedback）。除了輸入層和輸出層之外，額外的中間層稱為隱藏層，也簡稱為隱層。嚴格來說，FNN 包含單層前饋神經網路和多層前饋神經網路，前者即感知機，後者也稱為多層感知機（簡稱 MLP），而 MLP 通常使用反向傳播演算法（Back-propagation，簡稱 BP）進行訓練，所以也被稱為「BP 神經網路」。

圖 4.29 是一個 FNN 的示例，資料包含 3 個應變 x_1、x_2、x_3，因變量 output 是一個二元變量。我們建立了一個 2 隱層的神經網路，每一層都包

含 4 個神經元。在圖中可以看到 1 個輸入層、1 個輸出層和 2 個隱層。任意兩個神經元之間存在一個權數,權數是神經網路模型中需要估計的參數。我們可以使用一些開源的工具(比如 R 和 Python)或者深度學習框架(比如 TensorFlow 和 MXNet)來求解。圖中把求解的結果標在了每一個連接上。這就是一個完整的神經網路建模和求解的過程。如果這個網路更深、每一個隱層的神經元數目更多,就比較有深度學習的感覺了。

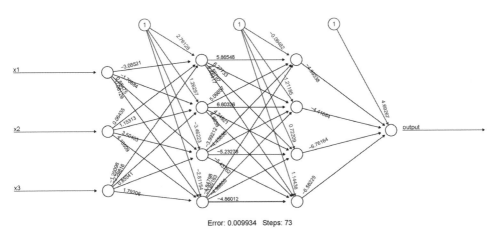

Error: 0.009934 Steps: 73

圖 4.29 FNN 示例

4.3.4 美麗的濾鏡

很多愛美的人都會 PS 大法,過去可能還需要去學習甚至創造複雜的濾鏡,如今很多修圖或者美圖的軟體都可以輕鬆在手機上應用,當然其中的關鍵仍然是各種濾鏡。濾鏡除了能修圖以外,在人工智慧領域也是一項關鍵的技術,尤其是旋積神經網路,其核心就是濾鏡。

在「3.2.2 小節」中我們介紹了點陣圖的資料結構,每一張彩色圖片都可以對應於 3 個矩陣,每個矩陣的元素分別是 R、G、B 三原色的圖元值。如果某張圖片的解析度是 100 圖元 ×100 圖元,就對應著 3 個 100×100

的矩陣。三個矩陣構成一個陣列，這個結構也稱為張量（Tensor），彩色圖片對應一個 100×100×3 的張量。如果是黑白圖片，沒有 RGB 三原色，用灰度模式存儲即可，對應一個 100×100×1 的張量，也可以簡寫成 100×100 的矩陣。

任何一張圖片都可以進行各種矩陣運算，對應於對圖像的各種變換。我們這裡介紹一種特殊的操作，稱為濾鏡（Filter）。圖 4.30 展現了一個邊緣提取的濾鏡，類似木版畫風格，這在一些修圖軟體中很常見。從左邊的圖經過某個濾鏡處理後就變成了右邊的圖。

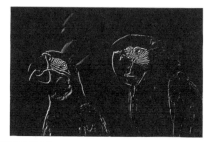

圖 4.30　濾鏡和旋積

這個濾鏡其實很簡單，只是經過了一個旋積（Convolution）操作。圖 4.31 詳細介紹了這個旋積的過程。我們以黑白圖像為例，資料來源就是一個原始圖元值的矩陣，我們截取片段在圖中作為示例。在旋積操作之前，需要定義一個旋積核，圖中旋積核的大小為 3×3，對應一個矩陣，該矩陣的數值可以任意指定，圖中這個矩陣就是實現圖 4.30 效果的旋積核。用這個矩陣對準原始圖元值中某個 3×3 的片段，把對應位置的數相乘，然後把 9 個數值相加，這個操作就是旋積。旋積的結果作為新的圖像對應位置的數值，按照這種方式用刷子把整個圖像都刷一遍，得到的新的圖像矩陣，就是濾鏡之後的效果。

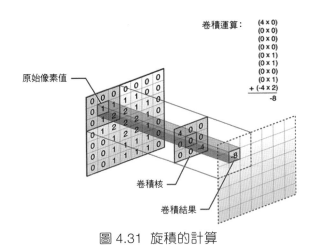

卷積運算： (4 × 0)
(0 × 0)
(0 × 0)
(0 × 0)
(0 × 1)
(0 × 1)
(0 × 0)
(0 × 1)
+ (-4 × 2)
-8

原始像素值

卷積核

卷積結果

圖 4.31　旋積的計算

這個操作是一個普通的影像處理過程，但是在深度學習中非常重要。目前大部分人工智慧的應用都是**旋積神經網路**，其中的關鍵操作就是剛才介紹的旋積。

假設我們要在 1 萬張圖片中訓練一個模型，識別出是否為惡性腫瘤，那麼這是一個分類問題。解決這個問題有兩個想法，在傳統的想法下，根據人類的經驗，用電腦演算法將相關特徵數位化。例如，先用圖像識別的演算法提取可疑結節的邊緣，然後提取形狀特徵、顏色、是否光滑等特徵，用數值進行衡量，這樣的話，每幅圖像都能轉化成一系列的特徵，1 萬幅圖像在一起就能得到一個設計矩陣，從而可以用各種統計和機器學習方法進行分析。該方式的局限在於太依賴人的經驗，而且並不是所有人類能識別的特徵都能顯式地量化。

第二種想法就是使用深度學習模型，將圖像的每一個圖元值作為一個特徵，比如某張圖像的解析度是 1000 圖元 ×1000 圖元，那麼可以對應 100 萬個特徵。這種對圖像圖元的感覺很符合人類神經的反應機制，也很適合使用神經網路的模型。直接使用這種方式最大的問題在於特徵數目過多，整個神經網路也會過於複雜。

假設需要訓練的圖像都為 1000 圖元 ×1000 圖元。假設圖像是黑白的，因此該圖像具有百萬圖元和 100 萬個特徵（10^6）。假設神經網路只有 1 個隱層，在該隱層中的神經元和輸入之間建立全連接，那麼我們可以使用 10^6 個神經元，而該網路中需要求解的權重個數為 10^{12}，是一個非常巨大的數目。

由於人類視覺判斷物體時並不會細到觀察單個圖元，所以神經網路模型也可以進行簡化，剛才介紹的旋積方法就是一個好想法。基於旋積的想法，人們構造了一種特殊的前饋神經網路，稱為旋積神經網路（Convolutional Neural Network），簡稱 CNN。我們可以從兩個角度對這個複雜的神經網路進行簡化：局部連接（Locally Connectivity）和權值共用（Shared Weights）[16]。

所謂局部連接，即可以將圖像中某個區域進行旋積操作（可以設置一定的步長），用提取的特徵代替該圖元，可以得到一個新的矩陣，稱為特徵映射（Feature Map），該矩陣中的每一個元素對應一個神經元，如圖 4.32 所示。

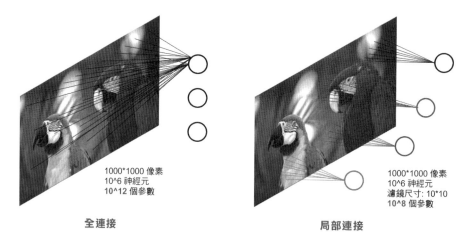

圖 4.32　局部連接

局部連接之後，相當於合併了很多圖元，減少了神經元的數目，但是在全連接的模型中，每個提取的特徵也會對應一個隱層的神經元，而且權值各不相同，數量級仍然很大。有一個想法就是設定隱層中的每個神經元到各個特徵元素的權數都相同（相當於忽略相對位置的規則），這樣的話每套權數可以對應一個濾鏡，通過設置多個特徵映射來對應多個濾鏡，這就是權值共用，如圖 4.33 所示。

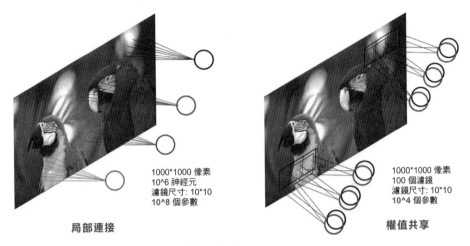

圖 4.33 權值共用

通過這兩種操作，可以簡化複雜的神經網路中的參數，使之變得易於求解，從而訓練出精準的分類模型。如果有新的醫學影像圖片，只需要用程式讀入、轉成神經網路需要的張量（或者矩陣）形式，然後調用之前訓練好的模型，就可以預測出該圖片中的病灶是良性腫瘤還是惡性腫瘤了。

4.4 其他分析方法

4.4.1 茶、酒與百事可樂

在「1.3.1 小節」中，我們講述了「女士品茶」的例子。在那個例子中，有一個有趣的測試細節，費希爾當時一共煮了 8 杯奶茶，有 4 杯是先加茶，4 杯是先加奶，茶杯完全一樣，以隨機的順序交給女士來品嘗。在這裡，費希爾在給這位女士茶的時候，採用了完全一樣的茶杯和隨機順序。費希爾這樣做之後，這位女士在品嘗每一杯茶的時候，其實她是完全不知道關於這杯茶的任何資訊的。她所能做的判斷，只能依賴於她自己對於茶本身的味覺和知識，而不是來源於其他因素，比如茶杯、次序等。這種設計被稱為「盲測」，即參與者不知道任何關於被測試物的資訊，在本例中，即每一杯茶裡面到底是先加奶還是先加茶。

這種在實驗中控制各種其他因素、只改變一個因素的原則，被廣泛用來判斷事物之間的因果聯繫。上面提到的隨機分配順序、不告知參與者關於被測事物資訊，或者隨機分配眾多參與者，都是出於對這一原則的考慮。

有趣的是，不僅英國人關心那一杯下午茶裡麵茶和奶的添加順序，美國的廣大消費者更關心兩個可樂品牌經久不息的競爭：百事可樂和可口可樂。1975 年，百事可樂舉行了一場名為「百事可樂大挑戰」的競賽。在很多商場、商業街和市民廣場等，百事可樂架起宣傳攤位，促銷員為每個過路的人提供兩杯看起來一模一樣的飲料，而其中一杯是百事可樂，另一杯是可口可樂。在路人品嘗兩杯可樂之後，他們需要投票給他們喜歡的那一杯。

在路人投票之後，促銷員會告知他們到底他們投的是百事可樂還是可口可樂。實驗結果表明，超過 50% 的人投票給了百事可樂。此後，百事可樂大挑戰的活動一直持續，在很大程度上幫助了百事可樂擴大市場佔有率。

不僅僅是百事可樂,「單盲測試」成為飲品界常年的活動項目。在紅酒圈,最知名的就是 1976 年的巴黎葡萄酒品鑑會,亦被稱為「巴黎評判」。在那次品鑑會中,主辦方集合了 11 位元評審(其中 9 位是來自法國的葡萄酒專家),對兩組葡萄酒進行了盲品:一組包含 6 款加利福尼亞霞多麗和 4 款頂級勃艮第白葡萄酒,另一組則是 6 款加利福尼亞赤霞珠和 4 款來自波爾多知名酒莊的紅葡萄酒。每位評審給各款酒分別打分,滿分為 20 分。之後將 9 位法國評審給同一款酒的分數求平均數,就是這款酒的最終得分。

儘管當時人們普遍認為法國葡萄酒是世界上最享有盛名的葡萄酒,但出乎所有人的意料,來自加利福尼亞的 Chateau Montelena 1973 和鹿躍酒莊 1973 的這兩款葡萄酒戰勝了法國葡萄酒,分別獲得了白葡萄酒和紅葡萄酒的最高分。自此以後,來自美國加利福尼亞的葡萄酒聲名鵲起,一躍成為主流。由此可看出,人們對於「盲飲」這種測試方式的信任可見一斑。

上述盲測其實嚴格來說算是「單盲測試」,即只有參與者一方不知道被測試物的資訊(可能引起個人偏好或者使實驗結果發生偏差的資訊,比如是分在測試組還是對照組),而實驗者是知道這一資訊的。有些實驗需要更嚴格的資訊,就需要設計「雙盲」甚至「三盲」測試。在雙盲實驗中,實驗者和參與者都不知道關於被測試物的資訊。只有在所有資料被記錄完畢甚至分析完畢之後,實驗者才能知道那些參與者是哪些組的。雙盲實驗可以減少實驗者人為因素對於測試結果的干擾,如偏見或無意識地暗示。

在上面的「百事可樂大挑戰」的例子中,行銷人員其實是知道杯中裝的到底是百事可樂還是可口可樂的。如果他們採取某種方法,使兩種品牌的汽水看上去不一樣,比如某些杯子裡邊冰塊放得多,那麼在炎熱的夏天,可能這杯放冰多的就更受歡迎。這樣一來,人們喜歡的更多的其實

不僅僅是百事可樂之於可口可樂，而是加冰多的可樂，因此會影響實驗本身的結論。這種可能的偏差在新藥研發中更為關鍵，所以在藥品的各項測試中，雙盲實驗成為了廣為採用的方法。

費希爾除了測試了「女士品茶」之外，他其實總結提出了關於**實驗設計**的三原則 [17]：隨機化原則、可重複原則、區組化原則。

▨ 隨機化原則

隨機化原則保證了進行實驗的時候，實驗組和對照組（如為對照實驗）的同質性，從而避免我們在將實驗物件分組的時候因分組不均造成由樣本偏差帶來的實驗對照結果偏差。除了各種「盲飲測試」之外，隨機化還被廣泛運用在其他話題上。

我們經常在各種社交媒體上看到，女性有時候會抱怨她們遭遇了職場的「性別歧視」。這個問題不僅僅是求職者本身關心，經濟學家更是多年致力於回答這一問題。為了控制其他因素可能的影響，經濟學家簡化「歧視」問題：如果給定兩個能力一模一樣、工作經歷也類似的一男一女，那麼他們的境遇會不會不同？

2002 年，美國芝加哥大學的三位經濟學家想出了一個非常巧妙的方法來量化這種歧視。他們的想法很簡單：搞一堆經歷相似的簡歷，然後更改求職者姓名，使得一些看起來更像是女性、另一些更像男性，然後投到各大公司，追蹤回饋。這樣就回答了那個本來看起來無法回答的問題：我們觀察到的女性平均工資低於男性，是因為性別歧視還是因為女性的能力較男性差一些？在這裡相似的簡歷代表求職者有著相似的能力，所以能力那個因素就變得可控了，只需要探究性別上的差別就可以了。

實驗的結果顯示，有些公司給「看起來像男性」的簡歷電話回覆的比例更高。有趣的是，幾年後，他們進一步追蹤發現，沒有用工歧視的公司

只有 17% 在 6 年中倒閉了，而有用工歧視的公司倒閉的比例則達到了 36.4%，即使用更為複雜的統計模型來控制其他相關因素之後，倒閉比例和用工歧視之間的正相關關係依然保持顯著。

☑ 可重複原則

可重複原則很簡單，就是說實驗可以被重複、結論經得起重複實驗的檢定。這種要求最常見於理科實驗中，如物理、生物、化學等。比如 2001 年的一條新聞說，「歐洲研究人員發現了難以解釋的中微子超光速現象」，其中有這麼一句「參與實驗的瑞士伯恩大學的安東尼奧・伊拉蒂塔托說，他和同事被這一結果震驚了，他們隨後反覆觀測到這個現象 1.6 萬次，並仔細考慮了實驗中其他各種因素的影響，認為這個觀測結果站得住腳，於是決定將其公開。」

重複實驗 1.6 萬次足以在大樣本下排除每一次實驗的一些隨機性和測量誤差，更充分和有說服力地證明一個實驗結論的可靠性。在很多實驗中，我們沒辦法完全重複上一次實驗的情景，例如溫度等因素可能會被環境等外界因素影響。因此，在不能完全重複的時候，除了盡可能保證每一次實驗都儘量相似之外，在每次實驗中我們還可以盡可能地加大參與者數量，從而結果可能相對更穩定。

☑ 區組化原則

區組化原則是指消除實驗過程中的系統誤差對實驗結果的影響而遵守的一條規律。這裡兩個相關的概念就是「隨機誤差」和「系統誤差」，都和「測不準原則」有關係。

隨機誤差大致是說我們不知道的隨機因素造成的每一次實驗結果的客觀誤差，而對應的解決策略就是上面說到的「獨立重複實驗」。系統誤差則更多地體現在我們對其進行測量的時候帶來的誤差，比如最經典的測

長度可能會由於尺子本身刻度不準帶來系統誤差，即最簡單的「儀器誤差」。當然，系統誤差還包括本身實驗設計所依賴的理論要求和實驗條件的差別，比如，熱學實驗中沒有考慮散熱所導致的熱量損失，伏安法測電阻時沒有考慮電錶內阻對實驗結果的影響等，這些稱為「理論誤差」。當然，「個人誤差」也是客觀存在的，指的是由於觀測者個人感官和運動器官的反應或習慣不同而產生的誤差，它因人而異，並與觀測者當時的精神狀態有關。區組化原則更多的是為了消除或減輕系統誤差的影響、提高實驗的精確度而建立的一條原則。

區組化的做法無外乎先把實驗物件按照某種特徵分組，使各組之內儘量同質，然後在此基礎上每組分別隨機抽樣。這裡多少有點和「分層抽樣」的想法契合。最後分析實驗結果的時候，除了比較整體的區別之外，我們還可以進一步比較每一分組之內的區別，從而可以進一步分解造成母體差異的因素。

4.4.2 蒙地卡羅和原子彈

20 世紀 40 年代，美國在二戰期間開始了製造原子彈的「曼哈頓計畫」。由於這是人類歷史上第一次操縱核裂變來製造原子彈，其危險性可想而知，尤其是其中中子的運動狀態，非常複雜而且充滿隨機性，很難進行精確的計算。現代電腦之父、天才的數學家馮·諾依曼提出了隨機模擬的方法，並使用摩納哥的著名賭城蒙地卡羅來為這種方法命名，於是也稱其為蒙地卡羅方法。

蒙地卡羅方法的本質是隨機模擬，對於一些複雜的過程，如果通過數學來進行推理，通常會非常困難。但是如果考慮其中的隨機性，利用亂數來進行模擬，模擬很多次之後，在大數據的情況下研究各種統計量，也能得到穩定的結果。原子彈對於我們太遙遠，我們通過「1.2.2 小節」中提到的生活中的小例子來進行介紹。

在這個例子裡，武漢市 5141 名困難家庭市民參與一個經濟適用房社區的公開抽籤，結果中籤的 124 名市民當中有 6 人的購房資格證明的編號是連號。經查，6 人申請資料係造假，購房資格被取消。

我們可以在 5141 位市民中採用簡單隨機抽樣[4]的方式抽取 124 人，然後將這 124 個編號排序，通過演算法判斷是否存在 6 連號。對於每一次抽樣，只存在兩個結果，有 6 連號或者沒有 6 連號。我們可以把這種抽樣模擬 1 億次，統計其中出現 6 連號的次數，就可以算出這種情況下 6 連號的機率。

我們在普通的家用電腦上測試了一下這種方法，當時模擬 1 億次花費了 2 小時，最後的結果是發生了 80 次 6 連號的情況，也就是說 6 連號的機率只有百萬分之 0.8，這是一個非常小的數，所以我們有理由認為發生這種情況是非常不正常的。

後來在老河口又發生了 14 連號的事情，當時是在 1138 戶具有購房資格的申請者中，抽中了 514 戶購房者，其中有 14 戶資格證編號相連。我們同樣用這種方法模擬 1 億次，結果得到了 829 546 次 14 連號的情況，這個機率是百分之 0.8，明顯要大得多。

這個例子雖然簡單，但是體現了蒙地卡羅方法的便捷之處。利用排列組合公式也可以計算這個機率，但是這個過程非常費腦[5]，即使寫出了遞推公式，計算起來也很費時。但我們可以用蒙地卡羅方法直接模擬抽籤的過程，這裡面幾乎不用進行任何數學上的轉換。計算抽籤一次的機率和統計 1 億次的頻率，在大數法則的支持下，可以認為這兩個數是很接近的，那麼我們就把複雜的問題轉化成了簡單的統計問題。這種方法在業

4　在「2.4.1 小節」中我們介紹了抽樣。

5　詳情可以參見「1.2.2 小節」。

界非常受歡迎，大到原子彈爆炸、太空梭升空，小到藥物化合物在體內的作用、食品裡面配方的組合，都可以用蒙地卡羅方法來解決其中的關鍵步驟，應用非常廣泛。

4.4.3 醫生的筆跡

醫生的筆跡難以辨認，似乎是每個人從小都經歷過的，直到資訊化的今天，也還能引起廣泛討論。後來大家都明白了原因，因為醫生太忙了，中國的醫生在診病時能喝口水都是奢侈的願望，就不要說安靜地慢慢寫醫囑了。現在醫院資訊化之後，醫生的診斷意見也可以電子化，但是對很多醫生來說打字不見得比手寫快，所以很多時候醫生還是直接手寫病歷，也有讓助手打字進系統的。在過去，醫生的建議並沒有強制電子化，還有一個重要原因是這些文字的內容沒辦法分析，所以保存歷史電子記錄的意義不大，但是隨著文字分析方法的普及，這些記錄開始變得有價值，因此醫囑的記錄也變得越來越嚴格。

在「2.3.4 小節」中，我們介紹了資料分析的一般結構，用行來表示變量或者特徵。變量可以是數值變量或者類別變量，其中的類別變量可以由文字來描述，但是這個文字只是體現了取值的不同，可以轉化成名目尺度的數值。在實際應用中，有很多文字資訊，比如醫囑的記錄，並不代表著分類，如表 4.3 所示。醫生對每個人的建議都不同，都是自然的語言文字，而不是分類的標記，那麼我們是否有辦法對其進行分析呢？

在文字分析領域，有兩個詞很相近，分別是**文字探勘**（Text Mining，簡稱 TM）和**自然語言處理**（Natural Language Processing，簡稱 NLP）。一般來說，自然語言處理是以電腦為工具對人類特有的書面形式和口頭形式的自然語言的資訊進行各種類型處理和加工的技術。這是人工智慧和語言學領域的分支學科，簡單地說是要讓電腦懂人類的語言。文字探勘

是從文字中獲取高品質資訊的過程。通常指的是一整套分析和探勘的流程，其中主要使用自然語言處理的方法進行分析。

表 4.3　一份體檢記錄

編號	姓名	醫生建議
1	趙天	多吃蔬菜，以蔬菜為主食
2	錢地	多吃蔬菜水果
3	孫玄	平時注意多喝水
4	李黃	早睡早起，注意休息
5	周宇	要多進行體育鍛煉
6	吳宙	注意不要用眼過度
7	鄭洪	要經常鍛煉身體
8	王荒	不要吃太油膩的食物

圖 4.34 顯示了自然語言處理和文字探勘的關聯與區別，一般來說，我們在實際的使用中通常使用自然語言處理的方法、遵循文字探勘的流程來進行文字分析。

圖 4.34　NLP 和 TM

關於文字分析的歷史 [18]，可以追溯到 1913 年，瑪律可夫統計了普希金的長詩《歐根·奧涅金》中母音輔音出現的頻率，提出了瑪律可夫隨機過程理論。1948 年，香農把離散瑪律可夫過程的機率模型應用於描述語

言的自動機。1956 年，喬姆斯基建立了自然語言的有限狀態模型，用公理化方法來研究自然語言，創立了「形式語言理論」並自稱為「笛卡爾語言學」，試圖用有限規則描述無限的語言現象，此後 20 世紀 60 到 80 年代，這種基於規則、演繹法的理性主義方法是主流。

不過 20 世紀 60 年代統計方法在語音辨識中取得了成功，基於歸納和資料的方法雖然比較弱勢，但也沒有完全靠邊站。到了 20 世紀 90 年代，隨著資訊化的完善和資料越來越多，基於機率和資料驅動的經驗主義方法重回主流。到如今的大數據時代，各種統計和機器學習方法層出不窮，基於大數據的歸納方法已經毫無爭議地成了主流，這些方法也被稱為統計自然語言處理。常見的分析方法如下所示。

- 句法結構分析（Syntactic Structure Parsing）：又稱為成份結構分析或者短語結構分析，是指對輸入的句子判斷其構成是否合乎給定的語法，分析出合乎語法的句子的句法結構。句法結構一般用樹狀資料結構表示，稱為句法分析樹，簡稱分析樹（Parsing Tree）。完成這種分析過程的程式模組稱為句法結構分析器（Syntactic Parser），簡稱為分析器（Parser）。

- 文字分類（Text Classification）：根據一個已經被標注的訓練文字集合，找到文字特徵和文字類別之間的關係模型，然後利用這種學習得到的關係模型對新的文字類別進行判斷。

- 文字群集（Text Clustering）：將文字物件的集合分組成由類似文字組成的多個類的過程。

- 資訊檢索（Information Retrieval）：從大量的資訊資源中找出滿足使用者資訊需求的資訊子集。資訊檢索起源於圖書館的資料查詢和文摘索引工作。電腦誕生後，研究的內容已經從傳統的文字檢索擴展到包含圖片、音訊、視頻等多媒體資訊的檢索。最常見的應用是互聯網搜索。

■ 信息抽取（Information Extraction）：從一段文字中抽取指定的事件、
事實等資訊，形成結構化的資料。

無論進行何種分析，首先要做的是把文字資料結構化，這樣才能方便地
應用各種統計模型和機器學習方法。組成文字的語言單位包括字、詞、
短語、句子、段落等，通常認為通過詞語構建特徵項比較好。

漢語中的詞和英語中的詞最大的不同在於並不存在空格作為天然的分隔
符號，因此需要將一個句子切分成一個一個單獨的詞，稱為中文分詞。
中文分詞的難點在於解決歧義的問題，目前主流的方法有隱瑪律可夫模
型、條件隨機場等。在主流的分析工具 Python 和 R 之下，有很多分詞工
具可以直接使用，比如結巴分詞。表 4 所示的是分詞後的結果（以空格
分隔）。

表 4.4 中文分詞

編號	醫生建議	中文分詞結果
1	多吃蔬菜，以蔬菜為主食	多吃蔬菜以蔬菜為主食
2	多吃蔬菜水果	多吃蔬菜水果
3	平時注意多喝水	準時注意多喝水
4	早睡早起，注意休息	早睡早起注意休息
5	要多進行體育鍛煉	要多進行體育鍛煉
6	注意不要用眼過度	注意不要用眼過度
7	要經常鍛煉身體	要經常鍛煉身體
8	不要吃太油膩的食物	不要吃太油膩的食物

分完詞之後，我們可以把詞語作為特徵項，每一篇文檔對應一個樣本，
以該文檔包含某個特徵詞語的數目為基礎將文字結構化，這是目前文字
分析的主流方式。這種方式也稱為向量空間模型，把每篇文檔轉化成特
徵空間中的一個向量，向量的取值稱為權重。最常見的方式是用詞項 t_i
在文檔 d_j 中出現的次數 $n_{i,j}$ 來表示，這樣的資料結構也稱為詞項文檔矩陣
（TDM）。表 5 是基於之前的語料構建的 TDM 矩陣。

表 4.5 詞項文檔矩陣

	文檔 1	文檔 2	文檔 3	文檔 4	文檔 5	文檔 6	文檔 7	文檔 8
不要	0	0	0	0	0	1	0	1
吃	1	1	0	0	0	0	0	1
鍛煉身體	0	0	0	0	0	0	1	0
多喝水	0	0	1	0	0	0	0	0
過度	0	0	0	0	0	1	0	0
進行	0	0	0	0	1	0	0	0
經常	0	0	0	0	0	0	1	0
平時	0	0	1	0	0	0	0	0
食物	0	0	0	0	0	0	0	1
蔬菜	2	0	0	0	0	0	0	0
蔬菜水果	0	1	0	0	0	0	0	0
太	0	0	0	0	0	0	0	1
體育鍛煉	0	0	0	0	1	0	0	0
休息	0	0	0	1	0	0	0	0
用眼	0	0	0	0	0	1	0	0
油膩	0	0	0	0	0	0	0	1
早睡早起	0	0	0	1	0	0	0	0
主食	1	0	0	0	0	0	0	0
注意	0	0	1	1	0	1	0	0

將這個矩陣轉置後就符合特徵矩陣的形式了，每一行代表一篇文檔，每一列代表一個特徵。這樣就完成了結構化，我們可以輕鬆地使用機器學習的方法進行分類和集群，也能在這個資料結構的基礎上進行資訊檢索、資訊抽取的工作。受篇幅所限，不詳細介紹具體的分析方法，但是所有的文字資料如果能夠轉化成這樣的 TDM 矩陣，就可以方便地進行後續分析了。

4.4.4 沙漠裡的飛碟

　　假如有很多人被隨機空投到一片沙漠裡，每個人落地的位置都不同。我們知道在這片沙漠最低的谷底有一艘飛碟在等我們，找到後就可以獲救，那麼應該如何尋找呢？如圖 4.35 所示，它可以被看作是一片沙漠的局部圖形，如果我們落在圖中山脊處某點，很多方向都比現在的位置低，如果隨意選擇一個方向的話，一旦走到谷底發現沒有飛碟，就說明這個方向錯了，那麼需要換一個方向爬上去然後繼續往下走。如果運氣足夠好，我們可以在水喝完前找到飛碟，如果運氣差的話，很可能辛苦翻越多個沙丘都不對，直到渴死。

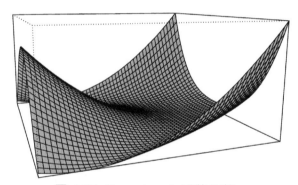

圖 4.35　Rosenbrock 香蕉函數

按照正常的思維，我們在選擇方向的時候，可以選更陡峭的，因為坡度陡峭的話能夠更容易快速下降到谷底。當然我們也可以固定一個方向一直走，更可以完全隨機地變方向、碰運氣。這個尋找飛碟的問題，實際上就是**最優化**的問題，很多時候我們知道某個目標函數，需要尋找它的最大值或者最小值，就要採用反覆運算的方法，本質上和人在沙漠裡找最低谷是一樣的。圖 4.35 實際上來自一個著名的 Rosenbrock 函數，也被稱為香蕉函數，其函數形式為：

$$f(x_1, x_2) = (1 - x_1)^2 + 100(x_2 - x_1^2)^2$$

寫成最優化的形式如下：

$$\min \quad z = (1 - x_1)^2 + 100(x_2 - x_1^2)^2$$

這是一個標準的無約束的非線性規劃問題，min 表示優化的方向是求最小值，z 稱為優化的目標函數，包含 x_1 和 x_2 這兩個變量，在本例中是一個非線性函數。該問題並不包含約束條件，說明 x_1 和 x_2 可以取任意實數值。實際上，對這個問題求得最優解時的 x_1 和 x_2 的值就是我們要找的飛碟的座標。

如果我們知道這個沙漠的範圍，也就是說沙漠是有邊界的，這樣在問題中除了目標函數以外還存在約束條件，描述方式如下所示：

$$\min \quad z = (1 - x_1)^2 + 100(x_2 - x_1^2)^2$$

$$\text{s.t.} \quad \begin{cases} -3x_1 - 4x_2 \geqslant -12 \\ -x_1 + 2x_2 \geqslant -2 \\ x_1 \geqslant 0 \\ x_2 \geqslant 0 \end{cases}$$

對於有些數學性能很好的函數，求極值的問題往往會轉化成求解梯度函數等於 0 的方程式組的問題。但是對於很多較複雜的函數，很難精確求出解析解，那麼我們就需要使用數值計算的方法來求極值，最常見的是反覆運算法。我們從一個初始點出發，沿著某個方向搜索，得到新的函數值，然後在新的點上確定新的搜索方向，繼續搜索新的點。如果目標函數的值在不斷減小，這樣的演算法就稱為下降演算法；如果目標函數的值會收斂，就說明我們可以找到極值。這和我們剛才介紹的不斷爬坡下谷的想法是一樣。

如何決定搜索方向、搜索策略？可以對應不同的最優化方法。最優化方法是資料分析裡的一種非常重要的方法，主要解決最優計畫、最優分配、最優決策、最佳設計、最佳管理等優化問題 [19]，也稱為運籌學方法。需

要注意的是，最優化方法與統計學、機器學習等大數據分析方法不同，並不是從歷史資料中發現規律和建立模型。但是各種統計學、機器學習方法的求解過程中都需要用到最優化。很多時候，一些資料的問題直接可以用最優化方法求解，比如工業領域裡的最優排程、最優配比，物流領域的最優路徑規劃，這些都是最優化的問題。

最優化求解的工具軟體通常包含求解器（Solver）和建模語言這兩個部分。求解器指的是實現優化演算法的程式，常用的商用求解器包括 CPLEX、Gurobi、MOSEK、Xpress 等，常用的開源求解器包括 GLPK、CBC、SCIP、SYMPHONY、Bonmin 等。建模語言指的是面向使用者的最優化建模語言，通常內置於某個系統，常用的商用建模語言或環境包括 LINDO/LINGO、AMPL、GAMS 等，開源的建模語言包括 MathProg (GMPL)、CMPL 等。

最優化軟體方面通常是商務軟體比較強大，開源的建模語言通常只適用於某些特定的求解器，很多優秀的開源求解器並沒有對應的開源建模語言，可能需要用底層的介面才能調用。不過在一些常用的開源資料科學語言中，也擁有最優化建模和求解的工具，R 語言[6]就包含了大量的最優化方法的模組，Python[7]的最優化資源也越來越豐富了。基於這些工具，都可以非常方便地將最優化方法應用到實際的問題中去。

---

[1] 司馬遷 . 史記 [M]. 北京：中華書局 , 2014.

[2] Chatterjee S, S.Hadi A. 例解迴歸分析 [M]. 鄭忠國 , 譯 , 許靜 , 譯 . 北京：機械工業出版社 , 2013.

[3] 劉慈欣 . 三體 [M]. 重慶：重慶出版社 , 2008.

---

6 詳見「5.2.4 小節」。

7 詳見「5.2.3 小節」。

[4] 吳喜之 . 複雜資料統計方法：基於 R 的應用 [M]. 北京：中國人民大學出版社 , 2015.

[5] 吳喜之，劉苗。應用時間序列分析：R 軟體陪同 [M]. 北京：機械工業出版社 , 2014.

[6] Witten I H, Frank E, Hall M A. 資料探勘：實用機器學習工具與技術 [M]. 李川 , 譯 , 張永輝 , 譯 . 北京：機械工業出版社 , 2014.

[7] Lantz B. 機器學習與 R 語言 [M]. 李洪成 , 譯 , 許金煒 , 譯 , 李艦 , 譯 . 北京：機械工業出版社 , 2017.

[8] Mitchell T. Machine Learning[M]. New York: McGraw Hill Education, 1997.

[9] 周志華 . 機器學習 [M]. 北京：清華大學出版社 , 2016.

[10] Goodfellow I., Bengio Y., Courville A. Deep Learning[M]. Massachusetts: MIT Press, 2016.

[11] Minsky M. L, Papert S. Perceptrons : an introduction to computational geometry[M]. Massachusetts: The MIT Press, 1969: 3356–62.

[12] Rumelhart, David E., Hinton, 等 . Learning representations by back-propagating errors[J]. 1986, 323(6088): 399–421.

[13] Lecun Y., Boser B., Denker J S., 等 . Backpropagation applied to handwritten zip code recognition[J]. Neural Computation, 1989, 1(4): 541–551.

[14] Hinton G E., Osindero S., Teh Y W., A Fast Learning Algorithm for Deep Belief Nets[J]. Neural Computation, 2006, 18(7): 1527–1554.

[15] Rajat R., Madhavan A., Y.Ng A. Large-scale deep unsupervised learning using graphics processors[A]. International Conference on Machine Learning[C]. 2009: 873–880.

[16] 吳岸城 . 神經網路與深度學習 [M]. 北京：電子工業出版社 , 2016.

[17] Fisher R. The Design of Experiments[M]. New York: Macmillan, 1935.

[18] 宗成慶 . 統計自然語言處理 [M]. 北京：清華大學出版社 , 2013.

[19] 何堅勇 . 最優化方法 [M]. 北京：清華大學出版社 , 2007.

大數據時代

俗話説「工欲善其事，必先利其器」，俗話還説不要紙上談兵。各種各樣的統計方法和分析手段讓人聽得天花亂墜，心中不禁躍躍欲試。任何知識和方法只有真正記住了、真正操作過了才是自己的。在當今的資訊時代，電腦是一個值得信賴的夥伴，能幫助我們解決各種各樣的難題，只要我們瞭解了方法的真諦、明確了需求的含義，就可以找到合適的方法，其他的就交由電腦來完成吧。

電腦中的軟體如恒河沙數，對於我們要分析的問題自然也存在很多有用的工具。不過資料的價值在於分析，技術只是手段，分析的境界達到了之後，將能不滯於物，草木竹石均可為劍。我們既不能太執著於具體的工具，也不能不瞭解它們。

第 1 節「技術的變遷」回顧了這幾百年來的一些關鍵技術節點。在資料分析這一廣闊的領域中，最早的手段主要是傳統的統計學。但是隨著電腦的誕生，這幾十年來產生了各種新的方法和工具，統計學也實現了翻

天覆地的變化。尤其是 21 世紀以來，人類進入知識大爆炸的時代，名詞和術語層出不窮，公眾時常會感到困惑。這一節裡我們試圖對各項技術和常見的名詞進行追溯與辨析，幫助讀者更好地瞭解如今的這個大數據時代。

第 2 節「分析工具」介紹了幾類常用的分析工具。理論上掌握其中任何一種就能應用在本書介紹的所有方法中，哪怕是最簡單的 Excel 也能解決很多實際問題。在過去的商務軟體時代裡，各種統計軟體和 BI 系統的功能十分強大，不過當今世界變化太大，各種新方法、新工具開發得太快，使用程式設計語言進行分析成了如今的主流。其中最常用的工具就是 R 和 Python，本書介紹的所有方法和例子都可以通過 R 和 Python 來實現。讀者只要掌握其中任意一種，就能很輕鬆地實現本書介紹的所有方法和例子。

第 3 節「計算框架」分析了如今大數據時代的底層技術框架，其中最重要的變化是對平行計算的重視。目前主流的並行框架可以幫助人們用低廉的成本來實現各種大數據應用的方案，從而擺脫對大公司的依賴，更重要的是能實現可擴容的資料分析，無懼未來資料量的飛速增長。

第 4 節「大數據行業應用」以互聯網行業為例，介紹了大數據技術的具體應用。大數據時代和互聯網時代可以說是同時到來的，實際上兩者相輔相成難以分割。本節從互聯網行業的發展歷程以及技術落地的角度介紹了大數據的行業應用。當然，現在越來越多的人在互聯網行業之外實現了大數據的應用，這也是未來的趨勢。

5.1 技術的變遷

5.1.1 統計學的濫觴

　　統計學是一門年輕的學科，從現代統計學的濫觴到如今也不過百年的歷史。從 20 世紀初科學領域的重大突破開始，統計學就開始在歷史舞臺上扮演越來越重要的角色，尤其是從應用出發，解決了很多實際的問題，為人類社會的進步做出了重大貢獻。等到資訊革命到來時更是如虎添翼，在如今的大數據和人工智慧時代成了最重要的基礎學科，並處於不斷地和其他學科進行融合的過程中。

統計學的基礎可以追溯到機率論，「1.2.1 小節」介紹了機率論的發展史。比較公認的說法是 1654 年，帕斯卡正式創立了機率論，1812 年，拉普拉斯出版了著作《機率的解析理論》，標誌著古典機率論的完善。1933 年，柯爾莫哥洛夫建立了機率論的公理化系統，其著作《機率論基礎》的出版標誌著現代機率論的誕生。

在從機率論走向統計學的過程中，比利時統計學家凱特勒做了很多開創性的工作。他在 1834 年成為英國皇家統計協會的創始成員之一，是把機率論引入統計學的關鍵人物，凱特勒被譽為「近代統計學之父」，也被稱為「統計學的鼻祖」。

高爾頓也是一個重要的人物，他在 1855 年發現了父子的遺傳身高向平均值迴歸的現象，這也是迴歸分析的得名原因。1869 年在其表哥達爾文《物種起源》的激發下研究了遺傳的統計規律，發表了專著《遺傳的天才》。同時也是指紋學領域的宗師，1892 年發表了專著《指紋學》。1901年，高爾頓資助並與其學生卡爾・皮爾遜等人聯合創辦了科學期刊《生物統計》。

現代統計學的大宗師之一卡爾‧皮爾遜 1857 年出生於英國，被譽為「數理統計的創始人」。他於 1895 年提出皮爾遜分配族，1900 年提出卡方檢定。皮爾遜以傾斜分配的方式提出了革命性的想法，對 19 世紀主流的決定論科學想法進行了沉重打擊。除了統計學家的身份以外，皮爾遜還是一位想法家，對於 20 世紀科學的發展產生了很大的影響。

現代統計學的另一位大宗師費希爾 1890 年出生於英國，被譽為「推論統計之父」。1912 年提出了最大概似估計。1925 年出版的《研究者用的統計方法》是第一本推論統計學的教科書，為統計方法的數學化、統計理論的實用化做出了突出的貢獻，開創了變異數分析、統計檢定、實驗設計等諸多統計學領域。費希爾在各行各業成功地應用統計學，解決了不計其數的現實問題，為統計學賦予了靈魂，他也被很多統計領域的人士當作祖師爺。

另一位偉大的人物奈曼 1894 年出生於俄國，在波蘭長大，是區間估計和假設檢定理論的創始人。他和艾貢‧皮爾遜（卡爾‧皮爾遜之子）共同做了很多偉大的研究，1928 年提出了區間估計的理論，1933 年完善了假設檢定的理論。1938 年奈曼移居美國，也標誌著統計學的中心從歐洲轉到了美國，開啟了一個新的時代。

在這些偉大人物的貢獻下，統計學由一個初生學科變成了顯學，並在隨後而來的二戰和第三次科技革命中發揮了非常重要的作用，也產生了更多耀眼的巨星，比如約翰‧圖基（John Tukey，1915 年出生於美國）、喬治‧伯克斯（George Box，1919 年出生於英國）、大衛‧考克斯（David Cox，1924 年出生於英國）這「20 世紀後半期最重要的三位統計學家」。在電腦誕生之後，統計學仍然在不斷地融合創新，直到今天還保持著積極創新、銳意進取的精神。

5.1.2 資訊時代的來臨

　　電腦的發明是人類歷史上的一件大事，很有可能是最重要的事。在有了電腦之後的這幾十年裡，人類科技得到迅猛發展，這幾十年的突破比過去所有時間累計起來的都多。人類從之前的農業時代、工業時代走向了資訊時代，並且正在預期未來真正人工智慧時代的到來。

電腦的誕生最早可以追溯到巴貝奇爵士，查理斯·巴貝奇（Charles Babbage），1792 年出生於英國，從 1822 年就開始構思電腦結構，並著手建造他設計的差分機，只是由於經費的問題，當時做了一半就停止了，但後來被其他公司成功完成，在機械時代就產生了和今天的電腦原理類似的差分機，因此巴貝奇被譽為「電腦之父」。

此外，電腦科學的重要基礎也在 19 世紀開始奠基，喬治·布林（George Boole），1815 年出生於英國，1847 年發表了《思維規律研究》並創立了邏輯代數學。布林認為，邏輯中的各種命題能夠使用數學符號來表示，並能依據規則推導出相應於邏輯問題的適當結論。這種理論為電腦的二進位和邏輯電路的設計打下了基礎。1854 年，布林出版了著作《布林代數》，並在此基礎上，經過許多年的發展，形成了現代電腦的理論基礎數理邏輯。

電腦科學和電腦的真正誕生發生在 20 世紀，其中最關鍵的人物艾倫·圖靈（Alan Turing），1912 年出生於英國。他在 22 歲時就被選為英國皇家學院研究員，1936 年在論文《論可計算數及在密碼上的應用》中，嚴格地描述了電腦的邏輯結構，首次提出了電腦的通用模型——圖靈機，並從理論上證明了這種抽象電腦的可能性。1945 年，圖靈在英國國家物理研究所開始設計自動電腦，闡述了用副程式實現某些運算而程式師不必知道機器運行細節的想法，為電腦高階語言的誕生奠定了基礎。1950

年，圖靈製成了一台體現他設計想法的電腦模型機——PIOLOT ACE。同年 10 月，圖靈發表了《電腦器與智慧》的論文，設計了著名的圖靈測試，該論文奠定了人工智慧理論的基礎。圖靈也被譽為「電腦科學之父」和「人工智慧之父」。

不過圖靈對電腦的貢獻主要在理論和想法層面，另一位元電腦領域的大宗師是馮‧諾依曼（John von Neumann），他於 1903 年出生在匈牙利，是人類歷史上偉大的數學家和科學全才，他是博弈論的創立者，也是發明第一顆原子彈、第一台電腦的核心人物。在電腦領域，他提出了馮‧諾依曼體系結構，一直沿用到今天，他在 1946 年參與發明的 ENIAC 是人類歷史上第一台通用電腦，基於馮‧諾依曼的突出貢獻，人們也把他稱為「電腦之父」或者「現代電腦之父」。

在電腦科學的誕生和發展中，還有兩位偉大的人物也不得不提。諾伯特‧維納（Norbert Wiener），1894 年出生於美國，1948 年維納出版了劃時代的著作《控制論》，討論了生物有機體和機器中的控制與通信相關的問題，深入揭示了機器像人腦一樣工作的規律，維納也被譽為「控制論之父」。克勞德‧香農（Claude Shannon），1916 年出生於美國，1948 年發表了影響深遠的論文《通信的數學原理》，1949 年發表了《雜訊下的通信》，解決了過去許多懸而未決的問題，開創了資訊理論，香農也被譽為「資訊理論之父」。值得一提的是，香農在《通信的數學原理》中提出了資訊的基本單位「比特」（bit），一直沿用至今，這是他當時在貝爾實驗室的同事約翰‧圖基給的意見。

1946 年，世界上第一台通用電腦 ENIAC，在美國賓夕法尼亞大學誕生。最初美國國防部用它來進行彈道計算，占地 170 平方米，重達 30 噸，每秒鐘可進行 5000 次運算。ENIAC 以電子管作為元器件（一共用了 18 000 個電子管），所以又被稱為電子管電腦，也被稱為第一代電腦。

1951 年，世界上第一台商用電腦 UNIVAC I 誕生，被交付給美國人口統計局用於人口普查。該電腦採用電晶體作為元器件，電晶體不僅能實現電子管的功能，又具有尺寸小、重量輕、壽命長、效率高、發熱少、功耗低等優點，是第二代電腦的典型代表。

後來，越來越多的商業電腦相繼誕生，早期電腦的作業系統和硬體是一體的，可擴展性很差。1969 年，美國 AT&T 公司的貝爾實驗室完成了 UNIX 作業系統，並於 1971 年首次發佈。1983 年，Richard Stallman 創立了 GNU 計畫，該計畫有一個目標，是為了發展一個完全自由的類 UNIX 作業系統。1987 年，Andrew S. Tanenbaum 為教學而設計了 MINIX，這是一個輕量、小型並採用微內核架構的類 UNIX 作業系統。1991 年，Linus Torvalds 上大學時對 MINIX 只允許在教育上使用很不滿，於是他便開始寫他自己的作業系統，這就是後來的 Linux 內核。如今，Linux 成了大數據時代伺服器的主流作業系統。此外，微軟公司於 1985 年發佈的 Windows 作業系統在個人電腦領域佔據了大量的市佔率。

人類進入資訊時代以來，電腦技術得到了突飛猛進的發展，其中有一個終極的目標就是希望電腦能產生真正的智慧，在這個過程中也走了很多彎路。1978 年，日本通產省委託東京大學電腦中心主任 TohruMoto-Oka 研究下一代電腦系統，希望能完成對美國的超越。1981 年，TohruMoto-Oka 為首的委員會提交了報告《知識資訊處理系統的挑戰：第五代電腦系統初步報告》。可惜的是，日本人選擇了邏輯程式語言 Prolog，走的是規則和邏輯路線，1992 年，日本政府宣佈第五代電腦研製失敗。進入 21 世紀以來，人們基於對大數據的歸納和學習，實現了很多突破，可能要揭開資訊時代的新篇章。

5.1.3 資料探勘和商業智慧

　　統計學和電腦科學是如今大數據時代的兩個支柱學科，這一百年來得到了長足的發展。在早期的應用領域，統計學專注於小樣本的分析和推論，電腦科學專注於規則和邏輯。進入資訊爆炸的時代後，這兩個學科融合後產生了化學反應，從資料中挖掘知識成了得到智慧的關鍵。由於業界擁有大量的資料和需求，因此這幾十年來業界對資料的應用也熱火朝天，尤其是資料探勘和商業智慧，為各行各業都帶來了很大的價值。

資料探勘（Data Mining）於 20 世紀 90 年代開始流行，世紀之交時跟隨人們對知識爆炸的預期變得很火。資料探勘一般是指從大量的資料中通過演算法挖掘出隱藏於其中資訊的過程，一開始是為解決行業中大量資料的問題而生，其風格也比較偏業界，尤其是結合了很多資料庫管理的技術。其中一些重要的挖掘方法，在互聯網時代也被稱為**機器學習**，機器學習最早是人工智慧的研究領域，後來納入了很多統計學的想法和方法，並在電腦演算法方面取得了很大的進展。在行業裡可以簡單地認為「使用機器學習方法、遵循資料探勘流程」來進行資料分析。兩者在很多方法上都是共用的，現在很少有人去刻意區分資料探勘與機器學習，很多時候兩個詞可以通用，尤其是題名資料探勘或者機器學習的書籍，裡面的內容也是比較相似的。

雖然資料探勘的具體技術主要是統計學和機器學習，但這個詞主要是一個業界的概念，和統計學這樣從假設與資料出發的想法不同，更傾向於從模型演算法出發。比如「4.2.1 小節」中提到了啤酒和尿布的例子，設定好關聯規則後，無論把什麼資料扔進去都會出來結果，輸出的結果中可能是啤酒和尿布關聯度高，也可能是啤酒和花生米的關聯度高，當然更有可能的是發現不了任何有關啤酒的規則。業界廠商更喜歡從演算法出發的方式，這樣他們可以開發出一套產品後一勞永逸，不論結果是不

是我們期望的,但至少是有用的,很多時候甚至會給我們驚喜。所以資料探勘迅速地佔領了業界。

資料探勘應用之初最大的問題是資料孤島,資訊時代的早期並沒有帶來完善的系統架構,很多公司的資料都分散在不同的資訊系統中,有些甚至還沒做到電子化,因此對資料探勘的實現帶來了很大的麻煩。後來**資料庫**理論成熟起來,視覺化技術也有了進展,於是**商業智慧**(Business Intelligence,簡稱 BI)開始流行起來,在 21 世紀初達到巔峰,主要針對當時所謂的巨量資料(大數據的前身)進行存儲和分析。通常指用資料庫、多變量分析、資料探勘和資料視覺化技術進行資料分析以實現商業價值。

在很長一段時間裡,商業智慧成了企業資料應用的主流方案,養活了很多 IT 類公司。通常來説,企業資訊化時可以選擇不同的基礎框架,比如大型的 ERP(企業資源規劃)、財務系統、資訊管理系統、市場銷售系統等,還有各類基於業務的業務系統。這些系統主要用來支援業務的正常運轉,是早期資訊化的主要目的。但是進入資料探勘和商業智慧時代後,企業意識到資料的價值,因此通過 BI 系統來整合資料並進行深入的分析和挖掘。當然,業界很多企業對資料的應用還比較淺顯,通常只是看一些日常的報表和圖形視覺化,還達不到資料探勘的程度,因此很多廠商的 BI 方案中只包含資料庫和視覺化的模組,深入的分析通過解決方案的方式來銷售,這也導致目前業界説的 BI 並不包含複雜的模型和演算法。

大數據流行起來之後,更多的企業認識到資料的深層價值,因此習慣把深入的分析稱為**大數據**,相對應的 BI 的範圍就更小了。不過即使如此,很多企業尤其是傳統企業,BI 建設的程度仍然不完善,因此都需要通過傳統的 BI 先解決資料整合和基礎分析的問題,然後才能開始所謂的「大數據」。

5.1.4 大數據時代新紀元

大數據（Big Data）這個詞從 20 世紀 90 年代就開始出現，2012 年《紐約時報》有篇專欄寫道「大數據時代已經降臨」，掀起了大數據的熱潮。中國也稱 2013 年為「大數據元年」，這一年裡官方媒體和各種民間的聲音都開始熱議大數據的未來，一直持續到現在。即使是最近兩年熱炒的「人工智慧時代」，也被認為是大數據時代的一個延伸，因為業內人士都認為當今 AI 的成功實際上是深度學習加大數據的成功。

大數據字面意義就是大量的資料，這和之前的巨量資料看上去沒多大區別。但是人們對大數據賦予了更多內涵，比如現在一提到大數據都要說 5 個 V：量大（Volume）、多樣化（Variety）、分析快速（Velocity）、價值大（Value）、可信度高（Veracity）。巨量資料時代主要針對的是資料量大，關注大量資料的高性能處理。而大數據時代下，資料的「大」還包括資料來源的多樣化，除了傳統的資料庫中的結構化資料以外，各種文字、圖像、聲音等資料也變成了分析物件。快速分析也成了重要的目標，尤其是在互聯網的推動下，各種即時計算、即時分析都成了大數據時代的標配。此外，資料的大除了量「大」以外，最主要的是產生重大的價值，大數據成了一種重要的資源。還有一個關鍵就是可信度高，因為很多環節的資料都可以被如實地記錄出來，改變了之前受技術所限存儲的資料不全的問題。綜合這幾個大數據的特性，大數據時代下的資料具有了不一樣的地位。不同時代所能夠提供的記錄的技術手段是不一樣的 [1]，我們談大數據的時候不能忽略其時代特徵和具體的技術手段。

人們提到大數據通常除了指數據本身以外，還包括一整套大數據的解決方案。但是對於這個解決方案範圍的界定，似乎沒有一個明確的說法。很多人認為大數據就是靈丹妙藥，什麼事都能幹，把資料扔進去就能自動出來各種有用的知識。更有甚者，覺得只要想辦法搜集更多的資料，

到了一定的程度就能賺大錢。可能很多人被這幾年互聯網領域的成功創業故事所鼓動，再加上資本的助力，各種只收集資料不賺錢的商業模式大行其道，因為很多人有個認識誤解，只要資料多了，自然就能靠大數據技術賺錢。事實上，有這種想法的人不一定很瞭解資料的應用，很多時候即使資料多了也不一定能產生價值。這是因為目前來說並不存在一套通用的大數據解決方案可以自動做所有的分析。任何行業、任何領域的大數據成功應用，都要針對具體的資料、具體的場景進行不同的分析和建模。

無論是用哪種分析方法，首先需要一套軟硬體平臺，當資料量巨大時，對平臺的性能要求非常高。傳統的方式是使用大型機甚至超級電腦，但是從 2006 年開始，**雲端計算**這個詞逐漸進入人們的視線，隨著谷歌公司發佈了 MapReduce 框架，並被 Apache 軟體基金會實現了一套 Hadoop 系統之後，基於普通個人電腦伺服器的集群方案成了主流，在「5.3.3 小節」中我們會進行詳細的介紹。在這樣的平臺下，資料可以被很方便地進行存儲和分析，並且不怕資料量激增，只需要簡單地添加硬體即可。

有了軟硬體的系統架構之後，關鍵就是具體的分析能力了，**資料科學**是一個很流行的詞。關於資料科學這個詞的淵源，可以追溯到 20 世紀 40 到 60 年代。C. F. Jeff Wu 於 1997 年旗幟鮮明地提出了「Statistics = Data Science?」，那個時期差不多正是資料科學逐漸變得廣為人知的開端。人們通常認為，從 2008 年 DJ Patil 和 Jeff Hammerbacher 把他們在 LinkedIn 和 Facebook 的工作職責定義為「資料科學家」的那個時期開始，資料科學開始在業界流行起來。

具體到資料科學的內涵，圖 5.1[2] 做了一個很好的描述，資料科學是統計學、電腦科學和領域知識的融合。如果僅有統計學和領域知識，就是傳統的資料分析，通常只是用簡單的工具處理小樣本的問題。如果只有電

腦科學和領域知識，就是業界常用的商業智慧，如果沒有數學和統計學背景的話，直接使用工具很容易犯錯，各種關於大數據誤解的例子實際上都是因為沒有深刻理解資料和方法造成的。如果只是把統計學和電腦科學結合起來，就是研究方法本身，相對應現在很熱門的機器學習。只有把三者結合起來才是資料科學，也是針對大數據的真正解決方案。

資料科學主要從人的角度出發，重點在資料科學家，強調的是融合多種理論與技術手段，基於大數據，使用科學方法從資料中獲取知識。在資料的存取方面，可以利用電腦技術搭建雲端計算平臺。在資料分析領域，可以融合統計和電腦技術實現各種高性能的分析模型。在資料應用領域，針對具體領域的需求、規則、資料特徵，設計不同的軟硬體架構和分析模型，從而實現資料的價值。這是資料科學家的職責，也是人們對大數據的期待。

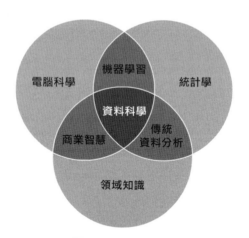

圖 5.1 資料科學

有了雲端計算平台作為基礎框架，用資料科學來進行分析，促進了大數據的蓬勃發展。近幾年，**人工智慧**變得越來越火，實際上也是大數據的延伸。「4.3.1 小節」中介紹了如今 AI 的成功主要是**深度學習**加大數據的

方案。「4.3.2 小節」中介紹了深度學習實際上就是機器學習的一部分。這種特徵學習的方法可以很方便地建模和解決部分大數據（尤其是圖像）的問題，所以在業界非常受追捧。實際上大數據的潛力遠不止於此，隨著物聯網的興起，資料只會越來越多、越來越複雜，需要更深入地理解各類方法和各種應用場景，未來的大數據必將創造更大的價值、更深遠地影響社會的進步。

5.2 分析工具

5.2.1 誰說菜鳥不會資料分析

在過去資料價值不顯的時代，資料分析被認為很神秘，似乎搞數學的人才能勝任。如今大數據時代下的資料分析又被捧得很高端，感覺需要掌握很多複雜的技術。實際上，資料的價值主要體現在問題和資料上，方法和工具都只是手段，並不是越困難的方法、越複雜的工具就能做越屬害的分析。只要深入理解資料的背景和實際的需求，用最普通的工具也能分析出漂亮的結果，比如 Excel，不只是隨處可見的辦公軟體，如果用得好，菜鳥也會做資料分析 [3]。

説起 Excel，最早要追溯到 20 世紀 70 年代，當時商用電腦價格昂貴，作業系統主要是 UNIX。市場上出現了很多製造微型電腦的公司，比如 DEC 公司。尤其是在 Intel 推出了便宜的微處理器晶片後，個人電腦的普及成了趨勢。1974 年在 DEC 的機器上誕生了 CP/M 作業系統，很快就成了微型電腦上的主流作業系統，一直到 20 世紀 80 年代才被微軟公司的 DOS 系統取代。

微軟公司 1982 年在 CP/M 系統上推出了試算表程式 MultiPlan，這就是 Excel 的前身，不過即使在微軟的 DOS 系統中，MultiPlan 的銷量也比不上競爭對手 Lotus 1-2-3。1985 年微軟在蘋果電腦的 Macintosh 作業系統上首次發佈了 Excel，1987 年首次發佈了自家作業系統 Windows 的版本。對個人使用者來說，Excel 軟體通常是包含在 Office 套件中發佈的，微軟 1990 年推出的 Office 1.0 集成了 Word 1.1、Excel 2.0 和 PowerPoint 2.0。Office 套件通常都包含 Word、Excel、PowerPoint 和 Outlook，專業版的套件還包含 Access 等工具。

從大數據分析的角度來看，Excel 本身是一個試算表，可以非常方便地存儲資料。雖然能存儲的資料量有限，在 Excel 2003 及之前的版本中最多只能存儲 65 536 行、256 列資料，在當前的版本中最多能存儲 1 048 576 行、16 384 列，有時候受到電腦性能的影響還沒辦法處理這麼多資料，但是對於日常的分析來說，這個資料量足夠了。最關鍵的好處是 Excel 隨處可得，而且大部分其他分析軟體都可以處理 Excel 檔，因此用 Excel 存儲資料成了一種事實標準。

除了能存儲資料，關鍵是能處理和分析資料，Excel 內置的公式的功能非常強大，可以通過在儲存格中設置公式的方式來對資料進行運算，同時公式可以通過拖動的方式進行複製，相當於一次處理一行或者一列的資料，實際上就是向量化運算。圖 5.2 所示的是一個設置公式的介面，可以很方便地選取內置的函數，並通過視覺化的方式顯示被引用的儲存格，從而實現各種複雜的資料操作。

如果需要進行更為複雜的分析，比如運行某些統計模型或者運籌學方法，可以載入 Excel 中自帶的「分析工具庫」和「規劃求解載入項」。這兩個工具箱包含在 Excel 的發行版本中，但不會預設啟動使用，需要手動設置。如圖 5.3 所示，在「Excel 選項」中管理「載入項」，然後勾選這

兩個工具庫。成功後會發現功能表列中的「資料」項中出現了「資料分析」和「規劃求解」這兩個模組。

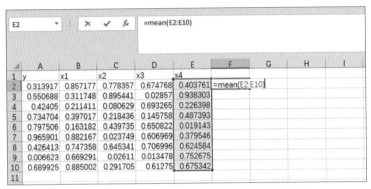

圖 5.2　Excel 公式操作

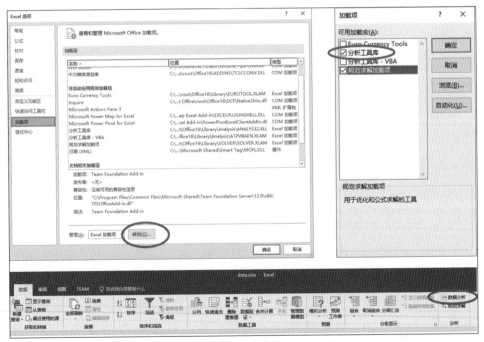

圖 5.3　開啟 Excel 的分析工具庫

「資料分析」模組包含了常用的分析模型，可以當作一個小型的統計分析軟體來使用，如圖 5.4 所示。常見的描述統計、迴歸分析、相關係數、變異數分析、假設檢定等方法都可以很簡便地通過這個介面來實現。分析結果會自動保存在 Excel 的表格中，方便使用者複製粘貼到報告裡。

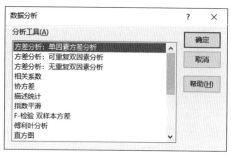

圖 5.4 Excel 的「資料分析」介面

除了這些統計模型以外，我們還可以在功能表列裡通過「插入」的方式來添加統計圖表，用「樞紐分析表」來實現多變量分析。基本上常用的分析功能，無論是描述統計、多變量分析還是統計模型、運籌學方法，都能夠通過 Excel 來實現。因此，資料分析並不是一件神秘的事情，即使是 Excel 這樣隨處可得的工具都能滿足大部分的分析需求，技術和工具不應該是瓶頸，理解需求、掌握方法才是關鍵。

5.2.2 群雄逐鹿的分析軟體

在 20 世紀末和 21 世紀初，一提到資料分析人們首先想到的就是統計軟體，那是一個百花齊放的年代，不同公司推出的統計軟體各有所長，很多統計系的學生都要糾結該學哪一種。後來隨著巨量資料的興起，越來越多的商業智慧（BI）軟體變得流行起來，各大 IT 巨頭都推出了自己的 BI 解決方案。一直到「大數據時代」來臨之前，這些商務軟體都牢牢地佔據了資料分析工具的主流位置。

SPSS 是世界上最早的統計分析軟體，由美國史丹福大學的研究生 Norman H. Nie 等人於 1968 年開發，同時成立了 SPSS 公司，並於 1975 年在芝加哥建立了 SPSS 總部，SPSS 是「Statistical Package for the Social Sciences」的縮寫。1992 年開始推出 Windows 版本，同時給 SPSS 這個縮寫賦予了「Statistical Product and Service Solutions」的含義。很長一段時間裡，SPSS 因為介面親和、操作簡單、功能強大，一直是最受歡迎的統計軟體之一。2009 年 7 月，SPSS 公司被 IBM 以 12 億美元收購。創始人 Norman H. Nie 在 SPSS 被收購後出任 Revolution Analytics[1] 的 CEO。

SAS 可能是世界上最著名的統計軟體，是「統計分析系統」（Statistical Analysis System）的縮寫。SAS 肇始於北卡羅萊納州立大學，起初只是一個用於分析農業研究的軟體。隨著對該軟體需求的增長，SAS 公司於 1976 年正式成立，旨在為所有類型的客戶提供服務，範圍涵蓋了醫藥企業、銀行業以及學術和政府機構。如今 SAS 的客戶遍及全球 146 個國家，全球約 83 000 個企業、政府和大學都是 SAS 的客戶。SAS 目前共有員工 14 000 多名，是全球最大的軟體公司之一，也是最大的私人公司之一。SAS 在統計軟體時代就因能處理大數據量而著名，其記憶體外計算技術的運算性能即使和當時的 BI 軟體相比也毫不遜色，在分析模型和程式設計的擴展性方面還要更強，所以一直是高端分析工具的代稱。不過進入大數據時代以來，R 和 Python 這樣的新時代程式設計語言因為開放靈活、學習容易、資源豐富，逐漸變成主流。

S-PLUS 是另一個非常著名的統計軟體，MathSoft 公司 1993 年獲取 S 語言[2] 的排他使用權，推出了 S-PLUS。除了傳統統計軟體都包含的圖形介

1　一家基於 R 語言開發統計軟體的公司。

2　誕生於貝爾實驗室，R 語言的前身，詳見「5.2.4 小節」。

面以外，S-PLUS 還內置了專業且靈活的統計計算程式設計語言 S，具有無與倫比的可擴展優勢，一時間非常受歡迎。2001 年，MathSoft 總部搬到西雅圖，並改名為 Insightful。2004 年，Insightful 以 200 萬美元從朗訊科技手中購買了 S 語言的所有權。2008 年，Insightful 被 TIBCO 以 2500 萬美元收購，S-PLUS 被整合到 TIBCO 的產品 Spotfire 中。

在統計軟體的時代，還流行很多著名的軟體，比如數學家非常喜愛的、以矩陣語言而著稱的 GAUSS；資源豐富、語言強大、在醫療製藥領域有著廣泛用戶的 Stata；時間序列分析和計量經濟的利器 Eviews；使用簡單、圖形報表非常漂亮的 Minitab。這些統計軟體都曾紅極一時，不過隨著知識爆炸時代的到來，很多資料分析的場景需要大量的資料，也被稱為「巨量資料」，這些資料通常存儲在生產系統的資料庫中，業務中的主要問題不是複雜的推論統計模型，而是資料孤島的問題。針對這樣的情況，人們提出了「資料庫」這個概念，通過對資料進行抽取、轉換、載入（簡稱 ETL）等操作，把散佈在資料孤島中的各類資料匯總到一個「倉庫」中，這就是資料庫。資料庫在物理上也是一種關係型數據庫，但它通常包含巨量的行和列，很難用傳統的統計軟體一次讀入到記憶體之後再做分析。針對這種需求，「商業智慧」（BI）應運而生，在資料庫之上，進行多變量分析（通常稱為線上分析處理，簡稱 OLAP）和資料的視覺化展現，再利用資料探勘技術進行深入挖掘。

在 BI 時代，也產生了一些軟體巨頭。Business Objects（簡稱 BO）公司成立於 1990 年，在 21 世紀成為最大的 BI 公司之一，2007 年 10 月被 SAP 以 68 億美元收購。Hyperion 軟體公司成立於 1998 年，在 BI 時代也迅速成為軟體巨頭，2007 年 3 月被 Oracle 以 33 億美元收購，並整合到 Oracle 的 BI 產品 BIEE 中。Cognos 是一家老牌的軟體公司，成立於 1969 年，巔峰時期曾經有 3500 名雇員和 20000 多個客戶，2007 年 11 月被

IBM 以 50 億美元收購。其他的獨立 BI 公司，Microstrategy 和 QlikView
發展得也不錯，在全球擁有大量的客戶。

隨著 SPSS 和幾家 BI 巨頭被收購，雲端計算時代到來了，軟體行業的商
業模式也被顛覆，越來越多的開源軟體和免費軟體成為主流，性能和穩
定性也都不亞於商務軟體。比如資料探勘系統 RapidMiner，2001 年誕生
於德國多特蒙德工業大學，2013 年總部遷到美國，提供了遵循 AGPL-3.0
協議的開源版本，同時也支援商業協定，內置了豐富的資料探勘和機器
學習演算法，還可以使用方便的圖形介面和拖曳操作進行複雜的建模。
BI 系統 Pentaho 還提供開源的社區版，集成了 ETL 工具 Kettle、OLAP
引擎 Mondrian 等經典的開源軟體，還可以基於 Hadoop 進行部署。在分
析模型和演算法的開發方面，R 和 Python 語言也成了最火熱的工具，改
變了人們通過圖形介面進行分析的習慣，在大數據時代下發揮著越來越
重要的作用。

5.2.3 全棧工程師的最愛

　　荷蘭人 Guido van Rossum 於 1989 年創造了 Python。起初，Python 作
為一種靈活的膠水語言在程式設計和系統開發領域比較流行，進入大數據
時代後，基於 Python 的各種機器學習和深度學習的工具模組得到了爆發式
增長，Python 突然間成了資料科學的主流語言。Python 的一個設計哲學是
「優雅」、「明確」、「簡單」，其開發者的哲學是「用一種方法，最好只有
一種方法來做一件事」。所以 Python 很適合被稱為一個萬能的工具，既能
分析大數據，又能對平臺進行運維，還能開發系統，是全棧工程師的最愛。

說起 Python，要先說 ABC 語言，這是荷蘭人 Guido 參加設計的一種教
學語言，他認為 ABC 非常優美和強大，是專門為非專業程式師設計的。
但是 ABC 語言並沒有成功，究其原因，Guido 認為是其非開源造成的。

1989 年耶誕節期間，在阿姆斯特丹，Guido 為了打發無聊，決心開發一個新的指令碼語言作為 ABC 語言的繼承，既能避免不開源的錯誤，又能實現一些他曾經想做但沒實現的功能，於是 Python 就誕生了。之所以選中 Python（大蟒蛇的意思）作為該程式設計語言的名字，是因為 Guido 是一個叫 Monty Python 的喜劇團體的愛好者。

由於 Python 語言的簡捷性、易讀性以及可擴展性，在國外用 Python 做科學計算的研究機構日益增多，一些知名大學已經採用 Python 來教授程式設計課程。例如卡耐基梅隆大學的程式設計基礎、麻省理工學院的電腦科學及程式設計導論就使用 Python 語言講授。眾多開源的科學計算套裝軟體都提供了 Python 的調用介面，例如著名的電腦視覺庫 OpenCV、三維視覺化庫 VTK、醫學影像處理庫 ITK。而 Python 專用的科學計算擴展庫就更多了，例如 NumPy、SciPy 和 Matplotlib，它們分別為 Python 提供了快速陣列處理、數值運算以及繪圖功能。因此 Python 語言及其眾多的擴展庫非常適合工程技術、科研人員處理資料、開發系統以及大數據分析。

設計者開發時總的指導構想是，對於一個特定的問題，只要用一種最好的方法來解決就好了。這在 Tim Peters 寫的 Python 格言（稱為 The Zen of Python）裡面表述為「用一種方法，最好是只有一種方法來做一件事」。正好和 Perl 語言（另一種功能類似的高級動態語言）的中心想法 TMTOWTDI（總是有多種方法來做同一件事）完全相反。事實上，在 Python 誕生之後的很長時間的，Python 一直是和 Perl 語言進行比較的，尤其是在處理文字和作為靈活的膠水語言方面，兩種語言都非常強大，使用者眾多。進入到大數據時代後，Python 在機器學習方面發揮了獨有的優勢，並且誕生了很多功能強大的擴展庫，於是在資料科學領域，Python 越來越多地被和 R 語言進行比較了。

Python 的作者有意地設計了限制性很強的語法，使得不好的程式設計習慣都不能通過編譯。其中很重要的一項就是 Python 的縮進規則，用縮進表示語句塊的開始和退出，而非使用花括弧或者某種關鍵字。增加縮進表示語句塊的開始，而減少縮進則表示語句塊的退出。縮進成為語法的一部分。

Python 是一種開源的程式設計語言，環境非常開放，目前能成為資料科學的主流語言，除了因為程式設計靈活以外，最重要的原因是資源豐富，各種最新的機器學習、人工智慧演算法，基本上都可以第一時間在 Python 中找到擴展模組，各種開源工程、新的計算框架也多半會帶有 Python 介面，Python 的使用者也都很有分享精神，學習者可以很容易地找到很多案例和文檔，甚至手把手教授使用的例子。

對於沒有程式設計基礎的人來說，剛接觸 Python 時可能會被版本、安裝、格式等問題困擾，但是一旦習慣了 Python 的想法之後就會變得很輕鬆，經常能舉一反三，很適合演繹的思維方式。Python 的用戶圈中流傳著一句話「人生苦短，我用 Python」（Life is short, you need Python），很能說明問題，學會 Python 後基本就可以一勞永逸，無論什麼事情都可以拿 Python 來試試。

5.2.4 本書作者最愛的 R

紐西蘭人 Ross Ihaka 和 Robert Gentleman 創造了 R，因為兩位原作者名字的首位字母而得名。R 語言專注於統計模型和資料分析與視覺化，程式設計容易、資源豐富、入門門檻低。它的一個設計理念是「人類的時間永遠比機器的時間更寶貴」，在資料科學領域，R 雖然經常因為運算性能稍弱被詬病，但它一直是資料科學領域程式設計最容易的語言，可以用最少的代碼來解決複雜的分析問題。

說起 R，要先說 S 語言。S 語言誕生於 John M. Chambers 領導的貝爾實驗室統計研究部，在 1998 年被美國電腦協會 (ACM) 授予了軟體系統獎，這是迄今為止眾多統計類軟體和語言中唯一獲得過該獎項的語言。

1976 年 5 月，Chambers 和同事第一次討論了 S 語言的想法，然後很快就使用 FORTRAN 語言實現了，此時的 S 語言稱為第一版（S1），提供了很多演算法的介面，但是只支援作者當時的作業系統。從 1978 年開始進行了很多更新，開始支援 UNIX 系統，此時稱為第二版（S2）。1983 年到 1992 年是 S 語言的成熟期，此時稱為第三版（S3），與今天的 S 語言和 R 語言差別不大，在此期間有了「萬物皆物件」的概念。

R 可以認為是 S 語言的一種「方言」，同時也吸收了很多 Scheme 語言的特性。根據 R 語言的作者之一 Ross Ihaka 的回憶，很久以前他讀了《電腦程式的構造和解釋》[4] 這本經典著作之後受到了很大的啟發，而當時他正好有許可權使用最新版的 S，於是萌生了改進 S 語言的想法。1992 年，Ross Ihaka 和 Robert Gentleman 在奧克蘭大學成為同事，二人為了教學的目的基於 S 合作，並借鑒另一種程式設計語言 Scheme，開發了一門新的語言，根據二人的名字首字母，將其命名為 R。

作為一套完整的資料處理、計算和繪圖系統及操作環境，R 語言可以獨立完成資料科學工作中的幾乎所有任務，而且可以完美配合其他工具進行資料交互。R 語言中的大部分函數以擴展模組的形式存在，方便管理和擴展。由於代碼的開源性，使得全世界優秀的程式師、統計學家和生物資訊學家加入到 R 社區，為其編寫了大量的 R 模組來擴展其功能。這些 R 模組涵蓋了各行各業中資料分析的前沿方法。

R 作為一種解釋性的高階語言，程式的編寫非常簡單，僅僅需要瞭解一些函數的參數和用法，不需要瞭解更多程式實現的細節，而且 R 能夠即時

解釋輸入的程式或命令，使用者所見即所得，非常適合程式設計經驗不足的用戶。

R 語言是統計學家發明的語言，和所有的電腦專家發明的語言不同，它更適合毫無程式設計經驗的用戶。在 R 的學習過程中，入門是非常容易的，但最痛苦的時期在於跨過門檻之後的那段時期。其實這主要是因為 R 具有一個和其他語言都不同的特別之處，就是 R 語言的使用者可以有兩種身份：「使用者」和「開發者」。對於其他程式設計語言來說，不存在單純的「使用者」這個概念，比如 C 語言，學習語言就是為了程式設計，學的就是程式設計。但是 R 同時也是一個統計軟體，可以類比於 SPSS 等圖形化統計軟體。SPSS 的普通用戶（類比 R 的「使用者」）只需要滑鼠操作即可，如果要增加新的功能，那是 SPSS 公司的程式師（類比 R 的「開發者」）幹的事。R 的使用者也可以很簡單地使用各種分析方法，很多高級的功能完全不需要使用，只是通常使用命令式操作，讓人感覺是在程式設計而已。

R 容易讓人困惑的地方就在於此，剛接觸 R 的人覺得最不可思議的地方可能就是在 R 中，經常會出現某個類似功能可以通過多種方式來實現的情況，那麼使用者就會疑惑這幾個不同函數的區別，會感到無所適從。實際上，R 中新函數的添加相對比較隨意，很多地方可能僅僅只是因為核心團隊的習慣而變化的。作為普通的 R 用戶，最好不要糾結這些奇怪的地方，對於 R 來說，哪怕是學習程式設計也要有使用統計軟體的心態，多用歸納的思維方式，以解決問題為初學的第一要務。

R 是一種函數式的程式設計語言，同時又大量使用物件導向的機制，很多函數和命令的風格差異很大，對於 R 的協力廠商模組來說，也存在這個問題，不同作者的程式設計習慣和開發目的可能會千差萬別。針對這種情況，我們尤其要注意 R 中使用者和開發者這兩種身份。一般來說，為

使用者開發的函數都會是一個具體的分析方法或者是繪圖函數，使用者只需要學習參數的用途就可以進行分析。這樣的函數說明和例子也會很豐富。為開發者開發的函數通常涉及一些系統的高級操作或者複雜的資料處理，很多時候說明文檔不是很詳細。普通用戶在使用的時候一定要注意區分。

這幾年，R 和 Python 在資料科學領域經常被放在一起比較，很多人關注的點可能在於具體的功能和協力廠商資源上，實際上，這兩種語言的最大差異在於其設計哲學。Python 信奉的是「用一種方法，最好是只有一種方法來做一件事」，所以基本上可以做到一個工具解決所有問題，而且在所有領域都不差。而 R 的核心部分 S 語言在設計之初就有一個理念「人的時間永遠比機器的時間寶貴」。一開始就專注於統計計算，在程式設計風格方面更接近統計學家和普通人的習慣，容錯能力強但是不太嚴謹。一般來說，實現同樣的分析功能，使用 R 語言編寫的程式要比使用其他語言的更加簡短 [5]。

另外，R 的團隊在初期使用了大量的 Perl 語言作為編譯工具，在其工程化應用中也秉承了 Perl 的「總是有多種方法來做同一件事」的想法。簡單來說，R 專注於資料建模和分析視覺化，在其他方面尤其是工程領域都是和其他主流語言融合，相當於任何功能都用最好的，比如高性能計算方面常用 C/C++ 和 FORTRAN 的框架，工程開發方面常用 Java 的框架，動態視覺化方面常用 HTML5 和 JavaScript 的框架。所以對於用戶來說，R 對於程式設計經驗不足的人非常友好，在分析建模方面比較有優勢，但是如果要實現通用的功能，常常需要和其他工具整合，會增加使用難度。用戶應該充分瞭解自己的使用需求和日常的處世哲學，才能夠選擇最適合自己的資料科學類語言。

5.3 計算框架

5.3.1 冰箱裡的大象

　　有一個腦筋急轉彎的題目：怎樣把大象裝進冰箱？答案是需要三步，一、打開冰箱門，二、把大象放進去，三、把冰箱門關好。這個問題有時候被當成正面的例子，說的是整體思維和管理方式，尤其是決策者要把關注點放在結構而不是細節上。有時候又被當成反面的例子，說的是構思和落地的問題，不能光想一些不切實際的東西，要做到真正能落實。

理論上冰箱是一個六面封閉的箱體，我們可以把它製造得足夠大，大到比大象還大，那麼大象自然是可以直接裝進去的。但是如果我們想要將一隻恐龍裝進去，恐怕就不行了。當然我們也可以造一個恐龍那麼大的冰箱，不過如果下次又要裝藍鯨，可能又不夠。而且如果一開始就造一個恐龍那麼大的冰箱，萬一沒有那麼多東西可裝，會造成巨大的浪費。假設我們有很多塊 1 平方米大小的鋼板，無論要裝的動物有多大，都可以快速地拼裝成六面體，那麼可以先做一個比較小的箱子，等有需要的時候再擴大。但是這樣拼出來的箱子並不是冰箱，不具備製冷的功能。假設這些小板子可以獨立供電製冷呢？那麼可以隨時拼成一個大冰箱，這樣就能夠滿足我們的需求了，可惜的是，這種辦法理論上似乎可行，但目前並沒有真實的解決方案。

在大數據領域，很多人都認為所謂的「大數據」就可以裝進一個這樣的冰箱，把資料放進去就行了，其他什麼事情都不用管。實際上這樣的想法可以說對也可以說不對。說對的原因在於如果僅僅是想「裝入」資料，無論這頭資料的大象有多大，都有可能存在一種架構，實現**可擴容**（Scalable），得以低成本地裝入更大的大象，這就好比用一些板子拼成箱子，但是並不具備製冷的功能。說不對的原因在於從資料到結論是一個

複雜的過程，針對特定的分析需求，就好比「製冷」這個功能，要想通過搭積木的方式來實現，比直接用各種小板拼裝成箱子要複雜得多。即使我們可以製造出能獨立製冷的基礎模組，如果我們的功能需求變了，不是製冷而是加熱，這些小板子又不能用了。這就好比資料分析領域，不同的資料、不同的需求、不同的應用場景、使用不同的方法，都可能得到完全不同的結論。資料本身的規律千變萬化，很難有什麼通用的「模型」或者「演算法」可以滿足所有需求，想打造這樣一個一勞永逸的冰箱（或者烤箱）很可能會徒勞。

對於大數據來說，人們關注的不僅是「存起來」，還有「用起來」，前者主要指數據存儲和基礎查詢，後者主要指大數據的分析與深入挖掘。在早期的資料應用中，人們對資料價值的理解有限，絕大部分的使用場景只是把資料電子化、存儲起來後可以查詢即可，最多進行一些分類匯總、描述統計之類的簡單分析。在大數據時代所謂的「大數據分析」通常會使用各種統計模型、機器學習方法進行深入分析，這套分析的方法和技術也常被稱為「資料科學」。[3] 針對大數據應用的不同需求，我們如果要實現「可擴容」，也存在不同層面的解決方案。

如果只是進行資料存儲，傳統的方式是基於大型的檔案伺服器或者關係型數據庫，這樣的方式不容易擴容，如果資料量有增加，需要升級硬體和軟體，舊的系統可能會被完全淘汰。但是進入雲端計算時代後，用普通的個人電腦（PC）作為伺服器建立集群成了主流，人們可以使用 Hadoop 之類的框架存儲資料，如果需要擴容，只需簡單地增加電腦即可，既能利用到已有的設備，也無須在系統層面做任何修改，非常簡便和快捷。[4]

3　詳見「5.1.4 小節」。

4　關於大型的獨立伺服器和分散式雲計算的背景在「5.3.3 小節」會有詳細的討論。

如果要進行一些標準化的簡單資料分析，如求和、平均數、分類匯總等
計算，可以直接使用 Hadoop 中的 MapReduce 框架來實現，可做到輕易
地擴容。如果是針對商業智慧中的多變量分析[5]，可以使用 Apache Kylin
項目，同樣可以在 Hadoop 的集群上部署和快速擴容。更多時候，我們的
分析方法並沒有這麼簡單和標準化，所以如何把模型和演算法改寫成並
行的方式成為擴容的關鍵難點。好在目前有 Spark 之類的優秀框架，能
夠比較容易地開發平行算法[6]，在這個層面上的開發很難有一套一勞永逸
的方法，畢竟不同的演算法改寫成平行算法所花費的精力很可能千差萬
別，需要我們針對不同的問題進行定制化的開發。不過一旦能解決具體
問題的平行算法開發、部署到 Hadoop 或者 Spark 之類的集群中後，以後
面對更大的資料量，只需要簡單地增加伺服器即可，無須修改演算法或
者升級系統，從這個意義上來看，也實現了可擴容。

綜上所述，在如今主流的大數據框架下，我們可以實現可擴容的資料分
析，如果能夠在資料量比較小、伺服器數目比較少的時候就開發和部署
一套分散式的存儲與分析框架，當未來資料量暴增的時候，就可以很簡
單地通過添加硬體的方式實現擴容，而無須像傳統的方式那樣進行漫長
的備份、遷移、升級。目前流行的 Hadoop、Spark 等大數據框架可以減
輕很多並行處理的工作，但它們並不是萬能的，對於很多具體的問題，
尤其是平行算法的實現，還需要我們進行詳細的設計和開發。可以這麼
說，只有同時具備了大數據框架的使用能力和資料科學的理論與工程能
力，才能在大數據時代實現真正的可擴容資料分析。

5　詳見「5.1.3 小節」。
6　在「5.3.2 小節」中會進行詳細的討論。

5.3.2 將兵與將將

《史記》[6] 的「淮陰侯列傳」裡記載了這麼一個故事：劉邦問韓信自己能帶多少兵，韓信說能帶 10 萬人，劉邦又問韓信能帶多少，韓信說越多越好，劉邦笑了，說你這麼屬害為什麼以前還被我抓了？韓信說您雖然不善於帶兵（將兵），但是善於指揮將領（將將）啊。這個故事深入人心，「多多益善」這個成語也因此流傳下來。劉邦也很同意這個觀點，後來還說他自己運籌帷幄不如張良、安撫百姓不如蕭何、帶兵打仗不如韓信，他只是會用人而已。

劉邦的這種才能很屬害，和另一個著名人物諸葛亮對比一下就知道了。在《三國演義》小說裡，諸葛亮聰明得快要接近神了，打仗時經常會命令某人埋伏、某人放火、某人舉旗、某人不戰只退、某人斜刺裡殺出，每個人聽到命令後都不知道最後會發生什麼，最後敵軍被一條龍地殲滅後，得勝歸來的將軍們都會對諸葛亮佩服得五體投地。諸葛亮這種指揮的方式基本上相當於精確到個人了，巨細無遺、事必躬親，雖然也很屬害，但最後操勞過度，出師未捷身先死，用今天的話來講，這是因為沒能做到可持續發展。

如果蜀漢的軍隊數量再多 10 倍，對諸葛亮來說可不是好消息，因為他可能會更加疲於奔命，生命消耗得將會更快。但對於劉邦來說，事情就簡單多了，他不會親自指揮到士兵或者低級軍官，如果士兵數量增加，只需要多找一些韓信這樣的將領就行，將領們各司其職，他自己過得輕鬆自在。劉邦和諸葛亮這兩種不同的管理模式，類比到演算法領域，就是單中心計算和平行計算的問題。

平行計算（Parallel Computing）也稱平行運算，指的是很多指令同時進行的計算模式。在高性能的運算中，通常是指將一個複雜的任務拆解成不同的子任務，然後交由電腦的多個核或者不同的電腦分別處理，最後

自動將結果匯總的過程。舉一個最簡單的例子，假如我們要把從 1 到 100 的數連加起來，那麼要進行 99 次加法運算。我們也可以將資料分成兩部分，第一部分是從 1 到 50，第二部分是從 51 到 100。然後將這兩部分資料分給兩台電腦，每台電腦只需要運行 49 次加法即可，這兩台機器可以同時計算，最後把兩台機器的結果加起來。

假設我們有兩台電腦，如果某台電腦要事必躬親的話，那麼這台電腦需要計算 99 次，而另一台電腦閒置起來造成了浪費。如果把任務拆成兩部分，兩台電腦各自計算 49 次，然後使用某台電腦把結果匯總，就能有效地利用資源並節省時間，這是平行計算最直接的好處。在其他更複雜的場景中，比如我們要計算兩個行列都是 100 萬的矩陣的乘積，很可能每台電腦的記憶體都不夠，用一台單獨的電腦根本無法完成這樣的工作。即使我們剛好有一台能解決這個資料量的電腦，如果日後資料變成了行列都為 1000 萬的矩陣，如果處理不了就只能升級電腦了。如果我們一開始就通過平行計算來實現這個矩陣乘法，比如將每個矩陣分成 100 個行列都為 10 萬的矩陣，使用分塊矩陣的乘法演算法，每次只需要計算維度為 10 萬的矩陣乘法即可，這樣的任務可以分配給很多台不同的電腦來完成。無論以後資料量變得有多大，都可以將其分解成維度在 10 萬以下的矩陣塊，不會出現記憶體不夠的情況，也可以通過增加電腦來加快計算速度。

當然，矩陣乘法的分塊並行不像從 1 到 100 的加法那麼簡單，需要利用到平行算法。假設矩陣 A 和 B 是兩個可以相乘的矩陣，我們將它們分別分解成 $s \times t$ 和 $t \times r$ 個塊：

$$A = \begin{bmatrix} A_{11} & A_{12} & \dots & A_{1t} \\ A_{21} & A_{22} & \dots & A_{2t} \\ \vdots & \vdots & \ddots & \vdots \\ A_{s1} & A_{s2} & \dots & A_{st} \end{bmatrix}, B = \begin{bmatrix} B_{11} & B_{12} & \dots & B_{1r} \\ B_{21} & B_{22} & \dots & B_{2r} \\ \vdots & \vdots & \ddots & \vdots \\ B_{t1} & B_{t2} & \dots & B_{tr} \end{bmatrix}$$

其中，A_{ik} $(k = 1,2,\cdots,t)$ 的列數分別等於 B_{kj} $(k = 1,2,\cdots,t)$ 的行數。則有：

$$AB = \begin{bmatrix} C_{11} & C_{12} & \dots & C_{1r} \\ C_{21} & C_{22} & \dots & C_{2r} \\ \vdots & \vdots & \ddots & \vdots \\ C_{s1} & C_{s2} & \dots & C_{sr} \end{bmatrix}$$

其中 $C_{ij} = \sum_{k=1}^{t} A_{ik}B_{kj}$ $(i = 1,\cdots,s; j = 1,\cdots,r)$。可以發現，每一個基本運算都是基於子塊的運算，所以記憶體不夠的情況可以解決，但代價是計算變得更複雜了。根據這個公式可以實現平行算法，但很顯然這個演算法的難度比直接進行矩陣運算要大，需要進行額外的程式設計才能把這個平行算法部署到不同的機器上執行，還需要把各個節點機器計算的結果進行匯總，最後才能完成計算。

對於平行算法來說，上面這個矩陣乘法雖然比 1 到 100 的加法複雜，但仍然算是**易並行** [5]（Embarrassing）的問題，真正在實際中遇到的並行問題往往會複雜得多，對平行算法的實現也是很大的挑戰。但基本的原理是相同的，通過數學公式（或者電腦程式）把一個大的計算問題分解成很多小的任務，然後把不同的子任務分配給不同的電腦（或者一台電腦上不同的 CPU 核）來運行，最後匯總並輸出結果。這個過程可以直接程式設計實現，也可以借助下一節介紹的一些分散式框架來實現。一旦平行算法開發完成、成功部署，以後如果資料量增加、現有的電腦集群無法滿足性能要求，那麼只需要簡單地增加整個集群的節點數目即可，不需要修改演算法，也不需要升級系統，就好比劉邦管理軍隊一樣，再多兵力也不怕。

5.3.3 電老虎和電螞蟻

以前，很多大型機構都用一種大型機作為伺服器，這種機器非常巨大，通常佔據一個很大的房間，使用的時候電錶會一直飛轉，因此這種大型機被戲稱為電老虎。時至今日，PC 伺服器組成的巨大集群成了主流，集群中的每個節點電腦都很小，就像螞蟻一般，但是合在一起後能量巨大，這些螞蟻的胃口一點也不小，除了運行時的正常耗電之外，還需要大量電力用於空調降溫，比起電老虎的大型機有過之而無不及，實在是不折不扣的電螞蟻。

大型機大規模地應用到業界已經有大半個世紀的時間了，這個領域的巨頭是 IBM 公司，全球排名靠前的大公司很多都曾經是大型機的客戶，大型機由於高安全性（目前尚無駭客可以攻擊）、高可靠性（全年宕機時間不超過 5 分鐘、可以在不重啟的情況下運行 10 年）、強大的交易處理能力（一天可以處理百億次事務），從一開始就成為對資料有高端需求的公司的標配。直到今天，銀行、電信這些對安全性和穩定性要求高的行業都還在用大型機。

大型機的缺點也是顯而易見的，一方面是運行在其上的系統通常比較陳舊，另一方面是遷移和擴容的成本巨大。當然，使用大型機的目的就是穩定和不要遷移，但是在如今瞬息萬變的資訊時代，這種不靈活性還是會影響到公司戰略的。所以這些年出現了很多替換大型機的聲音，2012年時，美國宇航局（NASA）宣佈關閉最後一台大型機，標誌著一個時代的終結，但這並不意味著大型機就被歷史淘汰了，至少目前還有很多適合大型機的場景，大型機的市場銷量也還不錯。

另外有一種容易和大型機混淆的機器叫作**超算**（超級電腦），也被稱為巨型機。這兩種機器的差異並不是個頭的差別，簡單來說，大型機強在穩定性和處理多事務的能力，具體到每個事務通常都很簡單，在商業企

業中有廣泛的應用。而超算強在能進行非常複雜的大規模計算，主要用於科研和軍方項目。從 2012 年到 2015 年，在全球超級電腦的排名中，我國的天河二號 6 連冠，後來美國要求 Intel 公司禁售超算晶片給天河二號，沒想到我國自主研發的神威·太湖之光異軍突起，於 2016 年繼續奪冠，而且首次奪得高性能計算領域的戈登貝爾獎，截至 2017 年年底，神威·太湖之光蟬聯了戈登貝爾獎，並且在全球超算排行榜中已經 4 連冠了。

無論是大型機還是超算，都是非常龐大的個體，購買或者租用都很貴，一般的企業很難承受。對於企業的日常應用，尤其是變化劇烈的互聯網行業，還需要系統能夠做到可擴容[7]，既要能滿足處理大量事務的需求，又要能滿足進行複雜計算的需求。一個很自然的想法就是通過大量便宜的 PC 伺服器實現平行計算[8]，這種架構從 20 世紀 80 年代開始就一直有著廣泛的應用。2006 年，亞馬遜公司將其彈性計算雲端服務命名為「雲端計算」，後來雲端計算這個詞就成了這種遠端並行框架的代稱。

讓**雲端計算**火起來的關鍵原因可能是谷歌公司的一個貢獻。2004 年，谷歌向公眾發佈了內部使用的大規模資料處理的模型框架 MapReduce，提供了一套非常便利的程式設計模式，只需要按照標準編寫每個節點的映射（Map）和總體化簡（Reduce）的函數，將其放在整個計算框架中，就能實現自動的任務分配和平行計算。這篇文章在工程上有很大的意義，因為並行化任務、平行計算最麻煩的地方是將工作改寫成並行所耗費的開發量，有了這麼方便的框架後，讓普通人、普通公司使用並行框架成為可能。

7　詳見「5.3.1 小節」。

8　詳見「5.3.2 小節」。

光有 MapReduce 框架，沒有一個合適的軟體系統也不方便，這個時候 Apache 軟體基金會為大家送來了開源的 Hadoop。[9]Hadoop 的前身可以追溯到 Apache 的 Lucene 專案下的 Nutch 系統，該專案發起於 2002 年，業界廣泛地使用它來實現網路爬蟲。該項目實現了 NDFS（Nutch Distributed File System）分散式檔案系統。2004 年谷歌的文章發佈後，該專案開始實現 MapReduce 的機制，並且與 Google 的 GFS（Google File System）相對應地發展了 HDFS 分散式檔案系統。到 2006 年的時候，Apache 啟動了對 Hadoop 項目的獨立支持，正式從 Nutch 分離。2008 年，Hadoop 成為 Apache 的頂級項目。

Hadoop 的核心是 MapReduce 框架和 HDFS 分散式檔案系統，此外，還有建立在 HDFS 之上的 HBase 系統，這是一個分散式的存儲系統，與 Google 的 BigTable 相對應。Hadoop 是基於 Java 編寫的，支援 streaming 的方式，可以用檔腳本的方式傳入 mapper 和 reducer 函數，支援 Python 和 R 語言的腳本，可以使用這兩種通用的資料科學語言實現 Hadoop 平臺上的平行計算。

Hadoop 的 MapReduce 雖然方便，但是每個節點的計算都需要讀寫 HDFS 檔，如果演算法需要頻繁地存取資料，效率就會很低。針對這個問題，加州大學伯克利分校 AMP 實驗室於 2012 年開始開發 Spark，這是一種類似於 MapReduce 的框架，擁有 MapReduce 所具有的優點。但是中間輸出結果可以保存在記憶體中，從而不再需要讀寫 HDFS，因此 Spark 能更好地適用於資料探勘與機器學習中需要反覆運算和頻繁讀取檔的各種演算法場景。Spark 是對 Hadoop 的補充，可以在 Hadoop 檔案系統中運行，

9　Apache Software Foundation，簡稱為 ASF，是專門為支援開源軟體專案而辦的一個非營利性組織，在它所支援的 Apache 項目與子項目中，所發行的軟體產品都遵循 Apache 許可證（Apache License），Hadoop 項目是其一個頂級專案。

所以在實際的使用中，經常把 Hadoop 和 Spark 部署在同樣的集群中，用 Hadoop 進行資料管理和基礎操作，用 Spark 實現複雜演算法。

隨著 Hadoop 和 Spark 的不斷成熟，圍繞著 Hadoop 平臺產生了一整個生態圈，再基於 X86 的 PC 伺服器集群作為硬體伺服器，形成了當今主流的雲端計算平臺方案。這套方案可以快速部署並且輕鬆擴容，相比大型機和超級電腦，價格低廉，尤其是可以通過增加節點的方式彈性地增加計算能力，非常適合互聯網行業的快速變化。它也很適合初創公司，規模小的時候用比較少的機器搭建集群，一旦業務量激增，只需買入新的硬體接入集群即可，成本的增長幾乎是線性的，不會被大的系統商綁架。也有很多大的廠商基於這種框架來提供雲端計算的服務，普通使用者根據自己的需求隨時增減計算能力就好，這樣更加便捷和便宜。等到大數據時代來臨之後，雲端計算平臺已經成了主流的系統方案，當今大數據和人工智慧的發展速度如此迅速，雲端計算平臺可以説功不可沒。

5.3.4 摩爾定律的未來

Intel 創始人之一戈登·摩爾（Gordon Moore）於 1965 年提出了摩爾定律：「當價格不變時，積體電路上可容納的元器件的數目，約每隔 18 ～ 24 個月便會增加一倍，性能也將提升一倍」。這個定律是由業界領導 Intel 公司提出並維持的，在實際的工業生產中，是指每代製程技術都要讓晶片上的電晶體數量翻一番，這意味著晶片的處理能力也加倍，而每代製程工藝在 Intel 官方看來是兩年時間。

從行業角度來看，業界一直遵循著**摩爾定律**，並按前一代製程的十分之七（面積相當於一半）對新製程節點命名，這種線性升級正好帶來電晶體集成密度翻番。因此，出現了 90 納米、65 納米、45 納米、32 納米這樣的説法。每一代製程節點都能在給定面積上，容納比前一代多一倍的

電晶體。但隨著技術的發展，由於同樣小的空間裡集成了越來越多的矽電路，產生的熱量也越來越大，這種原本兩年處理能力加倍的速度在很多人看來已經慢慢下滑，這是質疑摩爾定律最重要的理由。

但是 Intel 一直堅持摩爾定律不會失效。2017 年時通過展示 10nm 晶圓，說明了摩爾定律不僅沒有過時，而是一直在向前發展。Intel 還透露，他們已經前瞻到了 5nm 製程，所以摩爾定律在任何可預見的未來都不會終結。但是顯卡巨頭 NVIDIA 公司的 CEO 黃仁勳認定摩爾定律已經終結，他認為設計人員無法再創造出可以實現更高指令級並行性的 CPU 架構了，此外雖然電晶體數每年增長 50%，但 CPU 的性能每年僅增長 10%，如果從性能甚至智慧程度來看的話，未來只有顯卡能達到這種能力。

NVIDIA 也稱「英偉達」，創立於 1993 年 1 月，是一家以設計圖形處理器為主的半導體公司。作為一家無晶片積體電路（IC）半導體設計公司，NVIDIA 於自己的實驗室研發晶片，但將晶片製造工序分包給其他廠商，例如台積電、IBM、意法半導體和聯華電子。NVIDIA 最出名的產品線是為個人與遊戲玩家所設計的 GeForce 系列，為專業工作站而設計的 Quadro 系列，以及為伺服器和高效運算而設計的 Tesla 系列。

2007 年，NVIDIA 推出 GPU（圖形處理器）的程式設計介面 CUDA（Compute Unified Device Architecture，統一計算架構）。利用 CUDA 技術，可以將顯卡所有的內處理器串通起來，成為執行緒器去解決資料密集的計算。2009 年，史丹福大學的 Rajat Raina 和吳恩達合作發表論文《用 GPU 大規模無監督深度學習》[7]。論文中所述，模型裡的參數總數達到一億，論文結果顯示，使用 GPU 的運行速度和用傳統雙核 CPU 相比，最快時要快近 70 倍。在一個四層、一億個參數的深信度網路上，使用 GPU 可以把程式執行時間從幾周降到一天。GPU 的這種能力與深度學

習珠聯璧合，很快就把人工智慧的水準推向一個新的高峰 [10]，尤其是谷歌基於 GPU 集群實現的深度學習圍棋軟體 AlphaGo，其於 2016 年 3 月戰勝了韓國頂尖高手李世石，之後人工智慧一直火到現在。

無論是 AI 戰勝圍棋高手還是 AI 時代的到來，很多人都認為至少提前了 10 年，這其中最重要的原因可能就是 GPU 的崛起。GPU 和深度學習聯手，讓新一代的人工智慧做出了驚人的成績。2005 年 4 月，Intel 率先推出了雙核的個人電腦 CPU Pentium D。這個時候的顯卡巨頭 NVIDIA 才剛開始跟隨這個想法研發雙核顯卡。過了十多年，個人電腦的主流 CPU 也不過 4 核而已，但是顯卡的 GPU 晶片架構已經更新很多代了。NVIDIA 於 2016 年推出的 Tesla K80 卡顯具有 4992 個計算核心，計算能力發生了翻天覆地的變化。雖然核心數目並不完全等於運算性能，但是在 GPU 的基礎上運行深度學習框架，可以達到一個驚人的效率。

光有多核心的 GPU 還不夠，關鍵是要能把演算法改寫成能部署在 GPU 多核心上的平行算法，NVIDIA 提供的 CUDA 具有跨時代的意義，因為它讓演算法的並行變得更簡單，並由此產生了一個生態圈。當然，對於普通用戶來說，基於 CUDA 編寫平行算法也是很有難度的，既然深度學習如此依賴 GPU，基於 GPU 的深度學習框架就應運而生了。

目前最流行的深度學習框架就是谷歌發佈的 TensorFlow。2011 年，Jeff Dean、Greg Corrado 和吳恩達利用業餘時間在 Google 發起了名為「Google 大腦」的研究專案。他們基於 Google 的雲端計算平臺開發了第一代大規模深度學習系統 DistBelief，該系統在 Google 的內部業務中有著很廣泛的應用。谷歌大腦也成了一個非常成功的 Google X（Google 內部一個研究核心高科技的神秘機構）專案。2015 年 11 月 9 日，Google

10 詳見「4.3.2 小節」。

深度學習的第二代產品 TensorFlow 正式向公眾發佈，其基於 Apache 2.0
的開源協議，至此席捲了深度學習的應用領域。

另一個非常強大的深度學習框架是 MXNet，2015 年 9 月，DMLC（分散
式機器學習社區）發佈了 MXNet，該框架的運算性能極好，口碑不亞於
TensorFlow。其建模方式也非常靈活，可以自如地在 CPU 和 GPU 之間進
行切換。2016 年 11 月，亞馬遜宣佈選擇 MXNet 作為公司最主要的深度
學習框架，有了巨頭的支持後，MXNet 的未來更值得期待。

此外，還有歷史更悠久的 Caffe，由 UC Berkeley 的賈揚清團隊開發，
2013 年 12 月正式開源，目前是 Facebook 應用並支援的深度學習框架。
這些優秀的深度學習框架有一個共同點就是開源，在 AI 時代，互聯網巨
頭支持的深度學習框架已經全面顛覆了過去大型商務軟體的時代，從此
最好的工具是開源的，這也極大地加速了技術的進步和使用者數目的增
長。在這個新時代裡，即使晶片製造領域的摩爾定律失效，但是智慧化
的進步可能會更快，很可能會為人類開啟一個嶄新的時代。

5.4 大數據行業應用

5.4.1 互聯網的興起

「大數據」這個詞正式進入公眾的視線，主要是依託互聯網行業開始
的，很多人甚至直接把大數據和互聯網畫上等號。這種看法有一些道理，
因為互聯網行業的資料量非常多，而且大多數產生於人們的行為，變化萬
千、難以捉摸、無所不包，深合「大」字的本義，尤其是各種非結構化的
資料大行其道，比如文字、音訊、視頻等，打破了傳統資料形式的藩籬，
掀起了大數據分析的浪潮。

20 世紀 60 年代，美國聯邦政府開展了一項研究，希望建立一套穩定、容錯性高的電腦網路的通信機制，起名為 ARPANET。1969 年投入運行，最早連接了 4 個節點，到 1983 年時已經有 300 多個節點加入，供政府和研究機構使用。

1981 年，美國國家科學基金會（NSF）資助了 CSNET 網路專案，於 1982 年發展出了 TCP/IP 標準通信協定。1986 年基於 TCP/IP 協議擴展，產生了 NSFNet 網。這個網路很快席捲美國，成為主流，逐漸取代了 ARPANET 在互聯網中的地位。1990 年時，ARPANET 宣佈關閉。

隨著 NSFNet 的建設和開放，越來越多其他國家用戶接入進來，形成了以美國為中心的互聯網體系，後來人們把這個網路稱為**網際網路**（Internet），實際上就是互聯網的專有稱呼，一直沿用至今。1992 年時，網際網路上的節點已經超過 100 萬個。今天網上的節點數目已經多到沒有人感興趣去統計了。

對網際網路來説，通過 TCP/IP 協定將所有設備連在一起，能夠實現通信就可以了。但人們在網路上還有很多具體的工作要做，比如資訊共用、檔案傳輸等，基於這樣的任務，在 TCP/IP 之上還可以開發不同的應用層協議，比如 FTP、SMTP、HTTP 等。其中 HTTP 協議來自 1990 年的**萬維網**（World Wide Web，簡稱 WWW）項目。英國電腦科學家蒂姆·伯納斯·李（Tim Berners-Lee）1990 年在歐洲核子研究組織（CERN）基於網際網路發明了萬維網，通過 HTTP 協定傳輸超文字格式的內容。用戶可以通過統一資源識別項（URL）來定位萬維網上的位址，使用流覽器工具來訪問並解析超文字的內容，從而實現了簡單而豐富的資訊共用。蒂姆·伯納斯·李也被稱為萬維網之父，甚至是互聯網之父。

自蒂姆·伯納斯·李發明了萬維網以來，在過去的三十年內互聯網經歷了蓬勃的發展，成為第三次工業革命中最為重要的創新領域之一。隨著資

料化的大規模鋪開，大數據技術隨著互聯網的發展也不斷進步。如圖 5 所示，世界銀行的資料顯示，自 1990 年以來，互聯網用戶從占人口比例不足 1%，到 2016 年已經覆蓋了超過全球 45% 的人口（32 億人）。

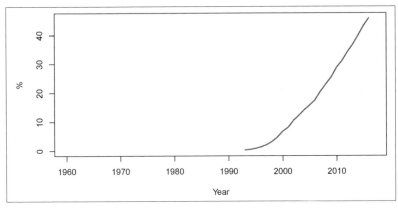

圖 5.5 1990 － 2016 年互聯網人口變化

如今，大數據這個詞已經深入到各行各業，比如金融保險、醫療健康、工業製造、零售快消等，很多互聯網的大數據分析方法被借鑒和應用，比如金融領域基於網路輿情進行量化投資、保險領域利用天氣大數據開發新的保險產品、醫療領域引入 AI 技術實現自動診斷、工業領域和互聯網融合起來部署物聯網、零售快消領域使用機器學習方法實現更精準的客戶細分等。更多的情況是，很多在某些傳統領域應用很好的方法借助大數據的風潮，產生了更大的價值，並且推廣到包括互聯網在內的更廣泛的應用領域中，比如金融領域的時間序列方法、保險領域的非參數生命表、醫療領域的混合效應模型及蒙地卡羅方法、工業領域的最優化方法、零售快消領域的空間統計和地理資訊系統等。

受篇幅所限，本書無法對所有行業的大數據應用進行深入剖析，因此只是針對大數據時代下典型的互聯網應用進行介紹。其中最具特色也最常用的分析方法包括搜尋引擎、精準廣告、推薦系統，這是目前互聯網類

企業最常用的分析方法，也是互聯網公司最重要的盈利來源，後面的章節將會進行專門的介紹。

5.4.2 流量的起點

隨著谷歌的興起，搜索替代了傳統的門戶網站（如美國的雅虎、中國的新浪等），成為互聯網流量的起點。搜索也是各種大數據演算法和模型應用最為成熟的領域。自從谷歌公佈了 pagerank 演算法以來，各種更為複雜和精細的搜索模型層出不窮，覆蓋了諸如電子商務、線上旅遊、論壇等各個垂直領域。

搜索的本質就是使用者給定一個或一系列關鍵字，然後系統返回最貼近的結果。以谷歌最初版本的 **pagerank 演算法**為例，它所做的就是利用谷歌的網路爬蟲從互聯網海洋裡緩存的各種網頁資訊中，尋找使用者感興趣的資訊。簡單來說，如果一個使用者給定的關鍵字可能跟好幾百個網頁相關，那怎麼辦？ pagerank 演算法就是用來解決排序的演算法。

pagerank 演算法利用了互聯網一個重要的特性：可以點擊的超連結將各個孤立的網站相互連接起來。於是無形之中，這種相互之間的連接就成為一個虛擬意義上的投票系統：如果有 100 個網站引用了《紐約時報》的某篇報導，那麼相當於這 100 個網站都對《紐約時報》投了一票。《紐約時報》可能依據的是麻省理工學院某位教授的最新科學研究，那麼它就會向麻省理工學院的網站投一票。根據網站之間的相互投票方向和個數，谷歌就可以迴圈算出來每個網站或者網頁的權重。

這樣的排序權重結果會緩存在谷歌的伺服器中，然後每次用戶搜索的時候，谷歌只需要排列前面若干個相關的結果，就可以給使用者呈現出搜索結果頁面。當然，這只是對於 pagerank 演算法的一個非常籠統的描述，如今的演算法越來越聰明，pagerank 成為各種排序的考慮因素之一。

在各個垂直化的細分領域，搜索演算法的發展也是越來越多元化。比如我們在淘寶網站上購物，一般在淘寶網的搜索框中輸入我們想買的商品名稱，比如我想買一件禦寒的羽絨服，就在搜索框中輸入「羽絨服」，然後淘寶網就會給出所有羽絨服的資訊，此外還提供篩選功能：男士、女士還是孩童，尺碼，顏色及品牌等。在這個情景中，淘寶網需要做的就是在符合用戶搜索語句的各種商品陳列中，找到用戶可能更感興趣的。對於電子商務來說，價格是一個非常關鍵的因素，所以淘寶網需要選擇是不是把最便宜的排在最前面，還是把相對質優價廉卻並不一定是最便宜的排在前面。

再往下想，我們知道用戶和用戶是不一樣的。一個廣東的用戶可能只需要一件輕薄的羽絨服即可，方便隨身攜帶，而東北的用戶則可能傾向於更厚重的、足以抵禦 −20℃ 寒風的羽絨服。在這種情況下，搜尋引擎還可以進一步個性化：不僅考慮商品本身之間的排序關係，還要考慮商品和用戶之間的契合程度。此時，搜索就變成了商品和用戶匹配的過程。

線上旅遊則是另一個與眾不同的例子。比如我們在網上買機票，這個搜索的參數就更多了：起點、終點和飛行日期，然後搜尋引擎返回的是各種直飛和轉機的票價和時間選擇。此外，這還是一個非常講究即時化的過程。如果唯一一張 100 元的特價機票被賣掉，那麼下一個人就不會再看到這樣的特殊票價。在這樣的要求下，搜索演算法的設計就和前面提到的網頁或者商品搜索不一樣了。

演算法首先按照使用者飛行需求進行篩選，再好的航班和票價，如果不符合用戶的行程，也沒有用。然後就是一個時間和價格獲取的過程。隨著線上旅遊網站之間的競爭越來越激烈，各種滿足用戶搜索需求的新產品層出不窮。比如「谷歌飛行」允許用戶給定一個起點或終點區域，然後陳列各個具體線路的票價，以滿足用戶對於旅行靈活性的需求。這些功能的實現都需要依賴於具體的演算法。

5.4.3 收入的來源

　　大數據時代下最大的行業特色是興起了很多互聯網巨頭。很多人會問，互聯網怎麼賺錢？如果我們去看一個大互聯網上市公司的財報，就會發現很多我們原以為是互聯網公司的公司，其實是披著互聯網的廣告媒體公司。以美國為例，各大公司 2017 年的利潤來源如圖 5.6 所示。我們可以看到，蘋果公司靠賣硬體、亞馬遜靠賣商品，而谷歌和臉書則大幅度依賴廣告。只有微軟比較複雜，作業系統、軟體、遊戲機、伺服器等都有所涉獵。

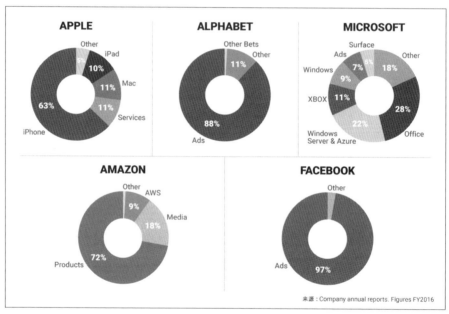

圖 5.6　各大互聯網公司利潤的構成（圖片來源：Business Insider）

　　既然廣告是很多互聯網巨頭的收入來源，那麼它們是怎麼利用大數據技術來最大化廣告收益的呢？在探討具體的統計方法之前，我們先來簡單看一些線上廣告的發展歷史。自線上廣告誕生以來，前後大概反覆運算出三代廣告投放系統。統計方法也不斷發展，甚至誕生出專門的「計算廣告學」。

第一代廣告投放系統是基於投放量的系統（CPM，Cost Per Mille，按展現收費）。此類系統類似於傳統媒體，比如買斷報紙版面或者電視時段，即在給定廣告主的投放要求的情況下，把廣告投放到事先約定好的數量，並不考慮使用者對於廣告的回饋情況。此種情形沒有任何投放優化，完全是根據流量直接隨機投放。

第二代廣告投放系統是基於群體行為的優化投放（CPC，Cost Per Click，按點擊付費，或者 CPA，Cost Per Action，按給定用戶行為付費）。此類系統會追蹤使用者的回饋資料（比如是否點擊廣告，是否購買了廣告中的商品），然後把行為資料回饋回投放演算法，專門針對回饋效果好的人群進行有效投放。比如我打算投放一個適合「80 後」的護膚品廣告，那麼此類演算法會先隨機投放給所有人，然後在意識到「80 後」回饋比較好的時候，會集中投放給「80 後」的用戶，而減少對其他用戶的無效投放。

第三代廣告投放系統是基於個體使用者的優化投放。此類系統在第二代系統的基礎之上，增加了對於每個用戶點擊和歷史行為的考慮，從而實現了更為個性化的投放優化。

第一代廣告投放系統並沒有顯著利用互聯網的優勢，最多只是更容易利用大數據衡量廣告投放結果罷了。從第二代廣告系統開始，在投放的過程中引入了基於使用者回饋的優化系統。最典型的就是谷歌付費搜索——按點擊數付費。對於付費搜索來講，因為是按點擊付費，那麼谷歌首先要做的就是最大化點擊的數量，而不是一味地多展示廣告。那麼如何最大化點擊數量呢？這就是谷歌一直在不斷研究並精細調整的點擊率預估系統。

點擊率預估系統，其實就是一個統計意義上的預測模型，預測的是在每次付費搜索結果展示中用戶點擊的可能性。由於對每次展現而言，用戶點擊與否是一個二元分類行為（即要麼「是」，要麼「否」）。對於這種

二元行為的預測，最常用的就是分類模型，而最普遍適用的分類模型就是邏輯斯迴歸模型。在點擊率預估系統中，這個因變數就是每次使用者的點擊行為，而引數則是各種廣告本身的屬性和使用者的屬性。簡單來講，一個使用者搜索的關鍵字是「化妝品」，如果該用戶是來自「北上廣」的女性白領，那麼她點擊「蘭蔻」、「香奈兒」等知名化妝品品牌的機率，就可能比某個不知名品牌的機率要高。那麼在展現搜索結果的時候，如果按照點擊的可能性排序，那麼該模型預測出來的點擊率高的網頁就應該排在前面。

當然，上述的描述已經被大大簡化了。隨著廣告系統的不斷發展，從傳統的只有關鍵字的付費搜索，到在一些視頻網站上展示使用者更可能點擊的視頻廣告，到在社交網站上展示各種個性化的商品廣告，再到線上線下資料的整合，線上廣告系統也經歷著一輪輪變遷。廣告系統從一個簡單的投放系統，也慢慢地發展為一個交易平臺。在這個平臺上，有買家（廣告商）來投標競價，也有賣家（各大網站）來提供廣告位。由於交易的存在，這個平臺就逐漸演變為了一個經濟系統，故而引入了「拍賣」系統。比如對谷歌來講，如果上述例子中的「蘭蔻」和「香奈兒」都出一樣的價格，那麼它們自然是展示點擊率更高的付費搜索，以保證最大的機率獲得點擊。可是，如果「蘭蔻」出價 1 塊錢一個點擊，而「香奈兒」對於自己的新產品出價 5 塊錢一個點擊，那麼對於谷歌來講，在兩者點擊率相差無幾的情況下，最大化預期收益（點擊率 × 價格）的辦法自然是，按照兩者的預期收益來排名。這就說到了線上廣告拍賣機制的設計：第二價格拍賣。

第二價格拍賣其實並不是由各大互聯網公司發明的，而是一直在拍賣市場中存在的。比如我們去拍賣古董，大家紛紛舉牌，然後價高者得，這屬於經濟學中的「第一價格拍賣」。而第二價格拍賣則是在競價的基礎之

上，引入一個機制：競價最高者得，但他只需要支付第二高的價格。這個機制看起來很愚蠢，賣家不是生生放棄了最高價和第二價格之間的差距利潤了嗎？其實正相反，通過博弈論我們可以推理出來，第二價格實際上保證了出價者的出價是自己的真實購買意願，而不需要考慮是否需要隱瞞自己的真實出價意願。在每個競標者都表達自己的真實競價意願之上，第二價格拍賣實際上保證了賣家和買家之間共同利益的最大化。這也就是為什麼谷歌在自己的競拍系統上引入了廣義的第二價格拍賣。

說完了谷歌，不妨再講一下臉書（Facebook），另外一個互聯網廣告巨頭。臉書運營的主要是社交網站，它展現資訊的方式和谷歌搜索這樣給予關鍵字的展示很不一樣。臉書靠的是「資訊流」，即一條接一條的動態資訊，在一個從上到下流動的頁面上展示。因為資訊流的展現形式，廣告也自然而然地成為資訊流的一部分，更接近一種「原生體驗」的感覺。臉書的廣告模型雖然和谷歌的在很大程度上相似，但是因為沒有關鍵字的約束，從而考慮更多的是用戶和廣告之間的配對問題，甚至可以細緻到匹配時間和地點，所以預測模型追逐的更像是「天時、地利、人和」。臉書的廣告也對視覺化的內容展現有了更高的要求，尤其是在這個多媒體大量發展的時代。因此，臉書的廣告系統考慮的不僅僅是匹配度本身，它還考慮到了廣告本身的視覺享受效應，考慮到用戶和廣告之間交互的體驗效果，並對劣質的廣告及時降權懲罰。這背後就不僅僅是一個點擊預測模型了，還有多個針對使用者體驗的計算模型和對劣質廣告的偵別模型。

篇幅所限，我們僅概括了兩大互聯網巨頭的廣告系統。隨著各種新式網站和互聯網應用的出現，比如這兩年大熱的虛擬實境和輔助現實，我們有理由相信，線上廣告系統會一直創新，以迎合人們越來越多元化的體驗需求。

5.4.4 猜你喜歡和投其所好

前面介紹了搜尋引擎和社交網路，那麼對於互聯網的另一塊大蛋糕——電子商務，大數據和統計又是如何被應用的呢？當然，無論是對於美國的亞馬遜還是中國的淘寶，搜索都是一個異常重要的環節。除了搜索之外，我們知道，很多人逛街享受的其實是一個發現的過程，而不一定是目標明確地說，我今天就一定要買到一雙耐吉的新款籃球鞋。在消費者本身注重購物體驗和發現過程的時代，各大電商網站自然也是卯足了勁，開發各種吸引顧客的「發現」系統，以說明消費者發現他們可能想要的東西。這其中，最重要的就是推薦系統。推薦系統有一個有趣的特質：個性化。每個使用者都是不一樣的，所以一個好的推薦系統，需要自動適應使用者本身的千變萬化。

推薦系統的雛形大概要追溯到美國亞馬遜早年推出的一項展示：買過該書的用戶還買過什麼，如圖 5.7 所示。在這個展示欄中，每個顧客可以在流覽一本圖書的同時，發現其他買過這本書的顧客，還買過什麼相關聯的書。這個功能尤其能幫助很多學生購買參考書，因為各個學科的購書單都是大同小異的，所以買了一本書很可能就會去買另一本相關書。這項資料也說明很多小說和休閒讀者發現他們可能感興趣的類似作者和風格的作品，還可說明音樂發燒友找到他們下一個可以收藏在歌曲庫中的專輯。

圖 5.7 亞馬遜推薦頁面示例（截圖來源：Amazon 官網）

亞馬遜的這套推薦系統，看起來非常直觀：用戶之間的品味和嗜好是有很強的關聯性的。這一整套演算法，被稱為「基於關聯規則的推薦」。**關聯規則**的演算法，實際上計算的是各種商品之間的關聯度。比如下面這個體育用品的例子，如表 5.1 所示。

表 5.1 關聯規則示例

消費記錄序號	網球拍	網球	運動鞋	羽毛球
1	1	1	1	0
2	1	1	0	0
3	1	0	0	0
4	1	0	1	0
5	0	1	1	1
6	1	1	0	0

這裡顯示的是一些人的消費記錄。第一位顧客購買了網球拍、網球和運動鞋，而第二位顧客購買了網球拍和網球，等等。基於這個購買資料，我們可以計算出，在 6 項消費記錄中，網球拍和網球同時被購買了 3 次，所以它們被一起購買的機率有 50% 之高，遠遠高於其他任意一對商品被購買的機率。再進一步，基於該資料，如果一項消費記錄中已經包含了網球拍，那麼我們可以計算出他還會購買網球的機率是 60%。因此，網球拍和網球可以被定義為強關聯商品，尤其是在網球拍已經被流覽甚至加入購物車之後，推薦網球成功的機率會大大增加。

關聯規則是基於各種商品的，它隱含的是商品之間的關聯關係被用戶的購買行為所展現。隨著推薦系統的進步，我們不僅要考慮商品本身的關聯特性，還要考慮使用者的屬性以及和使用者之間的關聯特性，這就誕生了更精細的**協同過濾演算法**。協同過濾的想法反映了一句古話：物以類聚，人以群分。它還是分析使用者的購買記錄，只是此時的著力點不僅在於「物」，而且在於人。如果我們發現一個新來的男性用戶，和一位

現有的忠誠的顧客有著極為相似的購物歷程——比如上例中，都從網球拍和網球開始，然後漸漸地開始購買運動鞋甚至羽毛球，那麼我們就完全可以給這位新來的顧客推薦以前那位忠誠顧客購買過的商品，以期比較成功的轉化率。當然，協同過濾演算法經過多年的發展，也是越來越先進，可以考慮到「物 - 人 - 物」這樣的一個大概有三個組成部分的網路關係，從而實現越來越精準的推薦。

推薦系統從亞馬遜基於使用者流覽記錄的推薦，發展到今天，已經不單單是在考慮商品和顧客之間的關聯，而加入了越來越多可能影響人們購物行為的元素。比如現在淘寶的推薦系統，就聚合了五大類元素：內容、使用者、地點、管道、時機。

隨著推薦系統越來越完善，互聯網上的購物體驗也展現出超越傳統線下購物模式的特點。琳琅滿目的商品，跨越地域、時間、庫存、商品類別的流覽推薦，適應了用戶多元化的購物需求。類似的技術應用在其他網站，就出現了豆瓣的「猜你喜歡」、優酷的「接下來觀看」。線上推薦系統集中應用了互聯網中資料相互連通的優勢，從而可以最大化地利用資訊優勢發掘使用者的潛在需求。與此同時，推薦系統已經不僅滿足於説明用戶發現商品，還進一步融進了廣告系統，允許商家付費來增加自己商品被推薦的機率和範圍。這對於很多商家來説，是一個可遇而不可求的機會，可以大大節省傳統推廣管道中的用戶調研成本，且從發現到實現轉化的週期也被大大縮短並實現一路跟蹤，有助於幫助商家更有效地推廣自己的商品。

[1] 王漢生 . 數據思維：從資料分析到商業價值 [M]. 北京：中國人民大學出版社，2017。

[2] 李艦 , 肖凱 . 資料科學中的 R 語言 [M]. 西安：西安交通大學出版社，2015。

[3] 張文霖 , 劉夏璐 , 狄松 . 誰説菜鳥不會資料分析 [M]. 北京：電子工業出版社，2011。

[4] Abelson H., Sussman G. J, Sussman J. 電腦程式的構造和解釋 [M]. 裘宗燕 , 譯 . 北京：機械工業出版社 , 2004.

[5] Matloff N. 資料科學中的平行計算：以 R,C++ 和 CUDA 為例 [M]. 汪磊 , 譯 , 寇強 , 譯 . 西安：西安交通大學出版社 , 2017.

[6] 司馬遷 . 史記 [M]. 北京：中華書局，2014。

[7] Rajat R., Madhavan A., Y.Ng A. Large-scale deep unsupervised learning using graphics processors[A]. International Conference on Machine Learning[C]. 2009: 873–880.

數據的陷阱

水能載舟，亦能覆舟。刀可以修眉，也可以殺人。資料分析可以挖到金礦，也可以成為壞人的幫兇。統計方法是一把雙刃劍，用對了可以發現資料中的真正規律，用錯了反而會對真實情況產生誤導。所有的統計分析方法都有著深厚的理論基礎，但是所有的理論方法都有著嚴格的假設。正如我們假設這個隨機的世界，如果資料與假設不匹配，方法與模型不匹配，那麼得出的結論將沒有任何意義。

在大千世界中，人們早就習慣了資料分析的妙用，無論是生活的常識還是人生的經驗，都有著資料作為支撐。但是很多時候，看上去有充分理由的道理實際上並沒有那麼值得推敲，很多約定成俗的認知也沒有那麼經得起深究。在本章的內容中，將會針對很多耳熟能詳的例子分析其統計學的道理，並對於統計的誤導進行介紹。

第 1 節「一葉障目」主要針對很多表面現象造成的誤解進行分析和舉例。雖然很多統計想法比較符合人類的直覺，但是很多時候光靠直覺的

第一印象並不能看到事物的本質。對於很多問題，我們可以尋找資料進行分析，從而看清真實的情況，這是專業的資料分析人士應該有的習慣。

第 2 節「相關與因果」介紹了相關與因果的一些具體例子。很多人都在講不能混淆相關性與因果性，很多人也都知道統計學，甚至大多數基於資料的科學都是在研究相關性，但是相關與因果在方法上的分界並不是問題的根源，很多人都懂得這些道理，但是遇到問題時還是犯錯，關鍵還是在於對方法的理解和對具體問題本質的探尋。

第 3 節「樣本和調查」介紹了有關抽樣調查的一些誤解。統計學的一個重要作用就是用樣本來推論母體，根據已知資訊來歸納也是人類最重要的推理模式之一，如果方法不對或者理解有偏頗，很容易造成各種各樣的問題，如何突破表面現象直達事物本質，是一種非常重要的能力。

第 4 節「圖形的誤導」專門針對統計圖形的誤用進行介紹。我們知道使用圖形視覺化的手段非常直觀，能夠很容易地展現規律。而從另一方面來說，如果展示的是錯誤資訊，那麼也非常容易誤導人。從這一點來看，圖形誤導的危害是很大的，因此我們使用圖形時一定要謹慎，千萬不能濫用，更不能故意去誤導人。

6.1 一葉障目

6.1.1 神奇的天蠍座

曾幾何時，網路上流傳著一個關於天蠍座的傳說—— 天蠍座一統 IT 界：李彥宏（百度）、馬化騰（騰訊）、馬雲（阿里巴巴）、周鴻禕（360）、楊元慶（聯想）、丁磊（網易）、張朝陽（搜狐）、陳天橋（盛大）、雷軍（金山）、楊致遠（雅虎）、曹國偉（新浪），這些人都是天蠍座的。

一時間，關於天蠍座的各種流言蜚語漫天飛，隨便打開一本星座指南，基本上對天蠍座的描述都跑不了「堅持、腹黑、求勝」這些詞彙。令人不禁好奇，看過這個傳說之後，那些 IT 界風險投資者在選擇是不是對創業公司進行投資的時候，會不會也去調查一下創始人或者管理團隊裡面有多少天蠍座的人呢？

對於此等傳奇，我們不妨帶著懷疑的態度，先檢查一下資料是不是真實。隨便「百度」一下這些人名，很快就能發現上面有幾位「同學」不幸地「被天蠍」了。比如馬雲就是處女座的，雷軍就是射手座的。好吧，就算去掉這幾個，其他的也不少啊。

然後，我們用資料來說話，看看天蠍座在國人中的比例究竟如何。由於官方發佈的人口統計資料中並沒有星座的資訊，所以我們得想辦法來推測。一個合理的資料來源是第六次全國人口普查匯總資料，其中包含了 2009 年 11 月 1 日到 2010 年 10 月 31 日之間的月度出生數據，從國家統計局官網可以下載，如表 6.1 所示。

表 6.1　2009.11.1 － 2010.10.31 按月統計的出生人口

月份	出生人口	月份	出生人口
2009 年 11 月	1 677 481	2010 年 5 月	1 051 278
2009 年 12 月	1 632 655	2010 年 6 月	1 022 913
2010 年 1 月	1 235 740	2010 年 7 月	1 011 475
2010 年 2 月	1 167 333	2010 年 8 月	1 041 377
2010 年 3 月	1 223 099	2010 年 9 月	899 943
2010 年 4 月	1 035 880	2010 年 10 月	837 013

我們假設每個月內每天出生的人口數是均勻的，將月資料拆分成日數據，然後按照星座時間匯總。此外，查詢 2011 年的統計年鑑可以發現，2010 年的人口自然增長率為 0.479%，所以還需要將這個自然增長率的影

響剔除，我們也用假設每日增長率均勻的方式對數目進行修正。計算後推測的分星座出生人口情況如表 6.2 所示。

表 6.2 推測的按星座統計的出生人口

星座	出生人口	星座	出生人口
白羊座	1 122 290	天秤座	827 261
金牛座	1 021 028	天蠍座	1 444 944
雙子座	1 085 959	射手座	1 552 568
巨蟹座	1 021 343	摩羯座	1 322 773
獅子座	1 028 895	水瓶座	1 187 413
處女座	988 236	雙魚座	1 204 013

可以發現，射手座人口最多，天蠍座其次，這兩個星座時間相連，位於年底。聯想到我國的特殊國情，以前很多夫妻只有春節才可以團聚。懷胎十月的話，孩子差不多也就是在天蠍座出生了。圖 6.1 顯示了各星座的人口比例，我們可以發現在年底的時候確實有一個人口出生小高峰。

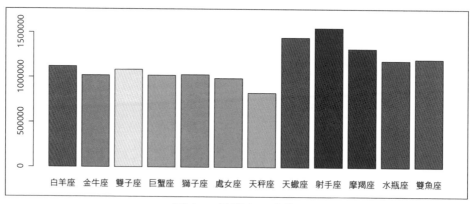

圖 6.1 星座人口分佈

那麼關於天蠍座的神話就可以用資料來解釋了，天蠍座人多力量大，平均分配的話哪裡都應該比其他星座的人多。回到 IT 大老的例子，如果我

們能夠定義出一個具體的 IT 大老名單，然後精確統計其中的天蠍座比例，有可能確實比真實分佈中的比例高，但是這個名單一定不會太長，也就是說樣本量可能比較小，這樣的話出現任何情況都不奇怪。我們把眼光放到各行各業，一定可以發現某些星座具有壓倒性優勢的例子，其中的規律與其說是星座的特點，不如說是資料的巧合。

6.1.2 贏家的詛咒

20 世紀 70 年代，一些石油公司的工程師發現，越是那些在競拍中贏得石油地塊的公司，越有可能賠錢。這一事件好像隱隱暗示著上天對於贏家的詛咒，好像贏家總是只能一時意氣風發而已。

這件事情的背景是這樣的。在當時，石油公司要參加公開競標，以贏得對於某個特定地塊的開採權。在開採之前，各家自然是通過各種管道搜集關於這個地塊的資訊，以預測其可能蘊含的石油開採量。顯然，在開採之前做這樣的預測是非常難的，所以各家預測團隊也會給出不太一致的預測結果。而在拍賣的過程中，石油公司之間要相互競價，最終價高者得，成為該地塊的贏者。

大家知道，拍賣有很多種形式，比如競價拍賣包括一級價格拍賣（輪流出價，價高者得並支付最高競拍價格，如我國現行的司法變賣）、二級價格拍賣（輪流出價，價高者得並支付第二高競拍價格）、密封拍賣（同時出價，只有拍賣方能看到各自的競價，也有第一價格和第二價格之分）。當時的油田地塊拍賣施行的正是密封拍賣，各個石油公司在規定的時間之內向政府提交競價，然後價高者得並支付競價。那麼，在這種情況下會發生什麼呢？值得注意的是，油田對每個公司來說，實際價值應該都是一樣的，故而這一類拍賣稱為共同價值拍賣。

我們假設有 10 個石油公司，對同一塊油田進行競價。該油田的實際開採價值是 100 萬美元（共同價值），但是競標時，各家獲取的資訊不一致，所以它們預估的價格從 10 萬美元到 1000 萬美元不等。我們假設它們的預估價值呈現 0 到 200 萬美元之間的均勻分配。

假設每家競標的上限是 80% 的實際開採價值，因為還要考慮各種開採成本。這個時候如果各家按照 80% 的上限競標，那麼政府收到的標的有可能就是這樣的：29、55、62、71、74、106、109、137、152、155（萬美元）。這樣一來，出價為 155 萬美元的公司獲勝。而在實際開採價值只有 100 萬美元的情況下，這位贏家顯然是賺不到錢的，還要搭進去各種前期開採和勘探的成本。

那麼我們假設的均勻分配是不是符合當時的實際情況呢？據當時的資料統計，最高出價和最低出價的比率常常高得驚人。如 1969 年阿拉斯加北灣原油拍賣中，贏者的出價是 9 億美元，而第二高的價格只有 3.7 億美元。母體來看，77% 的案例顯示中標價格超出了次高價至少兩倍。由此看來，實際的情況可能比均勻分配更加糟糕：各家公司對於開採價值的估計千差萬別，甚至可能更像是指數分配而不是均勻分配。如果是指數分配的話，又會出現什麼情況呢？

同樣的 10 個買家，同樣假設平均值為 100 萬美元（姑且讓估計值的預期等於真實價值），那麼我們會發現第一名和第二名的預估價值之間相差會比前面均勻分配的情形大很多。通過電腦類比，我們可以算出最高價和次高價之間比例的分配。

電腦類比 1000 次可以發現，其中 201 次兩者價差超過 2 倍，甚至個別時候會超過 6 倍（多出 800 萬美元）之多。我們可以看出，20% 的比例還是遠遠低於歷史資料顯示的 77% 的比例，所以實際情況下各個公司對於價值的估計的分配還要更極端。

我們知道，在競標價格越高的情況下，贏者被「詛咒」帶來的損失也會越大。當估計值分配變得越來越極端之後，最高競價會遠遠高於實際價值。此時，無論是第一價格拍賣還是第二價格拍賣，只要是密封拍賣，那麼贏者就必然被「詛咒」得更厲害。

當然，這裡我們簡化了很多經濟學中關於拍賣理論的解釋。比如在保證最高競價為最高支付意願的第二價格拍賣形式中，隨著競價的進行，競價的各方會得到越來越多關於其他人的資訊。比如拍賣過半，5 個競標者分別在 10、20、30、40、50 萬美元處停止競標，那麼其他人大概可以推論出所有人的預估價格的平均值範圍在哪裡，然後判斷自己的預估價格是不是高於平均預估價格。如果是的話，應該做的反而是退出競價，因為此時繼續加價就會帶來實際的損失。這裡依然是簡化過的模擬過程，實際生活中的拍賣更為複雜，還要考慮人們的心理因素等。

2017 年諾貝爾經濟學獎得主、美國芝加哥大學的理查‧泰勒（Richard H. Thaler）有一本著作《贏家的詛咒》[1]，專門解釋了各種違反直覺的經濟生活中的悖論。贏者的詛咒不僅僅存在於油田這樣的自然資源拍賣，更廣泛存在於選舉、明星市場、股票和金融市場等。其中一些反常現象不僅僅是一個簡單的統計分配就可以管中窺豹的。理查‧泰勒從行為經濟學和行為金融學的角度，發現人們有限的理性，會對金融市場產生很大的影響。比如，1 月效應顯示股市 1 月的收益要比其他月份高很多，因為市場中有些人要在年底之前賣出以避稅。而理查發現這只是一種謬論，因為如果人們知道一月份的收益會高，那麼再有人賣出的時候肯定會有人買進。其他交易者並不會僅僅作壁上觀。

6.1.3 打飛機的油價

在油價洶湧的那些年，負責調控全國成品油價格的國家發改委一時間成了眾矢之的。有好事者經過多年的排查走訪得出了一個舉世震驚的結論：國家發改委每次上調油價，都會打落一架飛機。所以國家發改委實際上是忍辱負重、為了國防安全和戰略佈局，不惜得罪全國人民也要保衛國土安全。

我們可以找到具體的新聞內容：2009 年 3 月 25 日，國家發改委決定將汽油、柴油價格每噸分別提高 290 元和 180 元，當天，美國空軍一架正在執行測試飛行的 F-22「猛禽」戰機在加州愛德華茲空軍基地以北六英里的地方墜毀。2009 年 6 月 1 日，國家發改委發佈調價通知，上漲油價，當天 14 時，一架載有 228 人的法航空客 A330 起飛不久後與地面失去聯繫。機上 228 人全部遇難，其中包括 9 名中國人。2009 年 6 月 30 日，國家發改委再次發佈調價通知，上漲油價，一架載有 154 人的客機在從葉門前往科摩羅的途中墜毀，這也是 6 月以來空客飛機發生的第二起空難。2009 年 7 月 15 日，國家發改委就成品油價格問題發表說明，稱價格未調整到位，當日，伊朗裡海航空公司的一架客機在該國西北部城市加茲溫附近的村莊墜毀，機上 153 名乘客和 15 名機組人員全部遇難。

這些新聞看起來讓人嚇一跳，但是想起來似乎荒誕不經，這也能聯繫到一起？雖說空難不是每天都有，但是大大小小加起來也不少不是嗎？好在這個大數據時代，我們可以隨時隨地上網來找尋我們需要的證據。這裡最重要的就是全球航空災難和事故的資料，我們到 NTSB 資料庫[1] 下載 2016 年 1 月 1 日到 2018 年 7 月 31 日之間的所有航空事故資料，共有 4084 條記錄。我們只篩選事故類型為「Fatal」的致命事故，並且剔除直升機等其他飛行器的資料，只保留普通飛機的資料，剩下 711 條。其次

---

1 NTSB 是美國國家運輸安全委員會的縮寫。

是國家發改委調油價的資料，我們採集國家發改委歷次成品油價格調整的公告資訊，得到了 46 條記錄。按時間順序將其繪製在圖 6.2 中。其中紅色線段表示價格上調，綠色線段表示價格下調。

圖 6.2 飛行事故和油價

很容易發現，每次調油價的時間點附近都有航空事故。但是很明顯，調油價的密度和航空事故的密度完全不對等，實際上在兩年多的時間裡，幾乎每天都有航空事故。其實仔細查看空難資料，發現民航的空難其實屈指可數，大部分空難都是小型飛機和軍用機。在這個地區衝突不斷的時代，小型飛機的失事確實也不是小機率事件了。如果以此來苛責國家發改委，那麼其實在每個油價調整的時間點，我們都是可以找到對應的空難事故的。與其說是國家發改委打飛機，不如說是大家一看到調油價就總能找到空難事件。國家發改委若是想挑一個沒有飛機失事的平安時段，還真不是一件容易的事兒呢。

6.1.4 和女神的緣分

我們每年都要經歷無數個情人節——名正言順的如 2.14 西方情人節，3.14 白色情人節，農曆 7.7 七夕情人節，讓人每逢佳節不禁長吟一曲：「七月七日長生殿，半夜私人私語時。在天願作比翼鳥，在地願為連理枝。」

然後目測現在大家有把各種節日除了清明節都過成情人節的本事，哪怕稍稍沾邊的比如 5.20 這樣的日子，不管是原生的還是舶來的，什麼聖誕元旦，都是屬於甜蜜的小情侶的佳日。你問我怎麼用資料來證明？呃，我確實不知道情人節那天到底賣出了多少玫瑰多少燭光晚餐，但是每當這個時候好像酒店業的股價都漲得很快。

佳節佳人，各有奇招。技術極客們劍走偏鋒，搞出什麼統計函數畫的愛心，而且還是三維立體的。唉！只是不知道收到的女孩是心裡樂開了花，還是默默哀怨沒有一頓燭光晚餐來得浪漫。平民百姓也心有情懷，比如看到女神在微博上轉發了一條：

　　5 月 20 號快要到了。如果你在乎的那個人，名字裡有 W、H、Y、L、X、M、T、C、S、Z 的字母就默默轉發。

不少男粉絲可能瞬間心花怒放：我姓李名一，所以女神對我也有意思對不對？我要不要去表白？今天表白一定會成功，對不對？等等，大家先別衝動，搞不好此生最直抒胸臆、文采斐然地慷慨激昂了一番之後，女神只是熟練地運用「幹嘛、呵呵、去洗澡」就應付了。

如果被不幸言中也不要激動，女神的心思怎麼可能是你蝦兵蟹將可以胡亂揣測的？打開字典看看就知道了。我們隨便找一本如圖 6.3 所示的字典。有沒有發現不同字母開頭的文字占的頁數（厚度）是不一樣的？比如 C 那裡，是不是有很多頁？H 那裡，是不是也有很多頁？對嘛，誰也沒說中文裡的拼音首字母是均勻分配在 26 個英文字母上的。比如姓氏，來看一下表 3 所示的百家姓前 32 個。

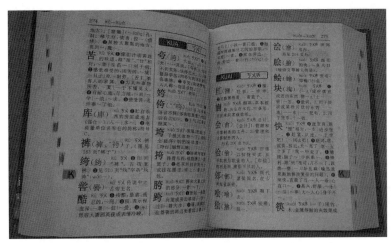

圖 6.3　新華字典中每個字母開頭的字的個數各不相同

表 6.3　百家姓前 32 個姓氏

趙 Z	錢 Q	孫 S	李 L	3/4	周 Z	吳 W	鄭 Z	王 W	4/4
馮 F	陳 C	褚 Z	衛 W	3/4	蔣 J	沈 S	韓 H	楊 Y	3/4
朱 Z	秦 Q	尤 Y	許 X	3/4	何 G	呂 L	施 S	張 Z	3/4
孔 K	曹 C	嚴 Y	華 H	3/4	金 J	魏 W	陶 T	薑 J	2/4

裡面幾乎每行都命中三個左右。名的取法就更多樣了。我們做一個簡單
的估算，假設每個姓、名都以 3/4 的機率包含在 W、H、Y、L、X、M、
T、C、S、Z 裡面，那麼可以計算出，一個人的姓和名（假設三個字）都
不在這 10 個字母裡面的機率是 1/4×1/4×1/4＝1/64，也就是説，在你認
識的 64 個人中，只有一個可能是不符合上述姓名規律的。也就是説，你
家女神心心念念的那個名字，是有很多種可能的。

在現實中，我們看過一次 300 人左右的會議的參會人員名單，資料表
明，僅僅 Y、L、Z、H、X、C、W 這 7 個字母，就覆蓋現場 90% 的聽
眾。其中 Y 和 L 的出現頻率最高，統計中頻率分別在 30% 上下。所以當
你下次再看到這麼一條消息的時候：

　　名字中帶 L 或 Y 這個字母的人一生都會很順利，因為這兩個字母兩頭相遇後就再也沒有分開過，如果你生命中遇到一個名字裡面帶 L 或 Y 的人那麼就轉發吧。

那時你是不是就可以像女神那般燦爛地「呵呵」一笑而過了？其實很多看起來巧合的事件，經過一定量的資料分析之後，會發現並沒有我們想像得那麼巧合。

6.2 相關與因果

6.2.1 芳華與熱飲

　　微博上曾經流傳這樣一個段子，說某影業公司通過大數據探勘發現了不同觀眾的相關賣品偏好，比如《芳華》的觀眾比《戰狼 2》的消費了更多熱飲，於是被拉出來群嘲，因為《戰狼 2》是七月底盛夏上映的，而《芳華》是 12 月冬日上映的。

這些年互聯網大數據特別熱門，每家公司都枕戈以待地投入大量人力物力建設大數據分析團隊。隨著大數據與各種傳統行業的結合，我們欣喜地看到越來越多的傳統行業得以把各種業務記錄資料化，從而可以進行大規模分析。

娛樂行業如何進行大數據化一直是經久不衰的話題。早在 2013 年，美國互聯網廠商 Netflix 開始利用大數據對導演、演員和時下流行的劇本進行分析後，《紙牌屋》應運而生並一炮而紅。這網紅誕生背後的奧秘其實並不複雜。截至 2017 年第一季度，Netflix 在美國已經擁有 5085 萬訂閱用戶，超越了傳統的有線電視訂閱使用者的總和。而 Netflix 超越傳統有線電視的並不僅僅是使用者數，它還有著傳統有線電視無法比擬的使用者

資料搜集方式。Netflix 可以精準地追蹤每個用戶的觀看行為，分析他們的愛好和習慣，然後統計群體的資料來判斷當下的潮流和熱點。這樣一來，多種熱門元素混合起來的題材框架，加之「鬼才」編劇、導演、演員們的盡力演繹，一部又一部網紅劇就此誕生。

除了線上的 Netflix，線下的電影院線也開始對大數據蠢蠢欲動。然而對於電影院來說，它們的盈利模式就不僅僅是靠賣票或者買會員了。以被萬達收購的美國院線 AMC 為例，它們近期的財報顯示，食品飲料的銷售占比已經超過 30%，而傳統票房收入則是 60% 上下。對於電影院來說，如何最大化餐飲服務利潤在很大程度上會影響自身盈利能力。隨著現在連鎖院線越來越多，加之各種觀影套餐的推廣，追蹤顧客餐飲購物行為已經非常容易。

讓我們回到《芳華》與《戰狼 2》的例子。雖然這兩部電影的題材不太一樣，《戰狼 2》是一部中國現代軍事題材的動作電影，而《芳華》則講述了 20 世紀 70 到 80 年代軍隊文工團一群正值青春的少男少女的故事，這兩部電影吸引的觀眾真的就這麼不一樣嗎？不是有數據說，18 ～ 35 歲的年輕人是電影消費的主力人群嗎？難道去看《戰狼 2》的男生比《芳華》多很多，而女生更喜歡喝奶茶等熱飲？這結論好像很有道理，但是需要做一下電影觀眾分析，看看他們到底有多大區別。

無論這個段子是真是假，一個專業的分析人員不應該忘記一個很重要的因素。《戰狼 2》上映的時候正逢暑期檔，而《芳華》則是趕在了聖誕新年的寒假檔。冬天觀眾們不喝熱的，難道要去點冷飲嗎？難不成電影院的暖氣開得太足了人們需要降降溫？諸如此類、與季節這樣的遺漏的第三個變數有關的例子，其實並不少見。早些年，有人觀察到霜淇淋的銷量和鯊魚吃人的報告案例之間的增長呈現驚人的一致性。難道說，霜淇淋有什麼神奇的魔力，引得鯊魚為了搶食不惜攻擊游泳的人群嗎？

然而我們看一下圖 6.4 中橫軸上的時間座標就會明白，這兩個事件都發生在盛夏。顯然隨著氣溫升高，一方面越來越多的人會去買霜淇淋，而另一方面，越來越多的人也會去游泳，自然被鯊魚襲擊的總數就會增加。這兩者之間其實並無直接的聯繫，只是正巧都發生在夏季而已。

圖 6.4　霜淇淋和鯊魚襲擊

6.2.2　熱帖的秘密

不知從什麼時候開始，在主流論壇中經常可以看到帖子標題上寫著諸如「標題要長～～～」、「線上等，挺急的」等。於是不禁令人好奇，這樣真的就能帶來更多的關注和回覆嗎？

這個問題於是轉化成了，是不是標題的長度 L 和回帖的數量 R 之間有著顯著的關係呢？在統計學上，我們稱這種關係為（線性）相關性——如果 L 越大 R 越大，L 越小 R 越小，那麼 L 和 R 之間的相關性就很大（正相關）。如果觀察不到這種現象，我們就認為 L 和 R 的相關性比較小。為了證實（證否）這個觀點，我們可以隨機選擇某論壇上的帖子，統計其標題長度和回帖的數量。某論壇的統計結果如圖 6.5 所示。

經過計算，這裡 L 和 R 的相關係數是 0.06，而且統計上這兩者之間的關係並不顯著。所以我們的結論是，在這個論壇上，一味地增加標題長度

並不能帶來回覆數量的增加。類似地,含有裝可憐的標題會帶來回覆的增加嗎,比如「線上等」、「救命」之類的關鍵字,結果證明該論壇上的大眾有點「冷血無情」,賣萌裝可憐這招也不管用。

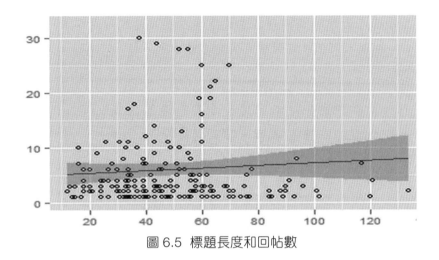

圖 6.5 標題長度和回帖數

這時我們又心生一計,難道只有自己圈子裡面的人才相互關心?統計了一番發現,果不其然,如果是版主或者論壇元老發帖的話,回覆數量果然顯著增加(比其他帖子平均多了 36 個回覆)。其實冷靜想一下,其中的原因可能是,元老對這個領域更為瞭解,他們問的問題有更高的水準,相互之間的共鳴可能更多。

在上述的分析中,我們計算了 L 和 R 兩者的相關關係,如果同時希望看另外一個因素比如賣萌詞語的數量 M 和 R 的關係,我們可以簡單地利用「4.1.1 小節」中介紹的迴歸分析來處理。當然,我們還能對文字進行深入挖掘,使用「4.4.3 小節」中介紹的自然語言處理方法結合各種機器學習模型可能可以得到關於回覆數量的更為精準的分析。在很多情況下,關於「標題越長回覆越多」之類的規律,可以很簡單地用統計方法來驗證,這可以幫助我們更深入地瞭解這些規律。

6.2.3 雪與火的城市

　　生於華夏，很多人都對中國的地名津津樂道。一方面人們感慨於中文的神奇，另一方面也樂於回味各種有趣的歷史故事。喜歡玩遊戲的讀者，更是對各種稀奇古怪的城市命名方式見怪不怪，尤其是在以五行架空的世界構造中，金木水火土成為最常見的命名元素。

我們拿官方資料進行分析，詳見國家統計局「2016 年 9 月中華人民共和國縣以上行政區劃代碼」。全部用來命名的只有 1228 個字，而相較於新華字典一般收錄的八千到一萬字，覆蓋面其實挺小的。

如果不看這個，則最受大家喜歡的就是「山」、「城」、「陽」、「江」、「安」、「州」。四個方向中，排序為「南」>「東」>「西」>「北」。地勢描述成為命名的主力詞，如「山」、「江」、「河」、「海」、「川」、「湖」、「溪」、「林」等。五行排名如下：「水」>「金」>「土」>「木」，沒有「火」！看來全國人民都痛恨火災。和之前微博上人們熱議的城市名中沒有「雪」字一個道理，大家都討厭災害。這裡展示一下排名前 50 的高頻字，如圖 6.6 所示。

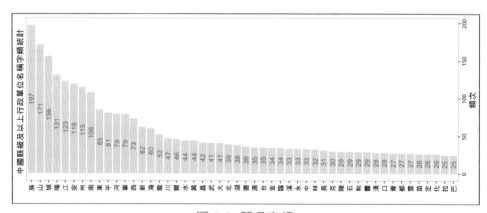

圖 6.6　縣名字頻

我們分區域來看一下各個區域的特徵，這裡只分析傳統的六大區域：華北、東北、華東、中南、西南、西北。地勢方面，除了西北地方以外，其他五個地區特別喜歡「山」。此外，東北常用「江」、「河」、「嶺」，華北、西北常用「河」，中南常用「江」，華東常用「江」、「湖」，西南常用「江」、「川」。方向方面，東北地區喜歡「東」、「西」，華北地區喜歡「西」，華東地區喜歡「東」、「南」，中南常用「南」，西北常用「西」，西南常用「西」、「南」。東北地區、西北地方、華南地區多有少數民族，故而地名中常含有民族名稱。

地理決定論是一種常被拿來解釋各種問題的萬金油，按照我們剛才解釋地名的思路，完全可以針對資料分析的結果來找到各種解釋的理由。但是這些理由有多可靠，還需要認真研究，如果我們把上述結論反過來，相信一定也能找到很好的理由，因為上述的結論似乎並沒有什麼必然的道理。從資料中發現規律、推論出因果關係，是一種可行的方法，但也是一種危險的方法，使用時一定要多加留心。

6.2.4 名字很重要嗎

對於每一個有新生兒的家庭來說，從懷孕的那一刻起，很多準爸爸準媽媽就翻出厚厚的字典，然後絞盡腦汁要給孩子起一個最好的名字。有些人甚至要依照各種傳統或現代理論，什麼五行、風水、周易、星座之說，來計算什麼樣的名字可以帶來終身的好運勢。當然，父母的這種美好願望可以理解，但是這又會在多大程度上能幫助孩子呢？

我們先來看一組資料。據統計，中國重名最多的是「張偉」，以近 30 萬票奪得第一名。而「王偉」以微略的差距排名第二，女性姓名「王芳」則排在第三位。嗯，想想自己周圍是不是還真有若干個不同年齡的「張偉」存在？連娛樂圈裡，就有若干「張偉」和為了不重名而特意以「大」

冠之的「大張偉」。最近幾年風潮不斷變化，「90 後」父母們更是別出心裁。讓我們來看一下一份網傳的 2010 年以後的新生兒姓名流行榜。

女孩最熱的 30 個名字：子涵、欣怡、梓涵、晨曦、紫涵、詩涵、夢琪、嘉怡、子萱、雨涵、可馨、梓萱、思涵、思彤、心怡、雨萱、可欣、雨欣、涵、雨彤、雨軒、佳怡、夢瑤、詩琪、紫萱、雨馨、思琪、靜怡、佳琪、一諾。

男孩最熱的 30 個名字：子軒、浩宇、浩然、博文、宇軒、子涵、雨澤、皓軒、浩軒、梓軒、俊傑、文博、浩、峻熙、子豪、天佑、俊熙、明軒、致遠、睿、宇航、博、澤宇、鑫、一鳴、俊宇、碩、文軒、俊豪、子墨。

據統計，2010 年以來出生的、起了三字名的男童中竟然有 5.93% 第二個字是「子」。而第三字的選擇也照樣相當集中——「軒」字竟然占去了 6.04%。哦，好吧，看來「10 後」長大了，我們就要開始區分「大子軒」和「小子軒」了。

相比於中國文字的博大精深，那些西方國家的人們其實選擇更少。英文字母雖然可以進行各種排列組合，但人們大概也不會隨便湊出一個毫無意義的單詞來作為名字吧。以美國為例，作為一個多元文化的移民國家，父母的選擇一般來源於《聖經》，傳統的英國、法國、德國和義大利名字，或者一些家鄉的地名之類。那麼這些名字真的會對孩子們的一生帶來影響嗎？

2004 年，經濟學家瑪麗安‧博坦和森迪‧穆來納森做了一項社會實驗。他們針對芝加哥和波士頓報紙分類廣告中的招聘啟事創建了 5000 份簡歷。他們創作了若干份經歷一模一樣的簡歷，然後隨機改變簡歷上的姓名，使得一些看起來更像黑人，另一些更像白人。結果發現，「名字聽起來像白人」的應聘者收到回覆的機率比「名字聽起來像黑人」的應聘者高

50%。看到這個資料，人們第一反應基本是，這難道不是職場中赤裸裸的種族歧視嗎？聽起來確實，名字確實至關重要。可是如果是這樣，為什麼黑人父母不給自己的孩子取一個聽起來像白人名字的名字呢？

《魔鬼經濟學》[2] 一書中提到了美國經濟學家羅蘭·弗賴爾（Roland Fryer）的研究。羅蘭·弗賴爾致力於美國黑人文化研究，並重點關心「為什麼黑人的成就不如白人」。他利用加利福尼亞州的統計資料列出了最受歡迎的名字，作者發現，在加利福尼亞出生的女嬰中，超過 40% 的黑人女嬰會有白人女嬰從不使用的名字。他進一步發現，喜歡給孩子取典型黑人名字的父母，正是那些未婚生育、受教育水準比較低的未成年母親。她們生活在典型的黑人社區中，耳濡目染的都是黑人名字，而對自己的孩子的取名也表達自己對於社區和文化的認同。其實，美國黑人姓名背後，往往反映著深刻的收入階層區別。

弗賴爾還發現，不僅僅是社會階級，其實更重要的是父母的受教育程度。無論是黑人還是白人，受教育程度不同的父母群體給孩子起的名字往往是不同的，而這更可能是孩子日後發展不同的最根本原因。更有趣的是，弗賴爾發現，在白人社區中，低收入家庭也能意識到姓名可能的重要性，故而會緊跟高收入家庭的命名潮流。一旦一個聽起來比較像成功人士的名字被高收入家庭使用，它很快就會沿著社會經濟階層往下流傳。

所以名字和成功看起來好像有因果關係，但實際上更多反映的是父母的良好願望。名字並不會直接改變孩子的命運，而那些為名字和孩子不斷投入努力的父母，才是孩子日後可能成功的最大原因。

題外話。這位 2015 年度克拉克獎（青年經濟學家獎）的獲得者羅蘭·弗賴爾本身也是一個傳奇。他出生於一個從事販毒的破碎單親家庭，還曾參與販毒。而後，他因為在橄欖球和籃球中表現出色，得到了德州大學

阿靈頓分校的體育獎學金，並借此機會發現了自己的學術天賦。他從本科到拿到經濟學博士學位僅用了 6 年半，供職哈佛大學 7 年即成為正教授，成為哈佛大學歷史上最年輕的獲得終身教職的非裔美國人。

6.3 樣本和調查

6.3.1 測不準的美國大選

美國大選是常年讓人津津樂道的話題。對於美國人來說，這關乎於他們接下來的總統是何人。對於非美國人來說，不妨靜靜坐下來，看看歷史的巨輪終會駛向何方。說起歷史上的大選，人們或許會驚異於各種出乎意料的結果，而這一切彷彿都離不開各大機構的民意調查資料。美國的民意調查機構繁多，往往是八仙過海、各顯神通，是近百年來統計學尤其是抽樣調查方法發展的最好見證之一。

美國大選中的民意調查一次又一次地歷史重現，不妨讓我們來回味一下。時間退回到大蕭條時代，從 1916 到 1932 年，佔領民調高地的是《文學文摘》。該雜誌連續五屆準確地預測了美國總統大選的結果，因而受到人們的普遍信任和讚譽。1932 年 10 月，《文學文摘》成功預測了總統大選的結果，接下來就開啟了「羅斯福新政」的時代。然而 4 年後，1936 年的中期選舉，《文學文摘》預測共和黨候選人阿爾夫·蘭登會戰勝羅斯福。他們的資料就算在今天看來也是規模頗大：《文學文摘》寄出了 1000 萬份明信片問卷，收到了 230 萬份電話回應。然而後面的結果大家都知道了，羅斯福以大比例勝出並取得連任。事後很多人開始分析《文學文摘》遭遇滑鐵盧的原因。分析表明，《文學文摘》的讀者更多位於社會中上層，而其中共和黨人所占比例遠比美國總人口中共和黨支持者的

比例要高。這就是調查設計中的「選擇性抽樣」問題，導致這一群體不具有代表性。

若干年後，一份在 1976 年於《美國統計學家》（The American Statistician）上刊登的文章進一步指出，《文學文摘》的那次民調完全依賴自願參與，導致「無反應誤差」。而其中最重要的就是，那些擁有電話並主動回答調查的人，基本是經濟條件較為優越的，而他們更傾向於支持代表共和黨的蘭登。而主動給予回饋的人群又有著鮮明的動機，該文章提到，「事實很清楚，是一小撮反對羅斯福的人，比起支持羅斯福的人，更強烈認為他們應該參與民調。」

這兩種原因交雜在一起，似乎註定了《文學文摘》的預測必然將和大選真正的結果大相徑庭，使得《文學文摘》民調的可信度大幅降低，直接導致該雜誌於選舉幾個月後停止發行。

然而現在已經是大數據時代，資訊化使得各種資訊的搜集變得無比便利。另一方面，統計學經過這麼多年的發展，各種預測模型也愈加完善。民調機構一直與時俱進，積極擁抱新時代的變化，促使又誕生了一位神奇人物——數據大神 Nate Silver。

Nate Silver 早年專注於體育預測，成功預測多次棒球比賽的結果。他後來轉戰政治預測，而讓他聲名鵲起的正是 2008 年和 2012 年兩次美國大選。2008 年的總統大選他成功預測了奧巴馬的勝利，而且美國 50 個州的投票結果他預測對了 49 個。2012 年更是大獲全勝，50 個州全對。自此之後，很多人認為大選預測已經被「破解」，再無「黑天鵝」可以出現。縱然 Nate Silver 自己聲稱是貝葉斯的信徒，而在我們現在看來，Silver 當年的招數頗似當下流行的機器學習中的「集成學習」，即集合眾多民意調查結果，根據自己的經驗判斷去平均它們。Silver 搜集各種民調資料，包

含全國的以及每個州都有各種機構主辦的不同規模的。在 Silver 看來，這些「信號」各自充滿雜訊——各種民調的機構背景、立場傾向、覆蓋人群、舉辦時間差異極大，參考意義肯定各有不同。他則站在巨人的肩膀上，利用他的獨門絕技，排除雜訊，得到真正有效的資訊。

然而歷史重複著自己，Nate Silver 也最終在 2016 年的大選中跌落「神壇」，他預計的希拉蕊的勝利並沒有發生，如圖 6.7 所示，到大選之前，Nate Silver 一直預測希拉蕊會有更大機率獲勝。雖說川普的當選一時被傳為自「英國脫歐公投」之後的另一隻「黑天鵝」（即英國脫歐公投之前，大比例的預測都是公投不會通過），然而回過頭來看，這個複雜的社會總是按照自由的機制不斷進化著。各種模型演算法縱然可能風靡一時，然而一旦有一個漏洞被放大，曾經完美的模型就會失效。

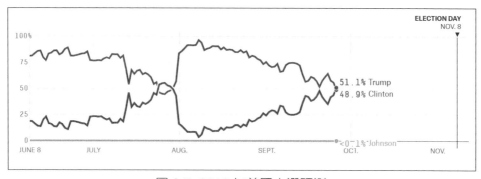

圖 6.7　2016 年美國大選預測

Nate Silver 失利之後，很多統計學家開始分析他預測失敗的原因。哥倫比亞大學著名的統計學家 Andrew Gelman 提到，在大選中出現的各種「小機率事件」其實可能是背後有著深刻原因的，而簡單地通過集成學習忽略這些小機率事件、不去挖掘它們顯現的獨有的信號和其背後的深刻原因，可能就是 Nate Silver 這次失利的一大原因。然而像《文學文摘》失利那樣更全面的分析，或許我們要等下一個十幾年甚至幾十年才能看得

到。就像我們在第 1 章提到的，所有的模型都是錯的，但有一些模型是有用的。我們學習和優化各種模型的過程，其實就是發現這個複雜的世界中更多規律的過程。

6.3.2 不對稱的杜蕾斯數據

2007 年，杜蕾斯在英國《太陽報》發佈的一組資料震驚了很多讀者。杜蕾斯公司的發言人表示，他們在全球 26 個國家和地區訪問逾 2.6 萬人，結果顯示，男性和女性的性伴侶數量並不均衡。其資料顯示，全球而言，女性平均有 7.3 個男性伴侶，而男性平均有 13.2 個女性伴侶。

杜蕾斯是一個頗有意思的公司。他們除了常年在各種社交媒體上發佈各種有趣的廣告之外，還熱衷於瞭解自己顧客的「性福指數」，活生生地把社會調查變成了自己的副業。

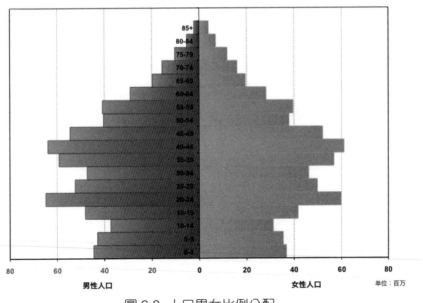

圖 6.8 人口男女比例分配

除了很多人可能感到再一次「被平均」了之外，好像還些不對勁，是不是？我們來看一下全球的人口性別比例。以 2015 年為例，聯合國資料顯示，全球男女比例母體來說處於平衡的狀態，為 101.8:100。如果我們查看各個國家公佈的人口分配金字塔，在性活躍的年齡段，男女比例大致也是相當的，很少有國家會出現大比例的男女失衡的狀態，如圖 6.8 所示。

那麼簡單地列出數學等式好像就不對了，難道不是應該男性人口 × 人均女性伴侶 ＝ 女性人口 × 人均男性伴侶？那麼杜蕾斯資料顯示的男性多出來的 6 個性伴侶，到底是哪裡來的？杜蕾斯表示，當年的調查資料只顯示異性伴侶數量，並不包含同性性伴侶數量。

從統計調查的角度，其實我們會有很多疑問。看過了美國大選的讀者，相信已經深諳各種抽樣調查的陷阱，比如抽樣的群體是不是有代表性，那些給出回覆的人群是不是又是特殊的人群，從而導致「無反應偏差」問題。還有人提出，這種敏感的話題，人們很容易會撒謊，比如男性可能會誇大性伴侶數量，而女性可能會有意低報性伴侶數量。

另外，還值得懷疑的是，各種平均數經常會出現的陷阱。比如這個全球平均到底是如何平均的，畢竟杜蕾斯並沒有調查全世界的 200 多個國家和地區。此外，那些極端值會帶來多少統計上的雜訊還尚未得知。從統計學的角度，如果一個分配呈現重尾分配（Heavy-tailed distribution），那麼各階距可能就不是有限的，從而對於平均數（一階距）的抽樣估計就可能非常不準。

6.3.3 幸運兒的傳奇

1940 年前後，在英國和德國進行的空戰中，雙方都損失了不少轟炸機和飛行員。因此當時英國軍部研究的一大課題就是：在轟炸機的哪個部位

裝上更厚的裝甲，可以提高本方飛機的防禦能力，減少損失。由於裝甲很厚，會極大增加飛機的重量，不可能將飛機從頭到尾全都用裝甲包起來，因此研究人員需要做出選擇，在飛機最易受到攻擊的地方加上裝甲。

當時的英國軍方研究了那些從歐洲大陸空戰中飛回來的轟炸機，並統計了彈孔的分配資料，如圖 6.9 所示。

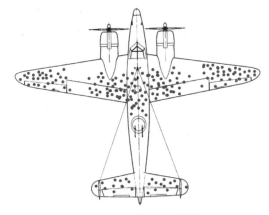

圖 6.9 飛機上的彈孔

如果你是當年英國的研究人員，會怎樣利用收集到的這些資料來回答這個問題？很顯然，飛機上被打到的彈孔主要集中在機身中央、兩側的機翼和尾翼部分。因此當時研究人員提議，在彈孔最密集的部分加上裝甲，以提高飛機的防禦能力。

有意思的是，當時英國的盟軍美國軍方，有一位研究部的統計學家沃爾德提出了相反的意見。沃爾德連續寫了 8 篇研究報告，指出這些千瘡百孔的轟炸機是從戰場上成功飛回來的「倖存者」，因此它們機身上的彈孔對於飛機來說算不上致命。如果攻擊一個部位是致命的，那我們根本就看不到任何「倖存者」，就更不用談統計這些資料了。而那些從未出現的彈孔部位，才可能是這些飛機最脆弱的地方，這就是著名的「倖存者偏

差」。沃爾德的建議後來被英國軍方採納，挽救了成千上萬飛行員的性命。而這個沃爾德，正是提出著名的 Wald 檢驗的 Abraham Wald，他亦提出了如今機器學習模型中廣為採用的損失函數、風險函數等概念。

就算在科研界，其實倖存者偏差可能也一直存在，比如近些年引起大家注意的「發表者偏差」。美國和加拿大的兩位學者 E. J. Masicampo 和 Daniel Lalande 統計發現，在已經發表的 3627 篇論文中，P 值（統計學中用來判斷顯著性的指標）的分配明顯在 0.05 的時候有一個巨大的跌落（注：0.05 為常用的判斷顯著性的閾值），如圖 6.10 所示。

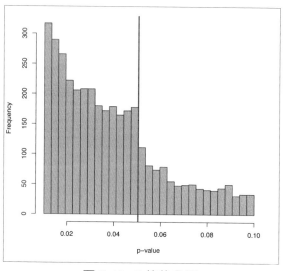

圖 6.10 P 值的分配

這可能顯示出期刊對於 P 值小於 0.05 的文章的發佈偏好，而又進一步引起了統計學界關於 P 值更多的討論。P 值或許不完美，然而就算我們找到另一個更好的指標，又會如何？只要期刊還是選擇性發表那些發現了事物間的一些關係、而忽略發現事物間沒有關係的研究，這樣的「發表者偏差」就依舊不可避免。

在如今的生活中,「倖存者偏差」的案例比比皆是。比如新聞媒體上經常報導,各種彩券的獎金累積到了一個非常誇張的數字,讓很多對彩券本不感興趣的人也會蠢蠢欲動。而這正是彩券公司發現的秘密——與其給很多人發小獎,不如中一個大獎,大獎得到的宣傳效應遠遠超於普通小獎的累積效應。新聞上那些各種關於中獎幸運兒的故事,或離奇或平凡,總會讓很多人津津樂道一段時間。人們試圖從幸運兒的幸運上學習他們的奧秘,而往往是徒勞無功,卻不能阻止人們小試一把的心理。比如美國著名的彩券「強力球」(power ball),2016 年就開出一次 16 億美元的大獎。統計其銷售資料我們可以發現,彩券的銷量是和累積的獎金大大相關的,如圖 6.11 所示。

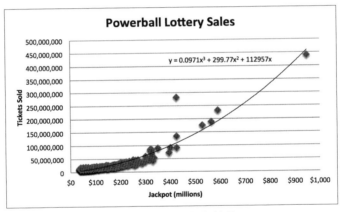

圖 6.11 強力球的銷售

無獨有偶,保險公司亦是精於此道。很多人可能會以為,保險公司理賠小機率險種的時候應該是不開心的。其實相反,很多保險公司非常樂於宣傳「成功」的理賠案例,因為他們一下子會獲得更多的投保客戶。這些都是「倖存者偏差」更為極端的例子,而其背後不僅僅反映了統計學的規律,亦反射出人們對於小機率事件估計或放大或不足的心理效果。

6.3.4 哈佛校長的辭職

　　曾經有一任哈佛校長說了一句,「男性和女性的智商是有差別的」,然後就沒有然後了。對的,然後他就因為言論不當「被辭職」了(因為政治不正確)。

可是大家難道沒有疑問嗎?作為哈佛的校長,怎麼也是一個聰明的人,怎麼會說出這樣的話?我們來看一下他說的原文:

"there is relatively clear evidence that whatever the difference in means ... there is a difference in the standard deviation, and variability of a male and a female population."

直接翻譯過來就是,「男性和女性的智力分配不同,雖然兩性智力水準的平均值一樣」。他主要想說的是,母體上講,男人不比女人聰明,女人也不比男人聰明。但是女性智商相對集中在平均值附近,男性則在低端和高端都散得比較開。如果用常態分配的曲線來畫一下的話,那麼大致的意思就如圖 6.12 所示。

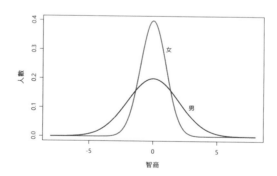

圖 6.12　假設的男女智商分配圖

如果換成你的孩子,老天告訴你有兩種選擇:

■　要麼天才,要麼蠢蛋(變異數比較大);
■　不那麼天才也不那麼笨(變異數比較小)。

你選哪個？如果選擇了第一種情況，那按照上面的理論，好像男孩更符合你的期望。

所以這裡我們說的變異數，實際上是描述一個群體對其平均值的偏離程度的衡量。變異數越大，這個群體中個體之間的差異越大，平均值相對而言代表性就比較差；變異數越小，說明群體中的大部分個體就越靠近中心（平均值），所以平均值的代表性相對而言就越好。

6.4 圖形的誤導

6.4.1 收入的變化

在「2.4.3 小節」中我們提到過，收入是一個典型的「被平均」的案例。其實這種「被平均」不但可能反映一個時間節點上的情況，還可能隨著時間變化愈演愈烈。更可怕的是，就算我們看的是分配而不是平均數，依舊可能「被代表」且忽略重要的資訊。

美國《金融時報》展現了自 1971 年以來，收入分配的變化，如圖 6.13 所示。

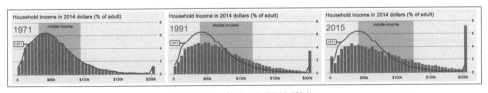

圖 6.13 收入分配的變化

從這三張圖可以看出，美國中產階級的收入應該是一直在漲的。那條藍色曲線代表的是 1971 年的分配，而灰色的陰影部分呈現的是中產階級的收入。相對於藍色的曲線來說，灰色的陰影一直在往右側移動，顯然美

國中產階級家庭的收入是一直在增長的。不僅僅是中產階級，好像所有的柱子都在往右邊移動，這意味著貧困人口的減少、低收入人群向中產階級轉變，整個社會的收入看起來好像越來越平等了。這難道不是說明美國人民的收入不平等性隨著時間變化得到了改善嗎？

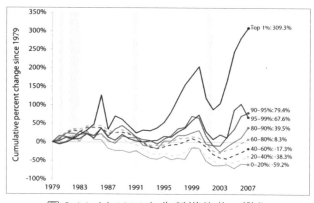

圖 6.14　以 1979 年為基準的收入變化

可是大家注意一下最右邊那根柱子，那個顯示 200k+ 的柱子。這裡彙集了所有年收入 20 萬美元以上的家庭。20 萬美元以上可能是剛剛達到 20 萬美元，也可能是 200 萬美元甚至 2000 萬美元。我們換一個角度來看另一張圖。圖 6.14 顯示的是以 1979 年的收入為基準，自 1979 年到 2007 年的收入變化。其中最上面的一條線顯示的是最富有的 1% 的人所擁有的財富，而下面的則依次按照不同收入層次分開。通過這張圖我們可以發現，前面《金融時報》中的資料顯示的增長，很可能僅僅是造福了最富的 1% 的人。據美國 2007 年的統計資料，1% 的人群擁有著驚人的 35% 的國民財富，而 2014 年的統計資料顯示，次貸危機後這一比例已經增長到 40%。所以和我們前面看到的資料的感覺不太一樣，其實美國家庭收入恰恰是變得更加不平等了。美國近四十年來的經濟增長，其實造福的是最富有的 20% 的家庭，而這其中越富有的家庭受益越多。事實上，經濟增長帶來了財富增加，也帶來了財富集中。同樣的事實，如果用不同

的圖形展現出來，其結果可能差異很大，我們在使用統計圖形的時候一
定要謹慎。

6.4.2　收費站與汽車站

　　微博上曾經有過一個熱點話題，有人通過百度地圖搜索「收費站」，
發現密密麻麻全都是，於是激起了廣泛的討論，大抵都是指責政府與民奪
利，設置層層關卡收錢。圖 6.15 所示的是一個搜索的結果，一眼看去確實
收費站太密了，讓人很難不生氣。

圖 6.15　收費站地圖

圖形最大的優勢就是直觀，很多事情口說無效，一旦通過圖來展現，很
容易造成強烈的視覺衝擊，這個收費站的話題就是典型的例子。一張中
國地圖上除了西部高原以外幾乎都被收費站占滿了，很容易讓人憤慨難
平。實際上真的是收費站「過多」了嗎？究竟當今的收費站是否太多，
我們沒有全部的資料也沒有一個計算合理數量的標準，此處不做評價。
但可以確認的是，通過這種地圖的方式是無法推論收費站過多的。

讓我們在地圖上搜索「汽車站」，得到圖 6.16，幾乎是和收費站一樣的結果。一樣的密密麻麻，甚至在西南方還要多出幾個。如果從這個角度來看，説明政府實在是太好了，修建了這麼好的基礎設施，畢竟汽車站是多多益善的，車站越多，人們出行越方便。可是沒有人去炒這個熱點，總覺得好東西就是應得的。

圖 6.16　汽車站地圖

其實無論是收費站還是汽車站，每個城市、每條高速路上有幾個都是正常的，至於收費站或者汽車站的數目究竟多少最合理，是另外的問題。中國有 300 多個地級市，3000 多個縣級單位，14 億人可能都需要通過汽車出行，哪怕一個城市只畫一個點，畫在這麼小的地圖中肯定也會是密密麻麻的。無論我們搜索什麼東西，只要集中顯示在這麼小的地圖上，都可能會帶來強烈的視覺衝擊。

從資料視覺化的角度來看，在小面積的圖上展現如此多的點的意義不大，圖形的目的是為了讓資料中的規律更清晰，而不是更混淆，如果沒

能做好這一點，是技術的問題。但如果是刻意為之，並且配上誤導性的說明，這可能就是道德問題了。資料視覺化不是漫畫，不是完全主觀的創作，而是需要基於事實、基於資料，無論是作圖還是讀圖，一定要注意把資料和結論緊密地聯繫起來，這樣才能儘量防止騙人和避免被騙。

6.4.3 東莞的逃亡

2014 年 2 月 9 日，中央電視臺曝光東莞掃黃，一石激起千層浪。當晚，一套來自「百度遷徙」大數據分析的網路圖被熱轉，該圖簡單而直接地顯示了 2 月 9 日晚上 10 點之前 8 個小時內從東莞遷出及遷入的人口數排名靠前的十大熱門城市。雖然原文沒有明確地進行解讀，但在這個時點網友們紛紛轉發，心照不宣地認為這就是一張「顧客及從業人員逃離圖」。在當時的網路環境中，很多人都認為這是一個非常經典的大數據應用案例。首先結論來源於資料而且資料量足夠大，其次用到了大數據的分析方法，當然這個具體的模型和演算法百度幫大家做了，然後用最時尚最酷的視覺化方式展現了出來，最後從資料的結果推出了實際想要的結論，一切都那麼完美。

這個資料分析和視覺化的例子很有代表性，從分析的方法來看，邏輯是嚴密的，要研究的方向是央視曝光之後的影響，這個說得專業一些叫作干預分析。關於影響的可能結果，見仁見智，這個研究選擇了一個公眾非常感興趣的結論，也就是「出逃人員」的去向。該研究選擇的方法也很到位，直接利用了百度的遷徙視覺化工具，從資料到結論的完整步驟都有了。圖 6.17 是一個百度遷徙圖的示例，比當時流傳的那個版本更美觀，但是展現的形式是一樣的。

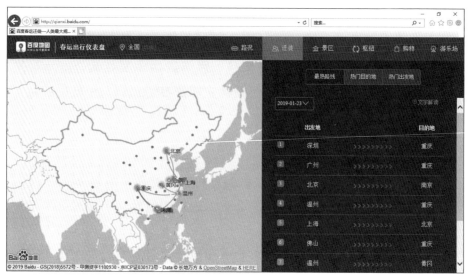

圖 6.17　百度遷徙圖示例

那麼，在大數據時代，一個嚴密而完善的分析流程是否代表著正確呢？這個問題的答案涉及了資料分析的一個非常重要的本質和誤解，並不是用了大數據就一定有結果。實際上，不論是大數據還是小數據，資料分析一定是方法要和假設匹配、模型要和資料匹配。聽起來有些深奧，我們就用這個例子來還原一個正常的資料分析流程。

首先，這個遷徙圖的資料到底是什麼，讀者及「分析師」真的瞭解嗎？根據百度提供的資料，資料來自 LBS（基於地理位置的服務）開放平臺，當時主要是移動用戶端。百度的開發平臺上寫得很清楚，提供了安卓、Symbian 和 IP 定位的介面，簡單來說，大家通過移動終端來調用百度地圖或者其他基於百度地圖的服務，會被百度記錄下來，然後利用這些資料進行分析。

但真正用來做遷徙圖的細節資料是什麼？公眾其實並不知道。如果我們進行合理猜測的話，可能直接利用了監控的軌跡，或者是導航的起點與

終點。無論是哪種方式，對使用者的真實起點、終點或者中點都沒有辦法精確區分。比如從武漢到東莞，基本上都要經過咸寧，那麼武漢和咸寧流入東莞的客流量如何計算，需要一個明確的定義，百度當然有一套規則，但公眾並不知道，而從熱傳的那張圖來看，武漢和咸寧都是流入東莞的前十名城市。

這些資料究竟能得出多強的結論，在百度沒有完全披露其所有細節的時候，大眾是沒有辦法瞭解得很透徹的。任何細節方面的不同處理方式都可能對結論造成很大的影響。就拿這個簡單的例子來說，百度的這張遷徙地圖並沒有提供足夠的資訊供使用者進行深入的分析，僅僅只是展示一個概貌上的趨勢而已，如果強烈地暗示自己只要是利用到了大數據就一定能得到正確的結論，顯然是不對的。

這個問題是圖形的誤導問題，實際上也是選擇性樣本的問題。通過前面對資料來源的討論，我們知道這個應用的資料只是一部分樣本，說簡單一點只能代表使用移動終端開啟了百度 LBS 服務的使用者，說複雜一點還和百度計量的口徑相關。在任何時候要用統計的方法得出一個結論顯然是針對母體的，只是我們使用樣本進行推論而已，樣本的代表性如何決定了結論的品質。在「東莞遷徙」事件之前，百度的這個應用就已經很有名了，最初是因為春運。關於春運也有一個笑話：「某電視臺記者在火車上問採訪乘客買到票了嗎，結果得出了所有人都買到票的結論」。這個例子所有人都知道是一個笑話，其實就是選擇性樣本偏差的問題。回到「東莞遷徙」的例子，問題同樣存在，只是大家沒有當作一個笑話而已。

東莞作為一個 GDP 排在全國前列的小城市，本來就很不平凡，每年吸引的外地打工人口不是一個小數目。與特殊行業相關的人口數目其實只是一個很小的比例。從量級來看，央視曝光事件對人口遷移的影響不一定能比得上隨機誤差。回到資料本身，很多讀者看了前十位城市的排名，

但是並沒有仔細看其中的比例數值，就拿遷出城市來說，前三位的香港、贛州、郴州比例都在十分之一以上，而其他城市的比例非常小，第十名的漳州只有千分之十九，那麼糾結於其他的城市實在是沒有意義的。

其中排在前三的城市一直到 2014 年 2 月 10 日 23 點，也仍然是前三甲，說明當天的資料排名並不能證明央視的曝光對時間序列顯著的影響。我們再來看排在前三位的香港、贛州和郴州的遷入資料，前十名居然都沒有東莞，所以說即使這三個城市的遷入資料有什麼不尋常的地方，也不一定是東莞造成的。

無論如何，「東莞遷徙」的例子對資料視覺化或者統計圖形來說都是一個很好的例子，其價值並不在於網傳的結論，而是可以很清楚地解釋一個真正的資料分析的流程以及平常人們對圖形的誤用，圖形因為具有很強的直觀性，很容易讓人們「理解」其中的規律並得到分析結論，所以尤其要注意其中存在誤導的可能，最好的辦法就是深入理解資料的內涵和隱含的假設。

6.4.4 有毒的配適

在新藥研發的臨床試驗階段，需要進行大量的建模和模擬工作。其中最關鍵的資料來自血藥濃度，藥物通過一定的給藥方式（靜脈注射、靜脈滴注、肌肉注射、口服等）進入人體體內後，其濃度會隨著時間發生變化。一般來說達到某個峰值後將會隨著代謝過程而不斷降低。不同的藥物、不同的給藥方式，其濃度變化曲線是不同的，我們可以通過模型來研究這個過程。

圖 6.18 中包含了 100 個資料，代表了 20 個受試者的臨床試驗資料，每隔一段時間對受試者 (驗) 抽血，記錄某種藥物的濃度 Y。如果我們想要

研究藥物濃度和時間之間的關係，一個直觀的想法是進行迴歸分析，把 Y 當作因變數，把時間當作應變數。「4.1.1 小節」中介紹了**迴歸**模型，我們通過線性迴歸，配適一條直線，如圖 6.18 所示。

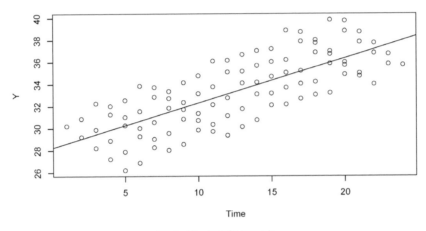

圖 6.18 群體的配適

從圖 6.18 所示的配適效果來看，所有的點確實接近一條直線，可以認為模型配適得很好。如果嚴格地進行迴歸分析的話，我們會發現應變數是時間，可能存在自我相關的問題，但問題僅僅只是如此嗎？讓我們更深入地研究一下這些資料，之前介紹了這 100 個資料包含 20 個受試者，也就是説，每個受試者平均貢獻了 5 個資料（實際上在這個例子裡確實是每個受試者驗了 5 次血），我們如果把資料混合在一起做迴歸分析，默認了每個受試者是沒有個體差異的，實際上並不可能。在醫療臨床領域，不同的患者個體之間的差異是非常大的。

我們把資料中每個受試者的藥物濃度資料連成一條線，可以得到圖 6.19 所示的結果。我們發現，與圖 6.18 中的向上直線相比，每個個體的直線方向都是向下的，兩種畫線的方式造成的結果方向完全相反。

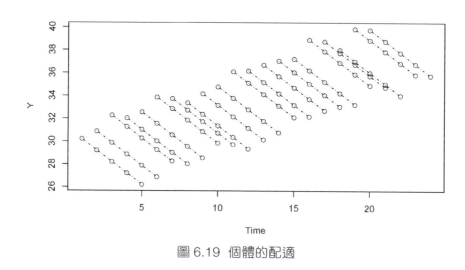

圖 6.19 個體的配適

也就是說，在這個例子中，個體的藥物濃度方向和群體的方向是完全相反的。如果深入到模型，這個例子中的資料根據不同的受試者分層，每個受試者包含一些時間序列資料，這樣的資料稱為**縱向資料**（Longitudinal Data）。如果固定時間點，每個受試者的資料代表一個樣本，這樣的資料稱為**橫截面資料**（Cross-Sectional Data），這是迴歸分析研究的資料形式。如果固定受試者，每個時間點的資料代表一個樣本點，這樣的資料稱為**時間序列**（Time Series），這是時間序列分析研究的資料形式。很顯然，無論是把所有資料當成一個整理再用普通的迴歸分析（對應圖 6.18 中的模型）求解，還是針對每個個體分別建模（對應圖 6.19 中的模型）都不是好辦法。實際上，針對縱向資料，我們也有一些分析模型可以處理，比如混合效應模型。在臨床試驗的群體藥動藥效學領域，還有專門的非線性混合效應（NONMEM）模型，此處不進行詳述。

通過這個例子，我們可以發現，圖形視覺化實際上也是在建模，都必須對資料有深入的理解並進行合理的假設。如果不加思索地套用某些模型，比如按照圖 6.18 的方式用簡單的迴歸來配適所有的資料，即使迴歸

的結果不錯，也和真實的濃度與時間的關係是完全相反的。如果錯用了
這種方法，很可能會引起藥物中毒，帶來嚴重的後果。如果對每個個體
單獨建模的話，對資料量的要求比較高，在臨床試驗中每一個樣本都要
驗一次血，如果需要很多資料的話意味著對每個人要驗很多次血，受試
者恐怕早就害怕得逃跑了。所以正確的圖形也意味著正確的模型，在使
用的時候需要非常慎重。

這樣的例子在統計學上並不鮮見，本質上都是資料內部結構的問題。我
們再來看一個著名的例子，表 4 顯示了兩位元編輯 Lisa 和 Bart 在兩周內
各自的工作完成情況。第一周 Lisa 編輯了 1 篇文章，並沒有完成，Bart
編輯了 4 篇文章，完成了 1 篇，很顯然 Bart 的完成率是 25%，要優於
Lisa。第二周 Lisa 編輯了 5 篇文章，完成了 3 篇，Bart 編輯了 1 篇文章
並順利完成，那麼 Bart 的完成率是 100%，也要優於 Lisa。也就是説連續
兩周 Bart 的完成率都高於 Lisa。但是我們匯總後發現，Lisa 的母體完成
率是 60%，而 Bart 只有 40%，也就是説，Lisa 連續兩周都輸了，但是總
成績上卻贏了。

表 6.4　編輯工作完成情況

編輯	第一周	第二周	總體狀況
Lisa	0/1 = 0%	3/4 = 75%	3/5 = 60%
Bart	1/4 = 25%	1/1 = 100%	2/5 = 40%

這個詭論就是著名的**辛普森詭論**（Simpson's paradox），由 Edward H.
Simpson 於 1951 年提出，但是 1972 年才被 Colin R. Blyth 命名並廣為大
眾所知。其實早在 1899 年卡爾·皮爾遜就提到了類似的問題，這是統計
學上非常常見但是比較隱蔽的一個誤解，其產生的原理可以通過圖 20 來
描述。

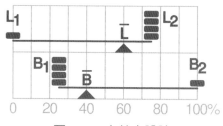

圖 6.20 辛普森詭論

在兩個分組裡（第一周和第二周），Bart 的完成率都要高於 Lisa 的完成率，但是母體的成功率相當於一個加權平均，是受每一組的樣本量影響的。在圖 6.20 中可以看到加權後的 $\overline{B}$（Bart 的母體完成率）是要小於 $\overline{L}$ 的。問題的根源是個體（或內部分組）規律和母體規律的差異造成的，我們要深入其中的細節才能清晰地瞭解。

無論是辛普森詭論還是藥物配適的錯誤，都已經超出了純粹圖形視覺化的範圍，但是其犯錯誤的本質都是一樣的，我們使用統計方法或者圖形來解釋資料、分析資料，都必須順勢而為，也就是說要深入瞭解資料的內在規律，包括層次結構、分配情況等，這樣才能找到合適的分析方法或者圖形來匹配。分析的過程是探索和發現規律的過程，而不是強行製造規律。我們在資料視覺化乃至分析建模的過程中都要嚴格注意，千萬不能被表面現象所迷惑。

[1] Thaler R. H. 贏家的詛咒 [M]. 高翠霜，譯。北京：中信出版社，2018.

[2] Levitt S. D., Dubner S. J. 魔鬼經濟學 [M]. 王曉鸝，譯，湯瓏，譯，曾賢明，譯。北京：中信出版社，2016.

Chapter

07

統計在人工智慧上之應用

統計是一門應用的科學，而在人工智慧時代有哪些熱門討論議題、研究方法及評估準則；此外人工智慧如何發展與人工智慧發展人才需求趨勢，在本附錄中將依：淺談統計方法與極端事件應用、淺談資料科學與人工智慧發展及淺談 AI 人工智慧發展人才需求趨勢來依序簡述之。

7-1 淺談統計方法與極端事件應用

不論是肇因於天然的或者是人為的因素，很多的極端事件 (extreme events) 對於自然現象或者經濟活動等等，都有可能造成非常重大的影響，所以極端事件的研究一直以來就是一個無法被忽略及非常重要的議題。只不過怎麼樣的情境才能夠算是極端的事件呢？長久以來，很多人投入極端事件的研究，雖然有很多質化的定義與詮釋，只不過要如何量化 (quantify) 極端事件，仍然充滿不同論述與挑戰，有很多的面向等待大家來探討與揭露。如果從統計的觀點而言，所謂的極端事件其實就

是發生的機率很低，或者，極端事件也可以說是在統計中所謂的異常點 (outlier)。在牽涉到機率的統計分析中，研究者最常用來描述資料分配的就是常態分配了，例如財務當中的報酬率。只是很多文獻與實證的經驗告訴我們，報酬率通常會具有厚尾的現象，所謂的厚尾現象是指實際尾端發生的機率會大過於常態的尾端機率，因此也有人因為 T 分配較常態分配矮胖的特質，而採用 T 分配來取代常態分配的研究。另外一種方式，就是也有人會採用冪次分配來擬合尾端的機率分配。以下我們先為大家說明冪次分配的定義，接著再淺談財務領域中極端事件與生活實務的關聯。

A. 冪次分配

極端事件很多都是服從冪次分配 (Power-law Distribution)，如定義 1，很多研究也都以冪次分配來詮釋極端事件，例如 Pareto 在收入 (income) 的數據中發現，少數的富人總資產大於一般大多數人總收入，也就是收入應該服從冪次分配，也衍生提出了著名的 80/20 法則。不過一般資料是不會服從冪次分配，通常是在極端事件上才會服從冪次分配，也就是所謂長尾 (long-tail) 或厚尾 (fat-tail) 現象。

定義 1. 若函數 $f(x)$ 滿足下列數學式子 (1)，則 f(x) 服從冪次分配：

$$f(\mathrm{x}) = \alpha x^{-k} \tag{7-1}$$

其中常數 $k > 0$ 以及 $\alpha > 0$。

B. 財務領域中極端事件與生活實務的關聯

在財務領域中，最常被提及的極端事件就非黑天鵝 (black swan) 事件莫屬了。所謂黑天鵝事件，最早是由 Taleb(2007) 所提出來的，在書中 Taleb 指出黑天鵝事件其實是非常罕見的，甚至連它發生的機率都是沒有辦法知道的 (unknown unknown)，同時當黑天鵝事件真的發生的時候，是會造

成災難性巨大的影響。換言之，黑天鵝事件是指具備發生機率極低、容易被忽略，沒有辦法被預測、衝擊力道大特質的事件。

瀚亞投資研究團隊 (2021) 根據 Bloomberg 1999 年 12 月 29 日到 2020 年 3 月 24 日 MSCI AC Asia Pacific index 的資料，進行了黑天鵝事件對股市造成的影響進行分析，圖 7-1 中依序指出了亞洲金融風暴、網路泡沫、美國 911 事件、SARS 爆發、全球金融風暴、歐債危機、福島核電危機、石油危機、中國股災、美國量化緊縮政策以及 Covid-19 疫情危機共十個黑天鵝事件。每個黑天鵝事件都造成股市交易從最小的 7.9% 跌幅到 59% 跌幅巨大的動盪。可見黑天鵝事件帶出的衝擊真的不容小覷。

圖 7-1 亞洲黑天鵝事件啟示錄

（資料來源：https://www.eastspring.com.tw/insights/global/tracking_black_swans_in_asia）

極端事件中常被關注及引起討論的，除了黑天鵝事件之外，還有所謂的灰天鵝（grey swan）、龍王 (dragon king) 等事件。灰天鵝和黑天鵝事件一樣的地方是發生機率極低、容易被忽略，不過與黑天鵝事件的差別是，

灰天鵝事件的衝擊力道影響相對是比較小的。例如美中貿易衝突就被視為是「灰天鵝」事件。Sornette(2009) 在黑天鵝的基礎上面提出了所謂的龍王事件，相對於黑天鵝事件，龍王事件所造成的影響會更巨大，不過 Sornette(2009) 主張龍王事件卻是可以被預測的。Barrons(2012) 指出 Sornette(2009) 的龍王理論中極端事件發生具備兩個要件，系統的一致性和協同性，當系統的一致性突然變高的時候，黑天鵝的極端事件就很容易發生。而當系統的一致性和協同性同時增強的時候，那就很容易誘發影響力超過黑天鵝的龍王事件。在投資的行為當中如果所有的投資人都採用相同方向的觀點進行投資，從風險管理的角度來講這並不是一件好事，甚至會孕育出巨大的風險。如同擦鞋童理論，當股市大跌之前所有的人都會過度樂觀投入股市，所以這也是 Sornette(2009) 主張龍王事件是可以被觀察及預測的例子。

除此之外，Taleb(2007) 提到世界有中庸與極端兩種分布，Barrons (2012) 詮釋了這個看法，對於中庸世界來講，使用常態分配來進行各方面的解析，是非常有幫助的。也因為中庸世界存在著負反饋，所以會有財務中所謂的均值回歸 (mean reversion) 現象。另一方面在極端世界當中，則存在著正反饋的機制，如同馬太效應 (Mathew effects) 一樣，強者更強，弱者更弱，贏者通吃，進而趨近極端。也因此使用冪次分配可能會比常態分配來描述極端世界更為恰當，也比較不會低估了極端事件的風險。

說了這麼多，會不會想要知道那其他時間可不可以用統計檢定方法來偵測呢？這真是一個好問題。是可以的，已經有一些學者提出不同的檢定方法，其中 Janczura & Weron (2012) 採用中央極限定理的立意，提出了龍王事件的檢定方法，有興趣的讀者可以找出這篇文章繼續進行探索。

7-2 淺談資料科學與人工智慧發展

簡單的說，所謂的人工智慧 (Artificial Intelligence，AI) 指的是能夠使用電腦或機器來解決問題，人工智慧起源於 1940 年到 1960 年期間，人工智慧相關的定理證明以及通用問題的求解，到 1970 年人工智慧框架理論也已經發展出來，只是礙於當時的電腦資訊系統沒有像現在如此發達，電腦的運算速度比較慢，所以人工智慧發展的腳步暫緩了下來。直到 21 世紀，隨著電腦處理巨量資料與運算速度的提升，人工智慧的發展與應用再次受到關注並且蓬勃發展，而機器學習算是人工智慧當中的一個技術分支，深度學習 (Deep Learning) 則是機器學習 (Machine Learning) 的一個子領域，深度學習、機器學習與 AI 人工智慧關係之示意圖，如圖 7-2 所示。

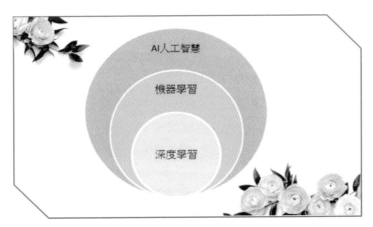

圖 7-2 深度學習、機器學習與 AI 人工智慧關係

因為現在人工智慧所採用的技術不勝枚舉，對於機器學習的範疇，主要參考 Olawade, Onashoga & Arogundade(2020) 製作了機器學習技術分類圖，如圖 7-3 所示。

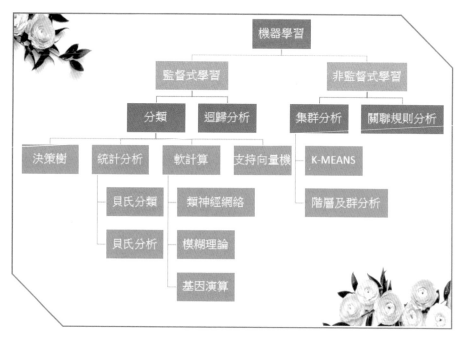

圖 7-3 機器學習技術分類圖

以下先就機器學習建模流程進行介紹，接著說明資料的型態以及機器學習的方式，另外因為機器學習方法太多了，在此僅挑選幾個常用的方法進行介紹，最後說明分類模型的評估準則。

1. 機器學習建構模型的流程

在建構機器學習模型的時候，我們都會先把資料分成訓練集 (training data) 以及測試集 (testing data)，接著使用訓練集的資料來進行建模，然後使用測試集的資料再重新試行已經調教好的模型，來驗證和評估模型的好壞。利用機器學習建構模型的流程，如圖 7-4 所示。

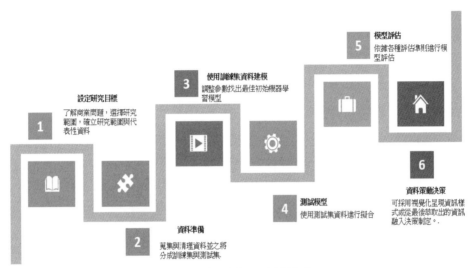

圖 7-4　機器學習建模流程

2. 資料型態

既然在建構機器學習模型之前需要先收集資料,那我們就來看看資料的型態有哪些。依照統計學的做法我們將資料的型態分成質性資料 (qualitative data) 與量化資料 (quantitative data)。量化的資料又可以分成離散型與連續型兩種類型,舉例如下:

■ 質性資料:例如聘僱人員基本資料、性別、教育程度或者心理輔導及晤談的記錄等等,都是屬於質性資料。

■ 量化資料:

- 離散型:如大賣場進貨的產品數量,註冊人數,報名人數等等。
- 連續型:收入、身高、體重、學校內清潔人員花多少時間擦黑板、學生每日花多少時間打電動等等。

而一般資料探勘的做法,會將資料分為結構化資料 (structured data) 與非結構化資料 (unstructured data) 兩種類型,結構化的資料是指有透過一定的規則或順序 (結構) 所收集到的資料,而非結構化資料則多是屬於破

碎、不連續性性質的資料。另外也有人認為可量化的數值是結構資料，文字與圖片則為非結構資料。當然處理非結構資料會比處理結構資料會來的費力。

3. 機器學習方法的方式

一般來說，機器學習方法有監督式學習 (Supervised learning)、半監督式學習 (Semi-supervised learning)、非監督式學習 (Unsupervised learning)與強化學習（Reinforcement learning）4 種方式。而監督式學習會先將每筆資料進行標記，也就是給定標籤 (label)，在訓練的過程中分類器將標記納入模型訓練。非監督式學習與與監督式學習間的差別在於每筆資料是否有〝答案〞(標記)，非監督式學習是讓機器自己試著去找到資料之間的聚類關係。而半監督式學習則是指僅給予少量的標記，剩餘由機器藉由自己透過反覆修正學習結果來進行分析。

4. 機器學習與深度學習模型

以下針對 3 種常用的機器學習分類模型 (或稱分類器 (classifier)) 及 2 種深度學習方法進行介紹。

A. 隨機森林

為了解決決策樹容易過度配適的問題 (Fan, 2013)，Breiman (2001) 提出隨機森林分類器，其概念是從決策樹分類器而來。

決策樹是將大量的訓練資料進行分類的一種方法，每次分割皆將現有的資料採一分為二的方式，接著利用門檻值的判定進行分割，大於門檻值分到右邊，小於門檻值則分到左邊。當訓練資料在節點中，由資料資訊增益的算法 (information gain, IG) 來決定，是否要再分裂出子節點，是資訊增益 IG 的定義公式如下：

$$IG = IG(\text{T}) - \frac{N_{left}}{N_T} IG\big(\text{T}_{left}\big) - \frac{N_{right}}{N_T} IG\big(\text{T}_{right}\big)$$

其中 $IG(T)$ 為節點 T 原本之資訊量，N_T 為節點 T 之觀測個數，N_{left} 為節點 T 左邊之觀測個數，N_{right} 為節點 T 右邊之觀測個數，$N_{left}/N_T\ IG(T_{left})$ 為分割後左邊之資訊量，$N_{right}/N_T\ IG(T_{right})$ 為分割後右邊之資訊量。。

除了常見之資訊增益 IG，資訊量還有熵 (entropy) 以及 Gini 不純度 (Gini impurity) 其他的計算方式。

在隨機森林模型中，首先必須先生成許多的決策樹，每棵樹都會完整的成長不會進行修剪 (pruning)，隨機森林模型分類結果是由各決策樹投票來決定，並當作最後輸出結果，彙總所有決策樹的預測，也就是以多數決的方式，來決定最後的分類預測。而在迴歸 (regression) 問題中，隨機森林模型輸出將會是所有決策樹輸出的平均值。

B. 支持向量機

支持向量機 (Support Vector Machine, SVM) 由 Cortes & Vapnik(1995) 等學者提出，是一種監督式的機器學習模型，可以同時運用線性或非線性的方式用在分類 (classification) 和迴歸上。支持向量機的原理是它先將原始資料轉換到更高維度 (dimension) 的空間，從這些維度上，它可以利用訓練資料集中的一些特徵來找到對應的超平面 (hyperplane)，來分割不同類別的資料，而最靠近邊界的這些樣本點，因為提供 SVM 最多的分類資訊，因此被稱為支持向量 (support vector)。

線性 SVM 主要是在尋找具有最大邊界 (margin) 的超平面，假設有一樣本數為 N 的二元分類樣本，可將每個樣本點表示為 x_i，$i=1,2,\cdots,N$ 以及相對應的標籤類別 $y_i \in \{-1,1\}$，$i=1,2,\cdots,N$，則決策界線可表示為：

$$\text{w} \cdot x + b = 0$$

其中 w 為權重，b 為誤差值。

因此，所有 y_i = -1 的點在 $f(x)$<0 這一邊 w·x + b = -1，而 y_i = 1 的點在 $f(x)$>0 這一邊即 w·x + b = 1，找到最大的超平面就能找到最大邊界，若令分隔兩類的線與其邊界的距離為 d，則 SVM 的目標函數為 2d = 2/‖w‖ ，透過數學式轉換，最大化目標函數 {2/‖w‖} 會等價於最小化 ‖w‖²/2，因此 SVM 的分類模型可以寫成如下表達：

$$\min_{w}\|w\|^2/2$$

$$\text{Subject to } y_i(w \cdot x_i + b) \geq 1, \forall_i = 1, 2, ..., N$$

針對非線性問題，Boser et al. (1992) 藉由使用核 (kernel) 函數，將非線性的二元分類的資料轉換為可分割線性空間，如此一來在此空間便更容易找到一個超平面來分割不同類別的資料。一般常見的核函數有：線性 (linear)、多項式 (polynomial)、放射函數 (radial basis fuction) 及 S 型 (sigmoid) 等。

C. 極限梯度提升 (extreme gradient boosting, XGboost)

集成學習 (Ensemble Learning) 是為了改善單一機器學習分類器精確度和誤差率的一種熱門方法，集成學習包括減小方差 (bagging)、偏差 (boosting) 或改進預測 (stacking) 三種方式。Breiman(1997) 提出梯度提升決策樹 (gradient boosting decision tree, GBDT) 屬於 boosting 算法的一部分。Boosting 的原理是三個臭皮匠勝過一個諸葛亮，是一種將幾個比較弱的模型串接在一起，用於迴歸 (加權求和)、分類 (加權多數投票) 的機器學習技術，可以減少偏差的產生。作法是將 K 個弱分類器 $f_i(x)$, i = 1,2,…,K，組合成一個強分類器 $F(x)$，其演算法步驟如下式：

$$\hat{y}_i = \sum_{k=1}^{K} f_k(x_i), f_k \epsilon F, i = 1, 2, ..., N$$

其中 $F=\{f(x)=w_{q(x)}\},w\in R^T,q\in R^m \to \{1,2,\cdots,T\}$，$F$ 為對應所有的迴歸樹集合，T 是迴歸樹中葉子的數量，x_i 表示第 i 個特徵向量，相對應的標籤類別 $y_i \in \{-1,1\}$，w 代表葉子的權重，q 代表對應的樹結構。

Chen (2016) 延伸梯度提升決策樹提出改良的極限梯度提升演算法 (eXtreme Gradient Boosting，XGboost)，XGboost 仍然保有集成學習的精神，將多個弱分類器 (CART 決策樹) 結合為一個強分類在預測和運算效能上有一定的優化程度，目前為 Kaggle 競賽中脫穎而出的演算法之一。

以下針對深度學習方法中的人工類神經網路與類神經網路長短期記憶（Long Short-Term Memory，LSTM）LSTM 模型進行介紹說明。

D. 人工類神經網路

介紹 LSTM 模型之前，得先談談人工類神經網路（Artificial Neural Network，ANN），或稱類神經網路 (或簡稱 ANN)。ANN 是從生物學上的神經元 (neuron) 研究啟發出來的，也是一個基於數學統計類型的學習方法與應用。神經系統是由多個神經元所組成，並且彼此間透過突觸以電流傳遞訊號，ANN 藉由此概念模擬出人腦的學習系統。圖 7-5 是在 Google TensorFlow Playground 上面，透過採用 Sigmoid 激活函數 (active function) 以及輸入不同參數 (例如 learning rate=0.03 等) 進行分類所得到視覺化的分類結果。

類神經網路基本結構可拆解為：輸入層 (input layer)、隱藏層 (hidden layer) 和輸出層 (output layer)，輸入層主要用來接收所輸入的訊息。輸出層將處理後的訊息輸出。最重要的關鍵層為隱藏層，隱藏層介於輸入層與輸出層中間，主要是處理輸入層神經元的交互作用影響，隱藏層的個數並沒有一定的規範和標準，是經過試驗找出最適當的數量。類神經網路的基本單位為神經元，透過神經元的輸入 (input)，集成函數會將其他

神經元的輸出賦予鍵結值 (weights) 加以綜合，其中鍵結值的值越大代表連結的神經元對類神經網路的影響越大；反之，鍵結值的值越小則代表連結的神經元對類神經網路並無顯著的影響，而且鍵結值若太小，通常連結的神經元會被移除以節省電腦計算的時間與空間。

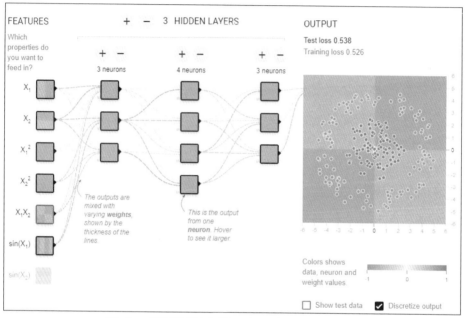

圖 7-5 深度學習分類示意圖（本研究整理）

類神經網路未訓練前，其輸出是凌亂的。不過隨著訓練次數的增加，類神經網路的鍵結值會逐漸的被調整到目標值與神經網路的輸出兩者誤差收斂，通常我們會定義一個成本函數來作為神經網路收斂的指標，隨著網路的訓練次數越多，成本函數的變化會越小，最後收斂，幾乎不再變化。因此適當的學習次數，才能使類神經網路有較佳的表現。由於隱藏層中有許多複雜的活化函數轉換過程，造成使人難以說明輸入的資訊與輸出的結果之間的關係，因此不易解釋成了類神經網路最大的挑戰。

E. 長短期記憶 LSTM 模型

因為 ANN 模型是固定的 input 跟固定的 output，所以 ANN 模型並不存在時間相依 (time dependency) 與記憶效應 (memory effect)，不同於 ANN 模型，循環神經網絡 (Recurrent Neural Network, RNN) 模型納入了時間維度，改善了以上兩個缺點。是一種考慮暫存內部記憶 (feedback loop) 的改良式 ANN 模型，不過 RNN 模型存在著梯度消失 (gradient vanish) 問題，所以無法有較長的記憶，因此模型效能較差。長短期記憶 LSTM 模型是由 Hochreiter and Schmidhuber (1997) 所提出，長短期記憶 LSTM 模型也是 RNN 模型的一種，只不過如 Ahmed et. al. (2021) 圖 7-6 所示意的，它的結構上主要有 3 個閘門 (gates)，分別為 input gate、forget gate 和 output gate。其中 input gate 是提供資訊、output gate 是選擇輸出資訊，而最特別的是 forget gate 決定哪些資訊應該被移除，不再需要放入模型中。因為多了這個閘門，因此長短期記憶 LSTM 模型就可以避開 ANN 和 RNN 模型的缺點，不論是預測或分類，表現都非常好。

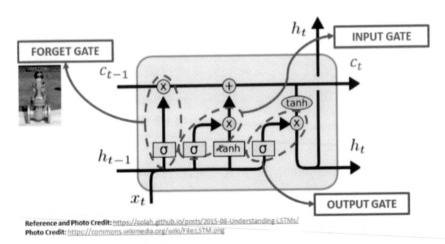

圖 7-6 長短期記憶 LSTM 模型結構示意圖 Ahmed et. al. (2021)

5. 分類器模型的評估準則

在機器學習方法中，常會將議題的實際狀況和分類模型預測判斷的結果，製作成混淆矩陣來方便後續進行模型更進一步的分析。舉例來說，假如以學生學習成效評估的案例而言，在學習成效評估時，若關注的重點為「實際不及格」的學生，則會把不及格的學生當作陽性 (positive)，無不及格的學生當作陰性 (negative)，當實際有不及格的學生而被預測判斷為會不及格的學生時即為真陽性 (true positive)，實際有不及格的學生被預測判斷為不會不及格的學生即為假陰性 (false negative)，而實際無不及格的學生被預測判斷為不會不及格的學生即為真陰性 (true negative)，實際無不及格的學生被預測判斷為會不及格的學生即為偽陽性 (false positive)。根據以上 4 種不同情況，我們可以彙整如表 1 中的混淆矩陣。

表 7-1. 混淆矩陣

實際狀況	預測判斷類別	
	不及格	無不及格
不及格	真陽性(true positive, TP)	假陰性(false negative, FN)
無不及格	偽陽性(false positive, FP)	真陰性(true negative, TN)

在機器學習分類模型建置完成後，仍需進行驗證工作，以瞭解模型是否妥適。一般較常用來評估機器學習分類模型的準則有：1. 預測正確率 (accuracy)、2. 召回率 (recall rate)、3. 精確率 (precision rate)、4. F1-Score、5. 接收者操作特徵 (receiver operating characteristic，ROC)、6. ROC 曲線下面積 (area under the ROC curve，AUC) 和 7. 交叉驗證 (Cross Validation) 等。很多研究中的實證研究都會將這 7 種準則加上模型的運算速度作為測量模型之依據，下文將分別依序介紹此 7 種準則的使用方式。

（1）預測正確率

預測正確率的定義如下式：

$$預測正確率 = \frac{TP + TN}{TP + FN + FP + TN}$$

預測正確率是用來衡量模型預測結果的準確度，但當資料為不平衡時，使用預測正確率會有失偏頗，以學生學業表現為例，需要重點關注的為那些會不及格的學生，以防範學生期末真的不及格而導致可能學習中輟。

（2）召回率

召回率的定義如下式：

$$召回率 = \frac{TP}{TP + FN}$$

召回率又稱敏感度，代表的意義是實際有不及格的學生中有多少比例是被預測為會不及格，當召回率越高代表模型對於實際不及格的學生預測較準確的。

（3）精確率

精確率的定義如下：

$$精確率 = \frac{TP}{TP + FP}$$

實際代表的意義是此次預測為會不及格的學生中有多少比例是被預測中的，當精確率越高，代表模型在判斷預測為會不及格的學生時，較不會將實際無不及格的學生預測判斷為會不及格。

（4）F1-Score

$F1\text{-}Score$ 的定義如下式：

$$F1 - Score = \frac{2}{\dfrac{1}{Precision} + \dfrac{1}{Recall}} = \frac{2TP}{2TP + FP + FN}$$

F1-*Score* 是定義為召回率與精確率的調和平均，F1-*Score* 對於極端值較敏感，其值越高代表模型分類越穩健。

（5）接收者操作特徵 (ROC)

接收者操作特徵 *ROC* 的縱軸座標軸為 Y= 敏感度（召回率），而 ROC 橫軸座標軸為 X=1- 特異度，其中特異度的定義如下：

$$特異度 = \frac{TN}{FP + TN}$$

特異度代表的意義是實際無不及格的學生被模型預測判斷為不會不及格的比例，當特異度越高代表模型對於實際無不及格的學生預測是較準確的。

ROC 是透過調整分類模型的門檻值 (threshold)，將所有可能的門檻值，先從 (0 到 1) 分別計算出多組敏感度與特異度，接著在坐標軸上將計算得到每一組的解 (1- 特異度, 敏感度) 連起來後，就可以畫出一條 ROC 曲線，而且 ROC 曲線必定經過 (0, 0)，(1, 1)。

（6）ROC 曲線下面積 (AUC)

AUC 為 *ROC* 曲線與座標軸之間的面積，AUC 的定義如下：

$$AUC = \int_0^1 TP(FP)d(FP)$$

AUC 是用來評價模型好壞的一個指標，當敏感度越高，代表著實際有不及格的學生預測是越準確的，而 1- 特異度越低，代表著無不及格的學生較不會被預測判斷為不及格的學生群，因此當 *AUC* 值越大代表模型表現能越好。Fawcett (2006) 曾提到 *AUC* 為單位正方形面積（邊長單位 1）的一部分，因此，*AUC* 必定介於 0 與 1 之間，*AUC* 為 1 代表這是一個完美

的評分模型；另外，當 ROC 曲線剛好為對角線時，代表其 AUC 為 0.5，可視為隨機模型。

Hosmer and Lemeshow (2000) 對 AUC 使用的論點為，AUC=0.5 時，可視為隨機模型，分類器毫無鑑別能力，$0.7 \leqq AUC \leqq 0.8$，分類器鑑別能力屬於可接受，$0.8 \leqq AUC<0.9$，分類器具優良的鑑別能力，$0.9 \leqq AUC$，分類器具極佳的鑑別能力。

上述所提及之標準，也有人再細分進行分類器評估，其中若 $AUC<0.5$，可以視為比隨機預測還差，AUC=0.5 可視為與隨機預測一樣，$0.7 \leqq AUC<0.8$ 為可接受的鑑別力，$0.8 \leqq AUC<0.9$ 為優良的鑑別力，$0.9 \leqq AUC \leqq 1.0$ 為極佳的鑑別力。

（7）交叉驗證

交叉驗證是用來評估與驗證分類器效能的一種準則，交叉驗證有時亦稱循環估計。通常的做法是將原始資料分割為訓練資料集以及測試資料集。首先採用訓練集的資料來建構分類器，接著再用測試集的資料來測試該訓練模型，同時進行預測準確性之評估，並以此做為評價分類器的效能指標。常見的交叉驗證方式有：(1)Hold-Out 法、(2) K 折交叉驗證法 (K-fold Cross Validation) 和 (3) 留一驗證法（Leave-One-Out Cross Validation）。

嚴格來說 Hold-Out 法不算交叉驗證，因為數據並沒有交叉使用。 只是隨機的將原始資料分組，最後測試資料分類正確率的高低與原始資料的分組有很大的關係，因此，此種方法得到的結果較不具說服性。

K 折交叉驗證法先將資料隨機分成大小相等且互斥的 K 組，以其中一等分作為測試資料，其餘 (K-1) 份做為訓練資料，每組輪流當訓練樣本以及測

試樣本,執行完 K 次後,即可得 K 組分類正確率,K 組分類正確率平均後,即為此資料集的平均正確率。

假設原始資料有 N 個樣本,那麼留一驗證法,是以每個樣本單獨作為測試資料,其餘的 (N-1) 個樣本作為訓練集,因此,留一驗證法會有 N 個模型,這 N 個模型最終測試資料的分類準確率的平均數即為用作為留一驗證法的效能指標。與 K 折交叉驗證法相比,因留一驗證法最接近原始樣本的分佈,所得到的結果也相對可靠,不過缺點是,當原始資料樣本數相當多時,計算時間成本相當高。因此大部分的研究會採用 K 折交叉驗證進行機器學習分類器的評估。

7-3 淺談 AI 人工智慧發展人才需求趨勢

學生們在學校的時候必須要修過很多系所規定的課程,在他們修課的過程當中,雖然不能夠學到所有的知識與技能,但是我們相信當他能夠從一個科系畢業的時候,遇到特定領域相關的問題時,必定能夠自己獨立反覆思考,並且有能力解決該單一特定領域相關的問題。所以像這樣的人才,我們稱他 (她) 為 I 型人才。只不過隨著時代進步,在我們的生活當中,很多的問題比我們想像的要複雜許多,只有單一領域的知識恐怕沒有辦法解決綜合性的問題,社會需求的人才就不只是能夠解決單一維度線的問題,所以具備雙主修跨領域的人才,能處理雙維度面的問題,自然就會比單一領域的 I 型人才更具有競爭力,而這樣的人才我們稱他 (她) 為 T 型人才。

只是科技日新月異,在工業 4.0、智慧製造 (Intelligent Manufacturing)、物聯網 (IOT)、自駕車 ((autonomous cars) 或 (self-driving cars))、金融科技 (FinTech)、行銷科技 (MarTech) 與元宇宙 (Metaverse)AI 人工智慧

發展時代到來的時候，我們的社會變化更加的快速複雜，我們要處理的問題加寬加深變成多維度的問題，因此我們需要的人才，必須同時對商業問題 (Domain) 清楚地了解 (Business understanding)，對於商業問題當中的特徵描述與紀錄 (Data understanding) 有清楚的邏輯觀念，並能透過電腦大量處理與彙整零碎資料，將之轉成資訊，並且使用不同的理論模型將資訊淬鍊出其中的價值 (value) 並促成資料驅動 (data driven) 的決策，最後轉成有用知識 (knowledge)。

當然具備這許多能力於一身的人才是萬中選一的毛麟鳳角，這樣的人才有如傳說，因此我們稱這樣的人才叫 π 型人才，其中同時具備統計分析、資訊 IT 與專業領域知識能力的人才又被稱為獨角獸 (如圖 7-7 示意)。

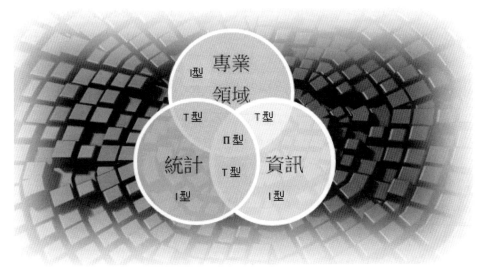

圖 7-7 不同類型人才與獨角獸人才示意圖

你準備好了嗎？你準備將獨角獸的傳說轉成可以實現的傳奇了嗎？期待有一天，在未來 AI 人工智慧發展時代永續發展的路上，遇見你。

參考文獻（References）

[1] Ahmed, R., Ligency Team and Bouchard, M. (2021). Python & Machine Learning for Financial Analysis, Udemy, TASK#10.

[2] Breiman, L. (1997). Arcing The Edge, Technical Report 486, Statistics Department, University of California, Berkeley.

[3] Breiman, L. (2001). Random Forests. Machine Learning, 45(1), 5-32.

[4] Boser, B. E., Guyon, I. M. and Vapnik, V. N. (1992). A training algorithm for optimal margin classifiers. COLT '92 Proceedings of the fifth annual workshop on Computational learning theory, 144-152.

[5] Chen, T. and Guestrin, C. (2016). XGBoost: A Scalable Tree Boosting System. In Proceedings of the 22nd acm sigkdd international conference on knowledge discovery and data mining, San Francisco, California, USA, 785-794, ACM.

[6] Cortes, C. and Vapnik, V. (1995). Support-vector networks. Machine Learning, 20, 273–297.

[7] Fan, H. (2013). Land-Cover Mapping in the Nujiang Grand Canyon: Integrating Spectral, Textural, and Topographic Data in a Random Forest Classifier. International Journal of Remote Sensing, 34(21), 7545-7567.

[8] Fawcett, T. (2006). An introduction to ROC analysis. Pattern Recognition Letters, 27(8), 861-874.

[9] Hochreiter, S. and Schmidhuber, J. (1997). Long short-term memory. Neural Computation, 9(8):1735–1780.

[10] Hosmer, D.W. and Lemeshow, S. (2000). Applied Logistic Regression, 2nd ed., New York; Chichester, Wiley.

[11] Janczura, J. and Weron, R. (2012). Black swans or dragon-kings? A simple test for deviations from the power law. Eur. Phys. J. Spec. Top, 205, 79–93.
https://doi.org/10.1140/epjst/e2012-01563-9

[12] Olawade, O. E., Onashoga, S. A. and Arogundade, O. T. (2020). Comparative Analysis of Machine Learning Techniques in Health System. 2020 International Conference in Mathematics, Computer Engineering and Computer Science (ICMCECS), 1-6.

[13] Sornette, D. (2009). Dragon-Kings, Black Swans and the Prediction of Crises. International Journal of Terraspace Science and Engineering, 2(1), 1-18.

[14] Taleb, N. N. (2007). The black swan: the impact of the highly improbable. New York : Random House.

網路文章

[16] 瀚亞投資研究團隊，(2021)，亞洲黑天鵝事件啟示錄，
https://www.eastspring.com.tw/insights/global/tracking_black_swans_in_asia

[17] Barrons (2012)，從「黑天鵝」到「龍王」：看不見的危險，http://barrons.blog.caixin.com/archives/48781

Note

Note